更富有、更睿智、更快樂

RICHER, WISER, HAPPIER

HOW THE WORLD'S GREATEST INVESTORS WIN IN MARKETS AND LIFE

WILLIAM GREEN

威廉・格林 著
甘鎮隴 譯

投資大師奉行的致富金律

目次

第2章

甘於孤獨　069

想擊敗市場，你必須夠勇敢和獨立，而且怪異到特立獨行

第3章

世事無常　097

一切都會改變，未來又無法預知，該如何做出明智的決定？
聽聽霍華・馬克斯怎麼說

第4章 韌性的投資人 131

如何建立長久的財富，並在可能到來的狂亂局勢中生存？

第5章 簡約是複雜的極致 163

踏上漫長旅程，尋找通往豐厚報酬的最簡單之路

第6章 尼克與札克的奇妙冒險

一個與眾不同的投資合夥關係揭露了一個事實：抗拒「及時行樂」的人能拿到最豐厚的獎勵

第7章

高績效的習慣　239

頂尖投資人懂得養成能帶來複利成長的好習慣，進而建立龐大的競爭優勢

第8章

別當笨蛋　275

運用查理・蒙格的策略系統性地減少常見愚行，改善投資、想法和生活

超越富裕 313

金錢很重要，但它不是邁向豐盛人生的必要條件

後記

編按：作者於本書所援引的相關文獻，讀者可至「圓神書活網」（www.booklife.com.tw）搜尋本書籍頁面取得。

〈推薦序〉

投資之道，乃在「遇物賦形」

富媽媽李雅雯（十方）

我三十九歲時，在一條湍急的河裡，練了一場「水中瑜伽」。教練是印度人，肚子渾圓，脖子粗短，單腳站在水裡，手掌合十，眼睛瞪得像個湯碗。

「不要用力！」他身體在水裡微微前傾，朝水面下喊道：「隨它去！」他把脊椎挺直，看著前方，猛烈地晃著腦袋，粗聲粗氣。

我鼓著一口氣，朝自己膝蓋傾去；我的眼睛又鼓又凸，像被雞骨頭卡住喉嚨似的，死死盯著水面，幾乎要窒息。激流洶湧而來，像厚厚的橡皮輪胎，擠壓我的胸、我的腰、我的背……我屈著膝，手肘像壞掉的計時器，左右晃動；接著腳一滑，「啪噠！」一聲，撲進了水裡。

隨它去？不用力？

在那個處境下，老師的要求，簡直不可理喻。我始終帶著疑惑，直到看完了《更富有、更睿智、更快樂》這本書，我才恍然大悟，驟然警醒。

在這本書裡，霍華．馬克斯引用了《道德經》：

「圓必旋，方必折；塞必止，決必流；遇物賦形，而不流於一。」

馬克斯說，一個頂尖的、優秀的投資者，要像「水」。

水遇到圓的瓶子，就很自然地流進「圓的」瓶子裡，變成了圓形；遇到「方的」罐子，水也很自然地流進「方的」罐子裡，變成了方形。

一個成功的投資人，必須「不抱怨」「不抵抗」「不用力」，面對「世事無常，瞬息萬變」，要同「水」一般「隨順它」「接受它」，然後，收攝感官，讓心智同針尖一般，沉著地觀察，擴展地思考，在一瞬之間做出反應。

這是水之「道」，亦是「投資之道」。這也是我的印度老師企圖在激流裡，教會我的東西——放鬆、擴張、敏銳——處於心智的高頻震動的狀態，才能掌握「穩定」的奧義，亦能掌握「投資」的奧義。

《更富有、更睿智、更快樂》這本書，讓我學會了四年前我學不到，也學不會的東西。這本書，讓我探索了自己未曾探索過的領域；也帶我思考了自己未曾思考過的問題；我感覺自己被提升了，被震動了，我感到激動，推薦給你。

（本文作者為暢銷理財作家）

〈推薦序〉

讀這一本書，勝讀十本投資理財書

愛瑞克

投資的世界相當廣大，有著五花八門的投資技巧與方法，以及風格迥異的投資理論、投資哲學，很難說有哪一種方法或架構永遠是最好的；到頭來，應該說最適合自己的那一套，才是我們最佳選擇。

然而，要單靠自己一人之力，遍尋市場上各種不同投資方法，不僅相當耗時、費工，而且若缺乏足夠經驗的人幫助我們篩選、評估合適的學習方向，很容易做白工，甚至由於不同方法所著重的面向或投資週期長短截然不同，因而產生相互矛盾、精神錯亂的印象。許多「投資小白」若沒先認清這個道理，很容易白花掉許許多多的寶貴時間，而屢屢遭遇有如「鬼打牆」，恍然發覺自己在原地繞圈子，繞了好幾遍卻又回到績效的原點。

所幸，有愈來愈多的著作，能萃取不同投資大師的智慧，提煉出精華並且做出跨風格之間的分析比較，可以解決上述的問題。只是，能夠親身與多位大師當面訪問或討教的人並不多，唯有天時、地利、人和才能得之，此書作者威廉·格林是其中極少數的幸運者，也是投資實力達到大師們願意對談等級的少數佼佼者。

此書在作者絕佳的敘事能力下，傳達核心觀念的同時，也兼顧了故事趣味性和文字的流暢性，讓我讀來心情相當愉悅、輕快，又能夠學到不少知識；引述的大師對話或名言佳句恰到好處，也縮減了對許多投資新手的困難度和距離感。

舉例來說，我很喜歡作者與「算牌」之父愛德．索普的對談。書中提到：「**索普當時八十四歲，但看起來像六十四歲，他表示：『我們在基因上就像拿到特定的一副牌，你可以把這視為機率，但也能選擇怎樣打這副牌。』比方說，選擇不抽菸，每年做健康檢查，確保該打的疫苗都有打，而且養成運動的習慣。**」也唯有如本書這樣的寫作方式，透過實力一定水準之上的作者當面與這些投資大師們對談，才能獲取、呈現出如此融合了第一人稱與訪談側寫而成的生動敘事。

我認為讀這一本書，勝讀十本投資理財書，誠摯推薦給入門學習投資理財的每一位新手，同時也做為老手們增廣見聞之參考書籍，應當有不少助益！

（本文作者為財經作家、知識交流平台TMBA共同創辦人）

各界好評推薦

引人入勝……書中的務實想法會讓你反覆思索並予以實行。

——丹尼爾．高曼，《紐約時報》暢銷書《EQ》作者

格林的文筆讓人放不下這本書……他整本書中都強調一個中心思想：「在投資這件事上，獨創性的重要性被誇大其詞」……「最重要的，莫過於我們能熬過最艱難的時光，不僅是金融上，也包括情緒方面。」

——《紐約時報》

本書有許多智慧金礦……提供豐富的想法，讓人可以從中挑選適合自己的智慧佳句。

——《華盛頓郵報》

令人愛不釋手……本書注定會成為經典之作。

——蓋伊．斯皮爾，藍晶資本公司的執行長、《華爾街之狼從良記》作者

令人嘆為觀止……本書不只教你如何投資，更教你如何思考。

——魯爾夫·杜伯里，《思考的藝術》作者

意外地發人省思……如果看完這本書，就會驚喜地發現你變得更聰明了，而這份智慧不僅和金錢有關。

——彼得·戴曼迪斯醫師，《富足》作者

這是我讀過最重要的書籍之一……我如果在開始投資的時候就讀過本書，就能省下二十年的閱讀和研究。

——菲爾·湯恩，《有錢人就做這件事》作者

傑作……書中各頁都是頂尖投資人的強大見解……請務必閱讀本書，並把書中的寶貴教訓牢記在心。

——托尼·羅賓斯，《掌控金錢遊戲》作者

出色之作……讓人反省何謂想法，並探討風險、韌性和成功等重要議題。

——喬恩·葛特納，《創意工廠》作者

精湛……本書詳述如何透過大幅改善自己的思考和決策方式，長久地提高自己在市場和人生獲勝的機率。

——安妮．杜克，職業撲克錦標賽冠軍、《高勝算決策》《如何決策》作者

精采……影響深遠，文筆優雅，也及時提醒我們重新評估自己是以什麼方式建立投資組合和生活方式。

——史迪格．博德森，《巴菲特財報學》共同作者

大推……這本書令人全神貫注，充滿對投資和人生的獨特見解。

——約翰．米荷拉維奇，《波克夏沒教你的價值投資術》作者

本書無比珍貴……注定會成為歷久彌新的經典之作，教導人們如何終生學習，自我改善，而且拿出最好的表現。

——高坦．貝德（Gautam Baid），《複利之樂》（*The Joys of Compounding*）作者

發人深省……威廉．格林汲取歷史、哲學和精神層面的教訓，讓人反思投資這件事。本書不只是關於篩選股票，而是明智投資人的人生指南。

——尼娜．蒙克（Nina Munk），《理想主義者》（*The Idealist*）作者

太讚了……這種罕見傑作讓我們明白什麼是理性的腦袋。

——索拉伯．馬丹（Saurabh Madaan），馬克爾公司副投資官、前 Google 資深數據科學家

前言

頂尖投資人如何思考？

我對「投資」這件事執著了二十五年。一開始，投資並不像是我會沉溺其中的領域。我從沒修過商務或經濟的相關課程，缺乏數字天分，也完全搞不懂深奧難解的會計學。我拿到英國文學學位、離開牛津大學後，為幾家雜誌評論小說，撰述詐騙犯和謀殺犯的人物側寫。滿懷抱負的我，自恃尊高的夢想是成為在文壇上占有一席地位的作家，很容易對於像賭場般的華爾街嗤之以鼻，不屑那群金錢至上的粗俗投機者。《紐約時報》送到家門口的時候，我會把經濟版直接丟掉，看都不看一眼。

但在一九九五年，我和哥哥賣掉了我們共同持有的公寓，分得一半的售屋款後，我突然有一點現金可以用於投資。我開始手不釋卷地閱讀關於股票和基金的書籍，渴望讓這一小筆橫財錢滾錢，這喚醒了我心中的賭博欲。一九八〇年代，我在英國度過青春期的時候，曾有一段時間沉迷於賭博。十五歲那年，我就讀於伊頓公學（Eton College），常常會在靜謐的夏日午後溜出學校，在溫莎城堡附近一家「賭注登記人」那裡待上幾小時賭馬，而我的同學們這時候不是打板球就是划船。我原本應該成為一位優雅的英國紳士，就像英國首相鮑里斯・強森、威廉王子，還有這六百年來每一個伊頓公學畢業生。可是我沒有，反而用「麥克・史密斯」這個假名，登記了一個非法的下注帳號。

引燃我熱衷於賭馬的原因，並不是我對這項運動的熱愛，也不是駿馬的莊嚴美感，而是我渴望不需努力就能賺快錢。我認真看待這件事，寫下關於馬匹和賽道的詳盡筆記，用彩色原子筆標記每一次下注的勝利和失敗。我的十六歲生日因為和父母吵架而沒能過成，起因是他們拒絕幫我訂閱昂貴的英國賽馬權威刊物《態況》（*Timeform*），它專門提供馬匹評分的資訊。我對父母感到氣憤難平，覺得他們阻擋了一條讓我通往無盡財富的康莊大道。不久後，因為一連串令我幻滅的賭博輸錢，我徹底放棄了賭馬。

十年後，當我開始閱讀投資相關書籍時，發現股票市場也提供了類似的刺激，但是成功率遠高過賭博。我覺得只要能**在思考上比其他人棋高一招**，股票就是能讓我賺錢的完美途徑。但想當然耳，我當時根本不知道自己在做什麼。話雖如此，但我擁有一個無與倫比的優勢：我是新聞工作者，可以訪問投資業的佼佼者，滿足自己這個最新的嗜好。

接下來的幾年，我為《富比士》《金錢》《財星》和《時代》等雜誌，訪問了許多傳奇投資人，也一再遇到一個令我好奇至今的大哉問：是哪些原則、程序、洞察力、習性和個性，讓這一小群人最後擊敗大盤，變得出奇富有？更重要的是，透過研究這些特異的投資人，以及「逆向工程」學習他們的致富之道，你我該如何獲利？這些問題就是這本書的核心。

令我開心的是，我遇到的這些投資人大多很有魅力，而且作風獨特。我曾搭機飛往巴哈馬，和全球投資之父約翰・坦伯頓爵士（Sir John Templeton）相處了一天，他是二十世紀最偉大的操盤手，住在位於加勒比海、恬靜的萊福德凱伊社區。我曾前往休士頓，與法耶茲・沙羅菲（Fayez Sarofim）會面，他是充滿神祕感的埃及裔億萬富翁，綽號是「史芬克斯」（人面獅身像）。他的辦公室裡掛著艾爾・葛雷柯（El Greco，西班牙文藝復興時期藝術家）、威廉・德庫寧（Willem de Kooning，美國抽象表現主義藝術家）的畫作，還有一片從一間敘利亞教堂運來的十五世紀拼花地板。我曾訪談綽號「禿鷹」的馬克・墨比爾斯（Mark Mobius），他搭乘一架灣流私人飛機跑遍開發中國家，機上擁有鍍金配件和鬣蜥皮椅，這架飛機是向一位落難的中東大亨買來的。我訪談過邁克爾・普萊斯（Michael Price），這個熱愛打馬球的億萬富豪總是嚴厲對待表現不佳的執行長，因此成了「華爾街最嚇人的王八蛋」。我見過赫爾穆特・弗里德蘭德（Helmut Friedlaender），他在一九三〇年代逃離了德國，只有在攙扶當時是少女的妹妹起身，還有買帽子的時候才會停下腳步，他說「因為紳士旅行的時候，一定要戴帽子」。他喝佩楚酒莊的葡萄酒，收藏珍貴的中世紀古書，交易的物件從咖啡期貨到帝國大廈應有盡有。他在九十幾歲的時候告訴我：「我活得精采萬分。」

這是個無價的寶貴教育。約翰・柏格是指數型基金的象徵，所創辦的先鋒集團目前管理的資金高達六・二兆美元。他向我描述自己從恩師兼「英雄」身上學到的投資教訓，那位名叫沃爾特・摩根（Walter Morgan）的共同基金先驅教他：「不要得意忘形，別冒太多風險……盡量壓低成本。」也告訴他：「群眾永遠是錯的。」此外，後文還會看到柏格解釋，要成為成功的投資人，為什麼「你未必得是能力優異的人」？

彼得・林區是富達投信最有名的基金經理人，他分享自己致勝之道是工作方式優於其他人，但也談到市場多麼難以預測，以及謙虛的必要性：「學校裡很多人拿 A 和 B 的成績，但股票市場很多人拿 F。如果你十次裡能猜中六、七次，就算非常厲害了。」林區想起自己第一次失敗的案例：一家原本爆紅的服裝公司破產了，「就因為電影《我倆沒有明天》」意外改變了女性時裝風格，結果這家公司的庫存一夕之間「變得毫無價值」。億萬富豪奈德・強森（Ned Johnson），把富達建立成巨獸，對林區笑道：「你其實什麼也沒做錯，只是有時候晴天就是會閃過霹靂。」

在九一一恐攻事件的餘波中，金融市場碰上自「經濟大蕭條」以來最嚴重的一週，我前往巴爾的摩市拜訪比爾．米勒（Bill Miller），他當時正在創下前所未有的紀錄：連續十五年在標準普爾五百指數拿下最亮眼的成績。我們共處了幾天，搭乘他的里爾噴射機旅行，他買下這架飛機的其中一個原因，是為了讓他飼養的五十公斤重愛爾蘭獵狼犬能和他一起飛行。當時經濟陷入動盪，阿富汗正在醞釀一場戰爭，而且他的基金從頂點跌落了四成。但是米勒一派輕鬆又樂觀，鎮定地在跌價的股票上投注了數億美金，那些股票之後再次上漲。

有天早上，他打電話查詢辦公室的狀況時，我就站在他身邊。電話另一頭的分析師告訴他，他最近才買下的AES（愛依斯電力公司）股票宣布了非常慘澹的收益。股價砍半，在午餐時間到來前，就會讓他虧損五千萬美元。米勒立刻增加了一倍的賭注，冷靜地認定這是因為非理性的投資人對該公司的負面消息反應過度。他向我說明，投資是不停的計算機率：「這一切都是概率。**必然性是不存在的。**」

還有比爾．魯安（Bill Ruane），他那個世代最成功的選股人之一。華倫．巴菲特在一九六九年退出了合夥投資後，就是建議原本的合夥人找魯安來取代自己。魯安於二〇〇五年逝世前，他所創立的紅杉基金帶來了令人震驚的龐大報酬。他原本幾乎從不接受訪問，但我和他花了很多時間討論所謂的四大指導原則，是他在一九五〇年代從一位名叫艾伯特．黑廷格（Albert Hettinger）的「大明星人物」身上學到的。魯安表示：「對我來說，這些簡單的規則至關重要。從那時候開始，它們是構築我大部分哲理的基石，也是我能給人們的最佳建議。」

首先，黑廷格警告魯安：「**不要**借錢買股票。」他想起早年的一次經驗，他透過舉債方式

「把六百美元增值了好幾倍」，後來「市場崩盤」，他遭到沉重打擊，因此賣掉股票，結果「幾乎回到原點」。他當時發現，「你如果是借錢投資，就會做出不理性的行動」。第二個教訓是「注意動能」，意思是「當你看到股市瘋狂時」，就該極為謹慎，因為這可能是因為民眾驚慌失措，或一窩蜂地高估了股票的價值。第三個是別理會市場預測：「我深信沒人知道市場會如何變化。最重要的是找個吸引人的構想，投資在一家便宜的公司身上。」

對魯安而言，第四項原則是最重要的一條：投資在少數幾支股票上，而且這些股票是你已經充分研究過，擁有情報方面的優勢。「我盡可能學習七、八個優質的構想，」他說：「你如果真的找到一個很便宜的投資項目，何不把你口袋裡一五%的資金投入呢？」對一般的投資人來說，有些通往成功之路較為安全。魯安表示：「大多數的人比較適合指數型基金。」但是對於鎖定擊敗市場為目標的投資人，他認為集中投資是聰明的做法：「除了彼得．林區之外，我不認為有誰擅長同時投資於許多股票。」

我和魯安在二〇〇一年談話時，他告訴我，紅杉有三五%的資金都投注在一支股票上：波克夏．海瑟威。該公司在網路熱潮期間不再受到青睞，人們嚴厲苛責其董事長兼執行長巴菲特與現實脫節。但是魯安看見其他人沒看見的一點：「這家美好公司」的成長，可望極為優秀，而且經營者是「這個國家最聰明的傢伙」。

我開始明白一個道理：最傑出的投資人，其實是高處不勝寒的智慧獨行俠。他們不害怕質疑或違抗普世觀點。一般人的思考方式比較缺乏理性、嚴謹和客觀性，這會引發判斷和行為上的錯誤，而讓這些智慧獨行俠得以從中獲利。事實上，研究本書介紹的投資人的一個最好理由，是他們不僅能教大家如何致富，也能改善我們思考和決策的方式。

睿智的投資能換取無比龐大的報酬，所以這個行業吸引了許多聰明才智者。但也可能因為投資錯誤，付出慘痛代價，這一點很少發生在教授、政客和學者身上。這其中牽連的賭注，也許能解釋為什麼最頂尖的投資人往往是思想開明的實用主義者，他們會尋求各種辦法來改善自己的思考方式。

查理．蒙格是巴菲特聰明到很可怕的合夥人，就是這種心態的化身。他說過：「我觀察哪些做法行得通，哪些不可行，以及個中原因。」蒙格是這本書的重點人物之一，他花了很多心血來改善自己的思考方式，借用了各領域的分析工具，比如數學、生物學，以及行為心理學。他崇拜的榜樣包括達爾文、愛因斯坦、班傑明．富蘭克林，以及十九世紀的代數大師卡爾．古斯塔夫．雅可比（Carl Gustav Jacobi）。「我從很多先賢身上學到東西，」蒙格告訴我：「我一直體認到有不少先賢是自己應該去了解的。」

我後來認為，頂尖投資人是一群務實哲學家。他們試著解決的問題，不是那些令真正的哲學家著迷的複雜謎題，像是：「這張椅子真的存在嗎」？他們尋求的，是經濟學家凱恩斯所謂的「普世智慧」，藉此來處理更迫在眉睫的問題，比如：「既然沒人能預知未來，那我該如何聰明地做出關於未來的決定」？他們盡可能在各領域尋求優勢，像是經濟史、神經科學、文學、斯多葛主義、佛教思想、運動、關於習慣養成的科學、冥想，或任何有幫助的事物。他們致力於探索「哪些東西有用」，這讓他們成了強而有力的模範，值得我們為了追求成功而研究，不只為了在市場上投資，也適用於人生每個領域。

你也可以把頂尖投資人視為技藝精湛的遊戲玩家。許多一流資金管理人會為了尋求娛樂和利潤而打牌，這點並非巧合。在經濟大蕭條期間，坦伯頓利用打牌賺到的錢支付大學學費。巴菲特和蒙格都熱愛橋牌。馬里歐・嘉百利（Mario Gabelli）是擁有億萬身價的基金大亨，他告訴我，出身於布朗克斯區的他，小時候很窮，曾在一所高級的高爾夫俱樂部當球童，並在休息時間打牌賺錢。「我當時十一、二歲，」他回想當時說：「每個人都**自以為**能贏。」林區在高中、大學和從軍期間都打橋牌，他告訴我：「學習打撲克牌或橋牌、任何能教你玩機率的事，都好過所有股票市場相關書籍。」

我逐漸明白，將投資和人生當成遊戲很有幫助，我們必須**抱著自覺和始終如一的心態，努力讓獲勝的機率增加到最大**。規則難以掌握，結果也無法確定，但是玩這個遊戲有聰明的方法，也有笨的方式。達蒙・魯尼恩（Damon Runyon）深愛機率遊戲，他曾寫道：「所有人的勝負是六比五。」[1] 也許吧。但令我著迷的是，坦伯頓、柏格、魯安、巴菲特、蒙格、米勒，以及我們會在這本書中見到的其他才智超群人物，都找到了巧妙的辦法來提高自己的勝率。我的使命是向各位展示他們究竟如何做到。

愛德・索普（Ed Thorp）大概是投資業有史以來最偉大的遊戲玩家。他在成為對沖基金經理人之前，已經在賭博圈留名青史，因為他想出了一個巧妙的辦法，能在二十一點賭桌上擊敗賭場莊家。索普向我說明這件事的時候，我們一起花了三小時共進早餐，享用班尼迪克蛋和卡布奇諾。他說拒絕接受某個「一般人的想法」：玩家在數學機率上就是不可能贏得了莊家。索普是「算牌」之父，他獲得優勢的方法是，計算某些卡牌「已經被發了出去、再也沒在一副牌裡」所造成的機率改變。舉例來說，一副牌若有很多王牌會比起缺乏王牌，讓他更有勝算。如果機會對他有利，就下更多注，若是對賭場有利，他就減少下注。長期來說，他這個不算大的優勢變得勢不可擋。他把輸家的「運氣遊戲」改變成了有利可圖的「數學遊戲」。

索普的另一個技巧，是想辦法在輪盤遊戲上擊敗賭場。他和搭檔克勞德・夏農（Claude Shannon）發明了第一部攜帶式電腦，且在鞋子裡用大腳趾偷偷啟動這個裝置。這部電腦的大小與一盒香菸一樣，能讓他「非常精準地測量珠子的位置和速度，以及輪盤的轉速」，他就可以預測珠子應該會停在哪一格。數百年來，輪盤遊戲對賭客來說可謂毫無勝算，因為珠子有可能停在三十八格裡的任何一格。「然而，只要運用一些知識和測量，我們就能稍微掌握相關機率，」索普說：「雖然還是沒辦法每次都猜中，但預測會稍微好過瞎猜，我們把看似完全由機率決定的遊戲改造成對自己有利的遊戲，而優勢來自於我們投入的情報。」

除非你是賭場老闆，否則索普這種具顛覆性的天分確實吸引人。令他興奮的從來不是錢，

---

1 魯尼恩短篇傑作之一是《莎拉・布朗小姐的田園詩》，也就是音樂劇《紅男綠女》的靈感來源。該短篇故事的主角是個綽號「斯凱」的豪賭客，他父親給了他一個寶貴忠告，就是過度自信帶來的危險，而每個投資人都應該把這項警告牢記在心。「『兒子，』老人說：『不管你去過多少地方，不管你變得多麼聰明，永遠記住：某一天，在某個地方，會有人來到你面前，給你看一疊未拆封的全新撲克牌，他說想和你打賭，這疊牌裡的黑桃傑克會從裡頭跳出來，還要噴蘋果汁到你的耳朵裡。可是，兒子啊，』老頭說下去：『別和他打賭，因為你的耳朵肯定會被噴得全是蘋果汁。』」

而是能解決所有專家都堅稱無解的「有意思的問題」，並從中獲得樂趣。「我不會因為很多人說某件事是事實就如此認定，」索普說：「你必須獨力思考，尤其是重要的事情，並試著靠自己解決它們。確認證據，查看習以為常的觀點究竟有什麼依據。」

正如索普這些冒險故事所指出的，我們如果想改善自己的財務狀況，一個很重要的辦法就是避開對我們不利的遊戲。索普說：「拿賭博來說，如果我在某個遊戲上缺乏優勢，我就不會去碰。」按照這個原則，我們一般人應該盡可能地誠實面對現實。比方說，如果我對科技一無所知，或是缺乏評估一家企業價值所需要的基礎金融能力，就必須抗拒「靠自己選擇個別科技股」的誘惑，否則我就會像一個在輪盤上輸錢的笨蛋，明明是癡心妄想，卻一心希望命運會對我綻放微笑。傑佛瑞．貢德拉赫（Jeffrey Gundlach）是冷靜的億萬富翁，管理價值一千四百億美元的債券，他對我說過：「『希望』並不是個辦法。」

許多毫無戒心的投資人常犯另一個錯誤讓自己賠錢，那就是向能力平庸的基金經理人、股票經紀人和財務顧問支付大把服務費，但他們的表現根本對不起這些費用。「如果你成天支付交易費、顧問費和一大堆雜費，這麼做是**逆勢而為**。」索普說：「若是沒有付這些雜七雜八的費用，就是**順勢而為**。」也因此，一般的投資人如果想提高長期獲勝的機率，就該購買並持有指數型基金，這種基金的相關手續費非常低廉：「你什麼也不用做，就已經領先大概八〇%的其他項目投資人。」索普解釋，從長遠來看，標準普爾五百指數的投資項目「大概」會因為「美國經濟的擴張」而升值。因此，不同於賭場的賭客，你用最低的成本站在市場的向上軌道，「就已經擁有了優勢」。

索普的對沖基金二十多年來沒有一季虧損，是因為它是集中在一些「人們不夠了解」、較為難懂的投資機會。舉例來說，他因為優異的數學能力，而能以獨到的精準目光掌握憑單、選擇權，以及可轉換公司債券。這本書中提到的重要人物包括霍華．馬克斯和喬爾．格林布拉特（Joel Greenblatt），他們能獲得類似的優勢，是因為專注於金融市場一些被忽視或輕視的利基市場。我們會發現贏的辦法有很多，但都需要投資人擁有某種優勢。我問索普該如何判斷自己有沒有優勢，他給了我一個令人難堪的看法：「除非你有合理原因相信自己掌握某種優勢，否則你大概沒有。」

我的投資之旅在二十五年前開始，當時我渴望財務自由，希望不必再聽命於任何人。頂尖投資人已經找出了訣竅，這在我的眼裡簡直就像魔術。但我現在意識到的是，如果了解這些人如何思考與獲勝，這會在許多方面給自己帶來龐大幫助，無論是財務、專業，還是私人層面。

比方說，我問索普我該如何提高「讓自己更可能過得快樂又成功」的機率，他解釋自己如何在健康和健身方面努力。索普當時八十四歲，但看起來像六十四歲，他表示：「我們在基因上就像拿到特定的一副牌，你可以把這視為機率，但也能選擇怎樣打這副牌。」比方說，選擇不抽菸、每年做健康檢查、確保該打的疫苗都有打，而且養成運動的習慣。索普在三十幾歲的時候「體能很糟」，跑四百公尺就會「氣喘吁吁」。所以他開始每週六都跑一公里路，逐漸進步，直到他完成了二十一場馬拉松。他現在每星期還會去找健身教練兩次，而且每星期會步行五公里四次。後來有人建議他騎自行車，但他研究了「騎自行車每一億哩路裡的死亡人數」，就覺得「這個風險太高」。

我再次和他談話是在二〇二〇年的六月，一場大流行病籠罩全世界，美國的死亡人數已經超過十萬人。索普說明自己如何分析全球各地的死亡數據，他尤其關注可能由病毒引起的「未說明死因的死亡案例」；他參考了一九一八年那場害死自己祖父的流感並「取得推論」，也解釋自己如何算出「真實死亡率」。他還預測全美國在二月上旬（美國當時還沒有任何相關死亡案例）會有二十萬到五十萬人在接下來的十二個月內，死於新冠肺炎。

索普的數據分析讓他全家提前做好了準備，而當時美國沒多少人（尤其是這個國家的領導階級）看出這個威脅有多大。「我們謹慎地儲存了各式各樣的物資，包括口罩，」他說：「大約一個月後，人們終於清醒過來，開始在商店裡大肆搶購。」政府發布全國緊急狀態的三星期前，索普已經在拉古納海灘市的住家裡自我隔離，除了他妻子以外，「什麼人也不見」。他告訴我：「害怕並沒有意義。」但他明白其中的風險，也為了提升自己的生存率而果斷地做出行動。在我見過的人當中，大概只有索普真的計算過自己的「死亡率」。[2]

頂尖投資人享有長壽和富裕，很可能是因為他們習慣了冷靜地分析事實、趨勢、機率、風險報酬率，以及**避開重大災難**的重要性。索普認為，我們每一個行為都應該由一種「廣義的理性」來引導。比方說，他知道自己處於「情緒模式」的時候，比較容易做出錯誤決定。所以，如果他「感到惱怒或在生某人的氣」，他會後退一步，自問：「你究竟知道什麼？你的感受是否合理？」而他的分析常常指出自己的有害反應缺乏依據。「我們常常在不該下定論的時候妄下定論，」他表示：「因此，我認為『抑制住評判』是合理行為的關鍵環節。」

這一切都讓我相信，投資業真正的巨人能幫助我們變得更富有、更睿智，也更快樂。我的目標是讓你看見，他們如何尋求各種方式來提升在市場和生活上享有雙贏的成功率。

玩機率是非常有效的操作方式，並顯現在這些投資人做的每件事上，比方說，他們如何管理時間、建立一個冷靜的思考環境，以及平日往來與避開的人。此外，又是怎樣防範偏見和盲點、從錯誤中學習教訓並避免重蹈覆轍、應付壓力和面對逆境，還有他們對誠實和正直的看法、花錢與捐錢的方式，以及如何超越金錢試著建立充滿意義的人生。

我曾和這世界上最優秀的投資人進行了一些最重要的訪談，我把從中學到的教訓寫進這本書中。為了完成這本書，我也花了數百小時訪問了超過四十位投資人，他們居住的地點包括洛杉磯、倫敦、奧馬哈和孟買。接下來你會看到的人物，有人曾為數百萬人管理數以兆計的資金。我希望，這些頂尖投資大師一定能啟發與豐厚你的人生。我敢打賭。

2 索普如何估算新冠肺炎有多大的機率會害死他？「一般的八十七歲男性，如果感染了這種病毒，死亡率大概是二〇%。」他告訴我：「我在這方面的死亡率比較低，因為大部分的八十七歲男性有很多重大的健康問題，但我沒有。我沒有合併症，又非常小心看待這場疫情。況且，以我這個年齡來說，我的體能很好。所以，我認為自己死於病毒感染的機率，大概介於二至四%，但這種機率還是非常高的。」

第 1 章

複製巴菲特的人

如何厚臉皮地
借用別人的頂尖構想來獲得成功？

智者應當永遠遵循偉人走過的路，並模仿成功者的行為；如此一來，就算他的能力比不上他們，也至少能有幾分相似。

——馬基維利

我相信最好的紀律，就是學習別人摸索出來的頂尖構想。我不認為坐下來、靠自己空想就有點子。沒人這麼聰明。

——查理·蒙格

現在是聖誕日的早上七點整。莫赫尼什・帕布萊（Mohnish Pabrai）在孟買市鑽進一輛迷你廂型車的時候，太陽從霧霾瀰漫的天空中升起。我們沿印度的西海岸行駛了數小時，前往一個稱作達德拉－納加爾哈維利的地區。我們的司機三不五時地做出驚險的閃避動作，在諸多卡車和公車之間瘋狂穿梭。我閉上眼睛，被四面八方傳來的喇叭聲嚇得臉龐皺成一團。帕布萊原本在印度長大，後來去美國念大學，他面露平靜微笑，置身於風險時總是平心靜氣。話雖如此，他還是承認：「印度的車禍發生率很高。」

這趟車程確實引人入勝，充滿撼動人心的景象。我們經過路邊一名胖男子，看到他把紅磚一塊塊堆在一名瘦女子的頭頂上，以便她把磚塊帶走。我們深入鄉間時，看到一間間被草葉覆蓋的低矮小棚，這些建築看起來屬於上一個千禧年。我們終於抵達目的地：一所名叫ＪＮＶ希瓦薩（JNV Silvassa）的鄉下高中。

帕布萊是他這個世代最傑出的投資人之一，他離開了在加州爾灣的住處，來這裡探望四十名少女。她們是他的達克沙納慈善基金會其中一個計畫的成員，該基金會為一些聰穎孩童提供教育，這些孩子來自印度各地的窮困家庭。達克沙納為這些女孩提供兩年的免費教育，這樣她們就能準備好接受印度理工學院無比艱難的入學考試。印度理工學院是由幾個菁英工程學院組成的教育研究機構，其畢業生是微軟和 Google 爭相聘僱的對象。

每年有超過一百萬名學生申請印度理工學院，但只有不到二％被錄取。然而，達克沙納破解了入學訣竅。這十二年來，達克沙納有兩千一百四十六名學生獲准進入印度理工學院，這個錄取率高達六二％。帕布萊認為「達克沙納」（這個字在梵文裡的意思是「禮物」）是個途徑，能提高印度社會中最窮困的民眾地位。大多數的達克沙納學生來自鄉下家庭，這種家庭每天靠兩美元不到的資金過日子。他們大多屬於較低的種姓階級，包括所謂的「穢不可觸者」，數百年來一直遭到歧視。

帕布萊每次造訪達克沙納的一間教室時，破冰的方式是提出同一個數學問題。解答了這個題目的人，之後都會被印度理工學院錄取，所以這個方法能有效地評估教室裡有多少人才。這個數學題非常困難，幾乎沒人答對，他認為這些希瓦薩的學生沒一個能克服這項挑戰。話雖如此，他還是用粉筆在教室前方的黑板上寫下題目：**n是≥5的質數。請證明n2-1永遠能被24除盡**。然後他在一張薄弱的塑膠椅上坐下，靠向椅背，看著女孩們試著解答。❶我不禁好奇她們如何看待眼前這個氣焰囂張、高大魁梧、鬍鬚茂密的禿頭富翁，身穿達克沙納運動衫和粉紅色牛仔褲。

十分鐘後，帕布萊問道：「有人快找出答案了嗎？」一個名叫阿麗莎的十五歲少女開口：「先生，我只有想出一個推理。」她的遲疑不決顯然沒傳達出自信，但帕布萊還是邀請她來到教室前方說明如何解答。她遞給他一張白紙，乖巧地站在他面前，低著頭，等候判決。她頭上的牆壁掛著一面看板，上頭用迷人的凌亂英文字體寫著：**只要你懷有信心，就沒有任何東西會讓你覺得抽象難懂**。

❶ 帕布萊這題數學題的答案為何？這是我一輩子不得而知的謎團。

「答案正確。」帕布萊宣布，接著握了阿麗莎的手，請她向全班說明如何解答。他後來告訴我，她解題的方式非常從容，以後在印度理工學院的入學考試上可能會名列前兩百名。帕布萊告訴她「一定會被錄取」：「妳唯一要做的，就是繼續努力。」我後來得知，阿麗莎來自奧里薩邦的甘賈姆區，是印度最窮的地區之一，而且她的種姓被政府稱為「其他落後階級」。她在之前那所學校裡，是八十名學生當中的第一名。

帕布萊請阿麗莎與他合照。「妳遲早會忘了我是誰，」他開玩笑地說：「但我以後就能對妳說『我們有一起合照的相片』。」女孩們笑得很開心，我卻覺得很想哭。我們目睹了十分神奇的一刻：一名來自窮困家庭的孩子證明了自己的智力超強，能帶自己和家人邁向幸福繁榮。考慮到她在哪種環境長大、遇過多少困難，這確實算是某種奇蹟。

這天上午，學生們圍著帕布萊問個不停。其中一人終於鼓起勇氣，提出了大家都想問的問題：「先生，您是如何賺到這麼多錢？」

帕布萊笑道：「我是靠**複利**。」

他試著說明這個概念：「我很崇拜一位英雄，他名叫華倫．巴菲特。這裡有誰聽說過華倫．巴菲特？」沒人舉手，各個神情茫然。所以他向學生們描述他的十八歲女兒莫瑪琪，她在高中畢業後的某次暑期工作賺了四千八百美元。帕布萊幫她把那筆錢投資在一個退休金帳戶裡。他要求學生計算如果這一小筆錢在接下來的六十年裡，每年都會成長一五％，最後會產生什麼結果。「每五年就會翻倍一次，一共翻倍十二次，」他說：「人生的重點就是翻倍。」

學生們在一分鐘後明白了：六十年後，等莫瑪琪七十八歲的時候，原本的四千八百美元會增值成超過兩千一百萬美元。教室裡瀰漫著驚奇的氣氛，學生們目睹了這種數學現象所擁有的強大威力。「你們以後會忘掉複利嗎？」帕布萊問。來自印度鄉間的四十名窮困青少年異口同聲地喊道：「不會忘，先生！」

如何把一百萬美元變成十億美元？

其實帕布萊早先也沒聽說過華倫．巴菲特。他在印度長大，家境不算富裕，對投資、華爾街和巨額交易一無所知。他是在一九六四年出生，在孟買度過了最初的十年人生，住在他父母每個月花二十美元租下的一間郊區小公寓裡，後來全家搬去新德里和杜拜。

這個家庭充滿有意思的人物。帕布萊的外公名叫戈吉亞．帕沙（Gogia Pasha），是個有名的魔術師，曾扮成神祕埃及人在世界各地表演。帕布萊小時候曾經和他一起上台，職責是拿著一顆雞蛋。帕布萊的父親歐姆．帕布萊（Om Pabrai），是創業家，卻投資哪行倒哪行。他創業多次，曾擁有一家珠寶工廠，建立了一個廣播電台，還透過郵購販賣魔術道具。他和兒子一樣是無可救藥的樂觀主義者，但他創辦的每個事業都嚴重地資金不足、債務累累。

「我好幾次看著我父母失去一切。」帕布萊說：「我所謂的失去一切，指的是我們明天會沒錢買菜，沒錢付房租……我再也不想重溫那種日子，但看到這種生活並沒有對我父母造成打擊。其實，我從他們身上學到最大的教訓，是從沒見過他們因為缺錢而驚慌失措。父親以前常說：『你就算把我赤裸裸地放在一塊岩石上，我也能創業。』」

帕布萊小時候成績很差，有一次曾經在六十五人的班上排名六十二，而且他深受「低自尊」心態所苦。後來，他在九年級那年接受智力測驗，改變了他的人生。「我跑去找主考官，問他：『這個測驗結果表示什麼？』他說：『你的智商至少有一八〇，你只是沒發揮能力。』這種感覺就像馬兒在鞭打下終於邁步。這對我來說是很大的轉捩點。人都需要別人告知他擁有天賦。」

高中畢業後，他前往南卡羅萊納州的克萊門森大學就讀，在那裡發現了股票市場。他修了一門投資課，學期末的平均總成績是一〇六%。教授試著說服他把主修從電腦工程改成財務金融。「我根本沒理會他的建議，」帕布萊說：「我當時的觀點是，金融界那些王八蛋全是白癡，他們連個屁也不懂。而且我修的這堂投資課真的超簡單，難度是我上的工程力學的十分之一，所以我怎麼會想進入廢人氾濫的金融界？」

大學畢業後，帕布萊應徵到 Tellabs 網路服務商的工作。後來，他在一九九〇年創辦了名叫 TransTech 的科技顧問公司，資金來自七萬美元的信用卡借貸，以及從他的退休金帳戶裡拿出來的三萬美元。一般人根本無法承受這麼高的風險，但他向來有種賭徒心態。事實上，我們有次搭機時，從頭到尾都在討論他在拉斯維加斯的二十一點賭桌上冒的險，他在那裡決定使用一種「非常單調」的系統，開發該系統的算牌高手擁有財務金融的博士學位。帕布萊的計畫是贏得一百萬美元、被所有賭場列入黑名單。到了二〇二〇年，他當年三千美元的本金翻成了十五萬美元，而且「有一家又小又破的賭場」永久禁止他入場。

TransTech 業務蒸蒸日上，後來擁有一百六十名員工，帕布萊在一九九四年把一百萬美元的獲利放進儲蓄帳戶，這是他第一次擁有可以用於投資的戰備基金。那年，他在希斯洛機場為了打發時間，買了彼得·林區所著的《彼得林區選股戰略》。他就是在這本書裡，第一次聽說巴菲特。他震驚地得知，波克夏·海瑟威的董事長兼執行長從二十歲開始，每年的投資報酬率高達三一%，而且這種佳績持續了超過四十四年。在複利的神奇效應下，於一九五〇年投資的一美元，到了一九九四年會成長成十四萬四千五百二十三美元。帕布萊得出了一個合理結論：巴菲特不是白癡。

帕布萊小時候聽過一個故事：據說有個印度人發明了一種棋，他向國王展示自己發明的遊戲，而國王表示要給他獎賞。遊戲發明者的請求如下：在棋盤上的第一格放下一粒米，在第二格放下兩粒米，在第三格放下四粒米，以此類推，一直放到第六十四格。算術不佳的國王答應了這項請求。算術精明的帕布萊解釋，那位國王欠下了 18,446,744,073,709,551,615 粒米，在今日價值大約三百兆美元。帕布萊把這個故事牢記於心，立刻明白巴菲特掌握了複利這個遊戲。巴菲特在四十四年裡把資金翻倍了十八次，持續邁向「全球首富」的地位。

這引發帕布萊思考。如果他能摸清楚巴菲特如何挑選股票，並模仿巴菲特的致勝之道，會有什麼結果？帕布萊所謂的「一場耗時三十一年的遊戲」就此展開，他要把一百萬美元翻倍成十億美元。「我的動機不是變得有錢，」他說：「而是贏得這場遊戲。這也是巴菲特的動機：透過成果來證明自己拿出了最佳表現，我是最厲害的，因為我遵照了規則玩這場遊戲，我贏得光明正大。」

帕布萊如何克服「想成為億萬富翁」所帶來的挑戰，這對我們每個人來說都是寶貴教訓，不只是投資人，而是人生各個層面。他沒嘗試做徒勞無功的事，像是發展新的演算法來利用市場中微妙的定價異常，而是找出了最會玩這個遊戲的玩家，分析對方為何如此成功，然後複製此人的做法，並對細節觀察入微。帕布萊把這個過程稱做「複製」，我們也可以把它稱做建模或模仿，但是名稱並不重要。選擇這個技巧的人，更在乎的是獲勝，而不是這麼做聽起來是否值得尊敬、會不會引人側目。

帕布萊複製巴菲特，後來也複製巴菲特的博學搭檔蒙格，結果成了我們這個時代的頂尖投資人之一。從二〇〇〇年到二〇一八年，他的旗艦對沖基金的報酬率竟然高達一二〇四%，而標準普爾五百指數的只有一五九%。他從一九九九年七月開始管理基金，你如果當時在他那裡投資十萬美元，到了二〇一八年的三月三十一日，你的錢就會增長到一百八十二萬六千五百美元（已扣除手續費和其他費用）。[2]

然而，帕布萊在身為投資人和慈善家兩方面的成功，是完全建立於他從其他人身上借來的聰明構想。「我是個厚臉皮的抄襲者，」他說：「我人生中的一切都是複製來的，我自己沒有原創構想。」他刻意、有條不紊地，而且懷著強烈喜悅，挖掘了巴菲特、蒙格和其他人的智慧，不只用於投資，也為了明白如何管理自己的事業、避免犯錯、建立自己的品牌、做其他方面的投資、建立關係、安排時間，以及建構一個快樂的人生。

帕布萊對複製的堅持挑起許多引發爭論的議題。「原創性」的重要性是否被高估了？與其努力創造，我們倒不如應該把精力聚焦在複製更聰明、有智慧的人已經想出的辦法？如果複製是這麼強大的成功策略，那為什麼沒有更多人採用它？複製有沒有危險？利用複製的方式來獲利的同時，還能對自己誠實？

過去七年間，我和帕布萊經常相處。我曾經和他多次一同前往奧馬哈，參加波克夏的年度集會；我在他加州的辦公室訪問過他；我們曾一起在印度旅行了五天，甚至在一班從科塔市開往孟買的夜車上擠同一張臥鋪；我們一起暴飲暴食，地點包括他家附近的韓國烤肉店，還有齋浦爾市的一家路邊攤。

這段時光裡，我了解他運用的逆向工程和複製術多麼強大，而且他常常改善其他人發明出來的成功策略。帕布萊是我見過最努力不懈的複製者，他把「盜用」這門技藝提升到一種極端境界，結果矛盾的是，這反而讓他的策略具有莫名的原創性。他的思考方式對我產生深遠的影響。其實，這本書的首要目標，就是和讀者分享我所謂的「值得複製的構想」。

2 這個做法的前提是，你投資他在一九九九年創立的初代合夥模式的基金（帕布萊投資基金一號），而且一直到二〇一八年三月三十一日才贖回。帕布萊向最早的投資人保證，他們就算虧錢，他也會把虧損的部分賺回來。他後來意識到這項承諾太過大方，因此在二〇〇二年關閉了這項基金，將其併入帕布萊投資基金二號。值得注意的是，他的投資報酬率變動很大。比方說，他在二〇二〇年上半年虧損一五．一％，讓他的基金再也不是從成立以來的上漲六七一．三％、標準普爾五百指數的上漲二一八．四％。但他有個優點，就是這些令人痛苦的擺盪完全不會讓他心煩。

投資定律

帕布萊每次發現一個吸引他的課題，就會一心一意地鑽研。以研究巴菲特為例，相關資源似乎無窮無盡，包括他在幾十年間寫給波克夏股東們的信件，還有一些重要書籍，像是羅傑·羅溫斯坦所著的《巴菲特：從無名小子到美國大資本家之路》。帕布萊狼吞虎嚥地吸收這一切，他也開始每年朝聖，前往奧馬哈參加波克夏的年度大會，二十多年來風雨無阻。

帕布萊後來和巴菲特建立了私人情誼，也透過巴菲特與蒙格成了朋友，蒙格會邀請他去位於洛杉磯的住處用餐，或是去自己的俱樂部打橋牌。但在早期，帕布萊的知識完全來自於書本。他閱讀愈多，就愈是確信巴菲特在蒙格的協助下制定了「投資定律」，而這些定律「就和物理定律一樣重要」。

巴菲特的投資風格看似「如此簡單」又「如此強大」，帕布萊因此認為這是投資的唯一方式。但他研究其他資金管理人的時候，納悶地發現他們幾乎都不遵守巴菲特的定律。他說這種感覺就像「遇見一批根本不相信萬有引力的物理學家。但不管你信不信萬有引力，它都會把你往下拉」！

帕布萊看得出來，大多數的基金經理人擁有太多股票，花太多錢買下股票，而且交易太頻繁。「這些共同基金就在那裡，有些擁有一千口部位，有些擁有兩百口部位。你怎麼可能找到兩百家都能讓基金翻倍的公司？於是我查看他們擁有什麼，發現他們擁有的股票售價是每股盈餘的三十倍。我發覺他們其實全都被騙了。」

帕布萊讀過一本管理大師湯姆．彼得斯的著作，書中有個警世故事：馬路的兩側各有一家自助式加油站，其中一家生意興隆，因為它提供高品質服務，比如免費清理擋風玻璃，另一家幾乎什麼也不做。結果呢？第二家的顧客一定都會轉移到服務比較好的那家加油站。這種錯誤令帕布萊驚奇，因為最容易的賺錢方法，莫過於複製明擺在你眼前的優秀策略。

「人類的基因裡有一種怪東西，阻絕我們欣然去接受好的構想。」帕布萊說：「我很早以前學到的教訓是，持續觀察你的業界內和外在的世界，如果看到有人做了很聰明的事，就該**強迫**自己接受這種做法。」這聽起來實在平凡無奇，甚至有點陳腔濫調，但這個習慣在他的成功裡扮演了重要角色。

帕布萊懷著全然的門徒熱忱，決心按照「巴菲特告訴我應該用的方式」去投資。假設巴菲特每年的平均報酬率是三一％，帕布萊就會毫不懷疑地相信自己想達成二六％應該不會很難。按照這種報酬率，他的一百萬美元每三年會翻倍一次，在三十年後增長成十億美元。為了讓自己記得這項複利目標，他還把自己的車牌號碼客製化成「COMLB 26」。就算最終成果離目標有些差距，但他覺得應該也不會差到哪裡去；假設他每年的報酬率是一六％，他的一百萬美元也會在三十年後增長為八億五千八百五十萬美元。這就是複利的威力。

當然，他沒在華頓商學院或哥倫比亞大學讀過企管碩士，也沒有特許金融分析師的資格，也毫無華爾街工作的經驗。但是把自己的整個人生視為遊戲的帕布萊，認為自己恪守巴菲特的方法，所獲得的優勢會勝過那些不願聽從奧馬哈智者建言的傻子。「想玩我知道自己能贏的遊戲。」帕布萊說：「那麼，要怎樣贏這場遊戲？必須遵守遊戲規則。而且可喜的是，我的對手們根本**不知道**規則是什麼。」

葛拉漢是價值投資之父，他在哥倫比亞大學教過巴菲特，後來還雇用他。帕布萊認為，巴菲特挑選股票的方式是衍生於他從葛拉漢身上學到的三個核心觀念。首先，你在買股票的時候，其實是在買一家擁有潛在價值、繼續發展的公司的股份，不只是一張讓投機商人拿來交易的紙。

第二，葛拉漢認為市場是個「投票機器」，不是「衡量價值的機器」，意思就是股價常常無法反映所屬企業的真正價值。正如葛拉漢在《智慧型股票投資人》一書中所寫的。[3]投資人應該把市場想成一個躁鬱症患者，這個患者「常常大肆傳達心中的狂熱或恐懼」。

第三，一支股票的售價遠低於你對它的價值的保守估計時，你才應該買下它。一家公司的內在價值和股價之間的差異，成了葛拉漢所謂的「安全邊際」（margin of safety）。

但這一切在實務上究竟意味著什麼？葛拉漢認為，市場先生常常容易出現不理性的情緒動盪，而這項看法的意義深遠。對巴菲特和蒙格這種投資大師來說，這場遊戲的精髓是將自己抽離瘋狂局勢，冷靜旁觀，直到兩極化的市場給他們提供了蒙格所謂的「定價錯誤的賭博」。**狂熱行動得不到任何獎勵。相反的，投資主要是等候一種罕見時刻：能賺到錢的機率遠高過虧錢的機率**。如巴菲特所說：「你不需要朝每一顆投來的球揮棒，而是該等適合你的球。問題是，身為資金管理人的時候，你的球迷會拚命吶喊：『揮棒啊，你這廢物！』」

巴菲特向來對群眾呼聲無動於衷，可以好幾年無所事事耗時間。比方說，他在一九七〇年和一九七二年之間幾乎什麼也沒買，而狂熱的投資人在這段期間把股價推上瘋狂新高。股市在一九七三年崩盤時，他買下《華盛頓郵報》公司的大量股份，持有了四十年。巴菲特在經典文章〈格雷厄姆──多德都市的超級投資者們〉中表示，市場對這家公司的估值是八千萬美元，而當時「你其實可以把這個資產賣給十個買家當中的任何一人，價格不低於四億美元……如果一家公司價值八千三百萬美元，你就不會試著只用八千萬美元買下它。你必須留給自己龐大的安全邊際。在蓋一座橋的時候，你要求它能承受三萬磅的重量，但只允許一萬磅的卡車從上頭開過去。這個原則也適用於投資」。

在我們這個過度活躍的世界裡，很少人體認到這種步調緩慢、深具洞察力的策略所擁有的優勢，這種策略必須在不頻繁卻決定性的突發行動才會出現。帕布萊認為，九十幾歲的蒙格是他見過「最聰明的人」，而蒙格就是採取這種決策方式。蒙格描述：「你必須像個手持魚叉、站在溪邊的男人。他大多數的時候什麼也不做，但一條肥美的鮭魚游過的時候，他會用魚叉刺穿牠，然後又回到什麼也不做的狀態。下一條鮭魚游過的時候，可能是半年後了。」

但很少資金管理人是這樣做事情。帕布萊說他們「常常下注，四處下注，而且賭注很小」。問題是，良好的投資機會並不多，不適合這種投資方式。所以帕布萊遵照兩位偶像的做

---

3 《智慧型股票投資人》於一九四九年出版，這本書被巴菲特譽為「有史以來寫得最好的投資書」。我們會在第4章詳細探討這本書的偉大作者。

法，寧可等候最肥美的鮭魚出現。我們有次在他位於爾灣的辦公室談話，他告訴我：「最重要的投資能力是耐性——**極度的耐性**。」二〇〇八年市場崩盤的時候，他在兩個月內做了十筆投資。而換作平時，他在二〇一一年只購買兩支股票，二〇一二年買了三支，二〇一三年則什麼也沒買。

在二〇一八年，帕布萊的海外對沖基金裡沒有任何美國股票，因為他覺得當時的美股看起來都不夠便宜。請花點時間思索這點：當時各大美股交易所大約有三千七百家企業掛牌，帕布萊竟然找不到任何一支物美價廉、令他難以抗拒的超值股。他不甘於選擇估值看似過高的美股，而是把魚叉對準印度、中國和南韓等漁獲量更大的水域。蒙格常說抓魚有兩條原則。第一條原則：「在有魚的地方抓魚」。第二條原則：「別忘了第一條原則」。

後來，在二〇二〇年的春季，新冠肺炎在諸多投資人的心中引發恐懼，美國股市因而暴跌。零售業遭到重創，無數商店被迫立刻停止營業，顧客被迫待在家裡自我隔離。Seritage Growth Properties 這家房地產投資信託公司當時處於充滿變數的核心，它的租戶包括許多再也付不出店租的零售商。帕布萊說：「市場厭惡這種在短期內發生的騷動和痛苦。」趁投資人們驚慌失措的時候，他以格外低廉的價格買下了這家公司一三%的股份。他認為等這波恐懼消退、其他人發現該公司的主要資產有什麼價值的時候，他這筆投資最終將換來十倍的報酬。[4]

不是只有巴菲特、蒙格和帕布萊採用這種極度耐心和精挑細選的策略。他們的菁英夥伴也包括許多傑出的投資人，其中一位是法蘭西斯．周（Francis Chou），是加拿大最卓越的基金經理人之一。我在二〇一四年第一次訪問周的時候，他有三〇%的資產換成了現金，而且已經好幾年沒買過多少股票。「市場上沒什麼東西可買的時候，你就必須格外小心。」他告訴我：「你不能強迫自己購買，而是必須保持耐心，好商品遲早會出現在你眼前。」他提出警告：「你如果天天都想在股市裡做買賣，它就成了徒勞無功的遊戲，而且你注定會輸。」

他可以忍耐多久不做任何投資？周回答：「噢，我可以等上十年，甚至更久。」在等待的期間，他會研究目前價格太高、不適合購買的股票，不然就是去高爾夫練習場打幾球，而且每天看兩百頁到四百頁的書。要避免自己的情緒受到股市的每日劇碼影響，他會使用一個技巧：不是用第一人稱來看待自己，而是以第三人稱的觀點。

和周一樣，帕布萊也建立了一種生活型態，來支持這種勇於不作為的投資策略。我來到他位於爾灣的辦公室時，他穿著短袖襯衫、短褲和球鞋；看起來不太像體內充滿腎上腺素的股票經紀人，而是比較像正打算去海邊散步的度假客。巴菲特曾向他展示自己一本黑色小日記簿裡的空白頁，帕布萊也複製了這個做法，他為了把大部分的時間用來閱讀和研究各個公司，讓行事曆維持清空狀態。他平時在辦公室的時候，會安排一整天沒有任何會議或電話。他很喜歡哲學家布萊茲．帕斯卡（Blaise Pascal）說過的一句話：「人類所有的問題，都源自沒辦法靜下心

4　帕布萊很高興巴菲特也有買 Seritage 公司的股票，巴菲特在房地產界的投資紀錄「近乎完美」。「我們不只複製了他的投資方式，」帕布萊告訴我：「而且在同一支股票上，我們付出的價格是他購價的五分之一或六分之一。」公開聲明：我複製了複製者，我也在新冠疫情期間投資了 Seritage 這家公司。

獨自坐在房間裡。」

帕布萊說這麼做的其中一項挑戰是「大馬達不習慣空轉」。他認為波克夏．海瑟威的股東們之所以能獲得豐厚報酬，就是因為巴菲特熱愛在線上打橋牌，這種腦力活動轉移了他的注意力，中和了「人類就是想做些行動的自然傾向」。帕布萊也打線上橋牌，而且透過騎自行車和打壁球來消耗體力。沒有股票可買，也沒理由賣出股票的時候，他還能把更多注意力放在他的慈善基金會上。他說自己的投資團隊只有一個人，也就是他本人，這對他有很大的幫助。「你的團隊一旦有其他人在，他們就會想做些行動，然後你就有麻煩了。」在大多數的領域上，「對行動的渴望」是個美德。但正如巴菲特在波克夏的一九九八年度大會上說過的：「我們能拿到報酬，不是因為我們做了什麼活動，而是因為做出正確行動。」

帕布萊是個不願與人來往的獨行俠，非常適合「獨自坐在房間裡、偶爾買些定價錯誤的股票」這種報酬莫名豐厚的行業。他以前經營一家科技公司的時候，曾雇用兩名工業心理學家為他做心理側寫，他們發現他管理龐大團隊的能力簡直貧瘠到很可笑：「我不是那種能照顧並扶持一大堆愛哭鬼的慈悲領袖。」」投資感覺比較像一盤立體象棋，棋局的結果完全取決於他一人。

幾乎對每件事都說不

帕布萊最早買下的一批股票之一，是在一九九五年購買的薩蒂揚軟體公司（Satyam Computer Services）的股票，這是一家當時規模很小的印度科技公司。他就是在這個產業工作，所以很了解這一行，而且這支股票「便宜到不行」。帕布萊驚訝地看著這支股票在五年內漲了一百四十倍。二〇〇〇年，他在這支股票的價值被嚴重高估的時候賣掉它，賺到了一百五十萬美元。後來，一九九〇年代後期的科技泡沫終於破裂，該股票的價格跌了超過八成。帕布萊對自己碰上的好運感到莞爾，還開心地說自己很像《阿甘正傳》裡的阿甘，該角色因為買了「某個水果公司」的股票而大賺一筆，那家公司就是蘋果電腦。

透過一連串的好運和聰明操作，帕布萊在五年內就把那一百萬增長成一千萬。他知道自己還有更多東西要學，因此寫信給巴菲特，表示願意為對方無償工作。巴菲特的答覆是：「我仔細研究了怎樣運用時間最為有效，而我發現自己還是最適合單打獨鬥。」帕布萊因此採取Ｂ計畫。他的幾個朋友因為聽從了他的選股建議而賺了錢，希望他來幫他們管錢。他在一九九九年開了投資合夥公司，其中九十萬美元的資金來自另外八人，他出資十萬美元。大約一年後，他以六百萬美元的價格賣掉了TransTech（他創辦的科技顧問公司），這樣才能把所有心思放在投資上。

巴菲特在一九五六年到一九六九年之間處理了多件合夥投資案，獲得巨大成功。因此帕布萊做出自然的舉動：他複製了巴菲特的合夥模式的所有細節。比如，巴菲特收取的不是每年六％的「最低要求報酬」，而是每一筆利潤的二五％的績效費。如果他取得的報酬率低於六％，他就一毛錢也不收。相反的，超大報酬就會為他帶來豐厚回報。帕布萊也採用了同樣的收費制度，他認為這種「利益一致性」是「做生意的正直方式」。[5]

湊巧的是，葛拉漢在一九二〇年代使用了這套收費制度，後來被巴菲特學走。對複製一點也不陌生的巴菲特說過：「你如果從別人身上學東西，就不用靠自己想出很多點子。你只需實際應用自己覺得最好的東西。」其中一部分的挑戰，是在學習過程中去蕪存菁，而不是盲目地複製一切。舉例來說，葛拉漢堅信分散投資的好處，但巴菲特是把賭注集中在一些估值過低的少數股票上而致富。這是個很關鍵的重點。巴菲特雖然不吝於師法別人，但他根據自己的偏好調整與改善葛拉漢的做法。

帕布萊模仿巴菲特的風格，選擇了一些格外集中的投資項目。他認為十支股票對自己來說就是充足的分散投資。當你買的股票這麼少時，就能格外挑三揀四。帕布萊瀏覽數百支股票，絕大多數通常都會在一分鐘內淘汰掉。[6] 巴菲特是這種高速篩選的大師。帕布萊表示：「他尋找的是對某支股票說『不』的理由，一旦找到就打定主意。」巴菲特確實也說過：「成功者和超級成功者之間的差別在於，超級成功者幾乎對什麼事都說不。」

巴菲特為帕布萊提供了幾個簡單的過濾方式，能幫助他加快篩選過程。首先，帕布萊說巴菲特的一條「核心戒律」是，你投資的公司必須在你的「能力圈」裡頭。帕布萊分析一家公司的時候，最先提出的問題是「它是不是我真的了解的領域？」他努力判斷自己在這個領域方面是處於能力圈的中心、邊緣還是外側。

第二，該公司股票的售價遠低於其價值，這樣才能提供足夠的安全邊際。帕布萊沒浪費時間製作複雜的Excel試算表，這種事反而可能讓他產生錯覺，自以為能精確地預知未來。他想要的是一個便宜到讓他「根本不用多加考慮」的廉價投資項目，意思通常是該股票如果有一美元的價值，他能花不到五美分買下。「我有個很簡單的準則：如果某個股票在短期內，也就是兩、三年內，不會明顯翻倍，我就不感興趣。」

---

5 大多數的對沖基金收取二%的管理費，另外加上利潤二〇%的績效費，帕布萊形容這是「反正都是我贏」的制度。如果這種基金帶來了一〇%的報酬，股東們拿到的利潤（扣除費用後）只有六・四%。這些高額的摩擦成本對於對沖基金投資人不利，他們拿到利潤的時間點永遠落後於市場動態。相較之下，如果帕布萊獲得了一〇%的報酬，他的股東們能拿到九%。二〇〇八年～二〇〇九年的金融海嘯過後，他有幾年不賺取任何手續費。他當時告訴我：「我是靠新鮮空氣、水和花生米過活。我真想吃羊肉和咖哩。」大餐終於到來：他的旗艦基金在二〇一七年賺到了九二・二%的報酬，他收取的績效費超過四千萬美元。

6 帕布萊是從哪裡獲得投資點子？他分析頂尖投資人的投資項目，比如巴菲特、泰德・韋斯勒（Ted Weschler）、賽斯・克拉爾曼（Seth Klarman），以及大衛・安宏（David Einhorn）。帕布萊會瀏覽他們最好的三、四個投資項目（列在投資管理人每一份13F季度報告上），試著判斷他們為何喜歡這些投資項目。他原本搞不懂韋斯勒和安宏為什麼喜歡通用汽車，該公司明明一看就很爛。他努力研究了六星期後，終於明白原因，因此在汽車股方面下了一些報酬豐厚的賭注，尤其是飛雅特克萊斯勒汽車公司。

第三，在蒙格的影響下，巴菲特的投資重心逐漸不再只是購買便宜的股票，而是購買更好的公司。這也表示該公司應該擁有永續的競爭力，而且應該由一位誠實又有能力的執行長管理。蒙格向帕布萊指出，葛拉漢專注於購買超級便宜的股票，但他最高的獲利是因為買下蓋可（GEICO）保險公司。「蓋可公司讓他賺到錢，不是因為股價便宜，」帕布萊說：「而是因為那是一家好公司。」

第四，一家公司的財務報表應該清楚又簡單。巴菲特曾做出觀察：「你如果看不懂一家公司的財務報表，這只有一個原因：製作該報表的人不希望你看懂。」如果你很難判斷某公司今天如何生財、在幾年後大概會賺多少錢，巴菲特就會把這家公司貶謫為所謂的「太難判定」類別。帕布萊曾給巴菲特的辦公桌拍照，桌上有個盒子真的標示著「太難判定」（TOO HARD），這是為了提醒巴菲特抗拒複雜問題對他造成的吸引力。安隆公司和威朗製藥這兩家公司後來都出了事，帕布萊當初就是因為它們「太難判定」而沒列入考慮。

對帕布萊而言，成功投資的訣竅之一，就是**避開任何「太難判定」的項目**。舉例來說，他從不考慮在俄國或辛巴威之類的國家投資，因為這些國家向來不尊重股東的權益。他不考慮任何新創公司和首次公開募股，因為這種領域深受業務炒作和過高期望所影響，他不太可能找到超值股。他也從不搞賣空，因為上檔的極限是百分之百（如果股價掉到零），而下檔沒有極限（如果股價狂升）。他問道：「何必拿這種機率下賭注？」他基本上也忽視無比複雜的宏觀經濟學，而是專注於少數幾個關鍵的微觀因素，這些因素比較可能影響特定業務。一言以蔽之：簡單才是王道。

我們剛剛討論的這些基本原則非常健全，也未曾讓帕布萊失望。但真正不可思議的是，**這些都不是原創想法**。他的投資生涯所依據的每個重要想法，都是從巴菲特（還有蒙格）那裡偷來的。我在寫下這個評論時覺得有點不安。我列舉的這些想法都是帕布萊從別人那裡偷來的，我又怎麼有辦法說出任何新穎或深刻的論點？但這其實就是重點。他的優勢符合一項事實：他不在乎你我是否認為他剽竊了別人的想法，只在意哪些想法有用。

有天晚上，我和帕布萊在爾灣一家韓國餐廳共進晚餐，我問他為什麼一般人沒有以他這種有系統的方式複製別人的做法。他嚼著一道叫做「地獄辣牛肉」的菜，對我說：「因為他們臉皮沒我這麼厚。他們的自尊心比較大。如果想當強大的抄襲狂，就必須把自尊心放在門口。」

大師、門徒，共進一頓六十五萬美元的午餐

帕布萊剽竊而來的投資方式，效果一流。他在一九九九年七月啟動帕布萊基金的時候，網路泡沫瀕臨破裂，那個時期對投資人來說危機四伏。那之後的八年間，表現最佳的美國指數是道瓊工業平均指數，每年勉強擠出四．六％的報酬率，帕布萊的報酬率則是二九．四％（扣除費用後）。媒體讚揚他是「超級巨星」「下一個巴菲特」「爾灣先知」。他管理的資金增長成六億美元。他回想當時：「我什麼也不可能做錯。」

帕布萊獲得的報酬，是他在幾支由於不確定因素而估值過低的股票上押了賭注。比方說，九一一恐攻發生不久後，他投資了製造噴射飛機的巴西安博威（Embraer）航空工業公司，而該恐攻事件造成許多航空公司取消了購買飛機的訂單。這個短期動盪使得恐懼的投資人們忽視了一個長期事實：安博威依然是高品質企業，產品優秀，生產成品低廉，管理能力一流，而且資產負債表上擁有大量現金。帕布萊在二〇〇一年購入時，每股大約十二美元；在二〇〇五年賣掉最後一批股票時，每股三十美元。

同樣的，在二〇〇二年，當租用油輪的價格暴跌時，他投資了「前線公司」（Frontline Ltd.）這家北歐的油輪運輸企業。當時前線公司的股價跌至每股五．九美元，但他做了計算，發現該公司的清算價值超過每股十一美元。租船費遲早會回升，因為資源只會愈用愈少，而且在這段期間，前線公司也能透過賣船的方式來度過現金危機。和安博威的案例一樣，不確定性嚇跑了投資人，但是上升潛力遠遠大過下行風險。帕布萊引述某人的座右銘來總結這種賭博：「擲硬幣，正面是我贏。萬一是反面，我也只是小輸。」他在幾個月內就獲得了五五％的投資回報。

二〇〇五年，他在另一個不費腦力的項目上投入大量賭注：一家叫做 IPSCO 的特殊鋼鐵生產商。帕布萊當時的購價是每股四十四美元，該公司當時帳面上的超額現金是每股十五美元。因他認為 IPSCO 接下來的兩年裡每年都能增加每股十三美元的利潤，總共是每股四十一美元。因為他是用每股四十四美元的價格買下，意思就是他只用每股三美元的價格，就買下了 IPSCO 所有的鋼鐵生產廠和其他財產。帕布萊確實沒辦法預測該公司從第三年起會賺多少錢，但他認為這個股價實在便宜，他幾乎沒有虧錢的風險。他在二〇〇七年賣掉這批股票時，原本二四七〇萬美元的投資已漲成八七二〇萬美元，在二十六個月裡就成長了二五三%。

近幾年裡，幾乎每個人都相信：從長遠來看，沒人能擊敗市場。但帕布萊從巴菲特和蒙格身上找到了獲勝公式。如我們目前看到的，關鍵原則其實不難找出來，也不難複製。**稍安勿躁；挑三揀四；幾乎對什麼都說不；利用市場大好大壞的情緒波動；趁股票的售價遠低於其價值的時候買下；待在自己的能力圈裡；避開任何太難判定的投資項目；選少數幾支定價錯誤，下行風險極低而且上升潛力極大的股票來下注**。但是幾乎只有帕布萊狂熱地遵循這些規則。「其他人都不願意這麼做，」他大嘆驚奇：「只有我這個印度人願意。」

帕布萊想親自道謝，因此在二〇〇七年的七月，和摯友蓋伊·斯皮爾（Guy Spier）一同參加一場慈善拍賣會，爭取「與巴菲特共進午餐」的機會，也以六五·〇一萬美元的價格贏得了競標。❼斯皮爾是住在蘇黎世的對沖基金經理人，也同樣仰慕巴菲特。這筆錢後來交給了葛萊德基金會（GLIDE Foundation），用來幫助街友。但是帕布萊把這筆捐款視為自己的「guru

---

❼ 為了避免任何誤會，我應該讓你知道斯皮爾是我最親密的朋友之一。我這二十年來一直投資他的「藍晶」（Aquamarine）對沖基金。我有幾次幫忙修訂他的基金年度報表。我是他的投資公司董事會的顧問。我也曾協助他寫下他的回憶錄《華爾街之狼從良記》。換言之，我比一般人都更近距離觀察過斯皮爾，但對他不能算絕無偏見。

dakshana」，這在印度語的意思是「學生在完成學業後，送給精神導師的禮物」。

二〇〇八年六月二十五日，帕布萊終於見到恩師。他們在曼哈頓的史密斯華倫斯基牛排館相處了三個小時，坐在餐廳後側的木牆壁龕形空間裡。帕布萊帶了太太哈芮娜和兩個女兒萌素和莫瑪琪參加，兩個女兒坐在巴菲特兩旁。[8] 斯皮爾則帶了太太蘿芮。巴菲特就像個慈愛的爺爺，給孩子們送上幾包禮物，其中包括印有他肖像的 M&M 巧克力。話題包括他最喜歡的公司（蓋可保險公司），他最想遇見誰（應該是牛頓爵士，此人大概是「有史以來最聰明的人類」，不然就是蘇菲亞．羅蘭，理由單純許多）。

對帕布萊來說，這場午餐會給了他兩個難忘的教訓，其中一個包括如何投資，另一個是如何生活。他學到第一個教訓，是因為他問了巴菲特：「瑞克．格林（Rick Guerin）後來怎麼了？」巴菲特曾在《格雷厄姆──多德都市的超級投資者們》中提到格林的優異投資紀錄。巴菲特告訴帕布萊和斯皮爾，格林當時「急著發財」而借錢玩槓桿投資。巴菲特說，格林當時被要求追繳保證金，但他因為一九七三、一九七四年的市場崩盤而損失慘重，他因此被迫賣掉股份（賣給了巴菲特），這些股份後來成了巨大財富。[9]

相較之下，巴菲特說自己和蒙格從不急著發財，因為他們一直都明白只要在幾十年間靠複利錢滾錢，不要犯下太多災難性錯誤，遲早都會成為巨富。巴菲特邊享用牛排、薯餅和櫻桃可樂邊說：「只要你的水準稍微高過一般的投資人，而且你的支出低於收入，那你勢必會變得非常有錢。」帕布萊說這個關於槓桿和躁進有何風險的道德故事「深深烙在」他的大腦裡：「就在那一刻，這場和巴菲特共進的午餐就值回票價。」

但最讓帕布萊感到共鳴的是，巴菲特忠於自己的感覺，他的生活方式完全符合自己的個性、原則和偏好。共進午餐時，巴菲特表示他和蒙格總是用「內在計分卡」來給自己評分，不擔心其他人如何評論他們，而是專注於實踐自己訂下的嚴格標準。巴菲特說，如果想判斷你是遵循外在還是內在計分卡，可以問自己：「我想當這世界上最糟的情人，在公眾眼裡最好的人？還是這世上最好的情人，在公眾眼裡最差的人？」

巴菲特管理人生所有層面的方式都符合自己的本性，像是類似孩童的飲食習慣（大多吃漢堡、糖果和可口可樂），還有如何經營事業。比方說，他清楚表示波克夏的「分權結構」本來就不是為了追尋最大利潤，而是適合他的性格，他能以不插手的方式監督波克夏的諸多生意，讓執行長們明智地運用自己的自由。同樣的，他說會親自處理自己的每日行程，而且拒絕任何可能會妨礙他閱讀或思考的請求，因此每天的生活不會被雜事所擾。還有，他堅持只跟自己喜歡並欣賞的人們合作。身為選股人的他總是遵照自己的判斷，避開任何一時火熱、價值被高估的股票。

這場談話給帕布萊和斯皮爾帶來了長期影響。在二〇一四年的五月，我參加了他們在波克

---

❽ 帕布萊在那之後離了婚。

❾ 格林彷彿讓他的股東們坐了雲霄飛車，在一九七三年虧損了四二%，在一九七四年虧損了三四．四%。話雖如此，他在十九年間的複利投資報酬率是二三．六%（扣除費用後）。

夏的年度大會。隔天，我們搭乘斯皮爾從 NetJets（波克夏的子公司）包來的私人飛機，從奧馬哈飛往紐約。他和帕布萊剛跟巴菲特和蒙格一起吃過早餐，開心得很。在飛機上，我們主要的話題是如何依據內在計分卡而活。帕布萊認為：「世上大概九九％的人很在乎這個世界對他們作何感想。」只有一小部分的人抱持相反的觀點。他以充滿詩意的方式表達這種態度：「管別人他媽的怎麼想。」

帕布萊和斯皮爾滔滔不絕地說出哪些人遵循內在計分卡：耶穌、甘地、曼德拉、柴契爾夫人、賈伯斯，還有一些頂尖投資人，像是巴菲特、蒙格、泰德．韋斯勒、李錄、比爾．米勒，以及尼克．史利普（Nick Sleep，第 6 章會深入介紹他）。帕布萊表示：「這些人能站上頂點，就是因為只遵照他們給自己訂下的標準。」

在我見過的人當中，就屬帕布萊最堅持遵守自己的規則。巴菲特的榜樣讓他決心打造符合自己個性的人生。以下是他如何度過尋常的一天：他比較晚起床，在上午十點後抵達辦公室，沒有任何排程。上午十一點，助理送上他的電子郵件紙本列印，他直接在紙上寫下最簡短的回應，這是複製蒙格的做法。和巴菲特、蒙格一樣，帕布萊一整天大多都在閱讀。他幾乎每天都會睡個午覺，然後繼續閱讀，直到傍晚。

帕布萊會盡可能待在這個繭裡。他避免和自己正在分析的公司執行長們見面，因為他認為這些執行長的推銷能力會成為不可靠的情報來源，這是他從葛拉漢那裡複製來的原則。[10] 他避免與自己的股東們談話，只有在年度大會上例外，而且他拒絕接見潛在投資人：「我真的不喜歡這種廢話一大堆的互動。」

就算他這種態度會惹怒人們，或害他每年因為收不到費用而損失數百萬美元，他也不在乎。「蒙格說他不在意發財。他真正在乎的是能夠獨立。我完全能理解。金錢給你的，是讓你有能力按照自己的方式去做你想做的事……這是非常重大的好處。」

在人際關係方面，帕布萊也明確知道自己要什麼。巴菲特在兩人共進午餐時說過：「多和比你優秀的人相處，你就一定會進步。」帕布萊遵循這條建議的認真程度會嚇到許多人。「我首次見到一個人時，會在事後評估他們，並自問：『我如果和對方建立關係，這會讓自己變得更好還是更糟？』」如果答案是更糟，「我就不會再與對方往來。」同樣的，在某一場午餐會結束後，他會自問：「我喜歡這場午餐嗎？」如果他不喜歡，「我就再也不會與這個人共進午餐。」他補充道：「大多數的人沒辦法通過我的初步考驗。」

交際手腕雖然不是帕布萊強調的要項，但他將「誠實」視為更高度關切的重點。他在一九九〇年代末期讀了大衛．霍金斯所著的《心靈能量：藏在身體裡的大智慧》，他說這本書「很符合我的信念」。霍金斯認為「真正的力量」來自誠實、同情心，以及「致力於改善他人生活」之類的人格特質。這些強大的「吸引因子」會在不知不覺間影響別人，讓他們願意「變得堅強」，而虛偽、恐懼和愧疚之類的人格特質會使他們「變得軟弱」。帕布萊記取霍金斯的

⑩ 帕布萊在開發程度較低的市場（例如印度）投資時，會在這個原則上破例，他會親自判斷能否信賴當地的管理階層。

一項教導，並決心把它當成人生原則。「你如果對其他人說謊，就一定會有報應，」帕布萊說：「這是非常重要的觀念。」

二〇〇八年、二〇〇九年金融危機期間，帕布萊的高度集中型基金跌了六七％，之後迅速回升。他在二〇〇九年的年度會議上告訴股東們：「基金方面發生的錯誤，大多是因為我很愚蠢，不是因為市場的問題。」他指出自己在分析 Delta 金融公司和西爾斯控股這兩支股票時，犯了幾個「愚蠢的」錯誤，這兩支股票的價格都遭到重創，但他的投資人們幾乎沒一個拋棄他。教訓是：「你盡量說實話，就能得到巨大的報償。」

的確，我在訪談帕布萊時獲得的最大樂趣之一，是他坦率地回答每一個提問，不在乎我可能如何評判他。我有次為了做實驗，刻意寫信問了他一些非常私人的問題，包括他究竟有多少身價。

他回信：「我在二〇一七年十一月三十日當天的身價，是一億五千四百萬美元。」然後他分享了一些財務細節，說明這個數字包括哪些資產。他透過這種方式展現出自己深信「誠實」的力量，令人驚異。

在我看來，最令人驚歎的是帕布萊對這些原則，堅定不移，奉守到底。「你碰到這些常人無法理解的真理時，只需要努力地抓著它們不放，」他說：「你得到一個人類不明白的真理，其實就是獲得了一個龐大的競爭優勢。人類不了解『力量』和『蠻力』之間的差異。」

聰明人很容易被複雜事物所吸引，而且低估一些重大但簡單想法的重要性。帕布萊，這位究極的實用主義者，沒掉進這種陷阱。「複利的觀念很簡單，複製的觀念很簡單，實話實說的觀念也很簡單。」他說。但你如果熱忱地運用幾個強大的觀念，所產生的累加效果就會「變得無比強大」。

問題在於，一般人找到一個可行觀念時，都是淺嘗輒止。帕布萊在這件事上難掩反感：「這些愚蠢的人類聽了道理，然後說：『噢，對耶，有道理。隨便啦，也不是很重要吧？我會試著用用看。』這樣當然他媽的行不通。你要麼百分之一萬的全力以赴，要麼根本別試！」

他認為我們應該複製的態度，是十九世紀的印度哲學家斯瓦米．維韋卡南達（Swami Vivekananda）曾經對追隨者說的：「採取一個想法，把它變成你的人生。想著它，夢著它，實踐它。讓你的大腦、肌肉、神經，以及每個部分都充滿這個想法，而且別碰其他想法。這才是成功之道。」[11]

---

[11] 你大概也猜到了，維韋卡南達討論的並不是投資成功之道，而是教瑜伽修行者如何成為「精神層面的巨人」。他的建議是徹底拋棄「淺嘗輒止」的習性，把所有心力集中在一個目標上：「你如果想成功，就必須拿出無比的毅力和意志力。『我將飲盡大海，』堅持不懈的人說：『在我的意志下，群山將為之崩塌。』你如果擁有這種精神、意志力，而且努力不懈，就能達成目標。」

歡迎來到印度的綁架案重災區

隨著資產持續增長，帕布萊碰上了一個令人愉快的難題：該怎麼處理這些錢。他再次向巴菲特尋求靈感。

巴菲特多次說過，他的財富對自己的心靈滿足貢獻極小。還記得我曾經跟帕布萊和斯皮爾一同參加一場波克夏年度會議，巴菲特對觀眾說：「我如果擁有七、八棟房子，我的人生會變得更糟……金錢和快樂之間就是沒有關聯。」

帕布萊不算是個禁欲主義者。他曾經花了數千美元買一雙訂製鞋，而且他開一輛藍色的敞篷法拉利，這個獎勵很適合他，因為他靠法拉利股票賺了大錢，但他知道享樂主義不是通往幸福境界的可靠之路，他也不太願意把數以億計的財產留給女兒們，因為他把巴菲特的建議銘記在心：留給孩子的財產，金額應該夠讓他們去做自己想做的任何事，但不能大到會讓他們整天無所事事。巴菲特發誓要把數十億美元財產大多還給社會，所以帕布萊決定「複製捐獻」。

他首先自問：「如果我今天就死，會希望自己大部分的財產用在哪個事業或機構？」他希望管理慈善機構像有效率的企業一樣，有精確的評估方式追蹤所花的每一塊錢做了多少好事。一開始沒有任何慈善機構吸引他，直到他在二〇〇六年湊巧看到一篇報導，介紹阿南德・庫馬爾（Anand Kumar）在印度鄉下進行的慈善活動。庫馬爾是數學老師，每年為三十名窮困的高中畢業生提供免費的教學和住宿。這項名為「超級三十」的計畫，在讓學生為印度理工學院入學考試做好準備這方面，擁有不可思議的高成功率。

帕布萊立刻看出這個模式的強項：成本低，讓天賦異稟的青少年有機會脫貧，而且提供了可測量的成果。他寫了電子郵件給庫馬爾，表示願意提供資金來擴大這項計畫，但對方不願意擴大經營。不屈不撓的帕布萊做出重大決定：「你就是必須親自走一趟。」

比哈爾邦常常被形容成「印度的綁架案重災區」，對優秀的對沖基金經理人來說並不是個吸引人的地點。所以帕布萊雇用了新德里一家保全公司的兩名保鑣，陪他一起踏上這趟旅程。其中一人原本是「黑貓突擊隊」的成員，該部隊是印度的反恐專家，「能攻進遭到劫持的飛機，撂倒綁架犯……從睡著狀態到醒來殺掉目標花不到三秒鐘！」這名突擊隊員必須另外搭列車前往比哈爾邦，因為他不能帶槍上飛機。帕布萊後來才發現，庫馬爾為了保護他又另外雇了四名保鑣。

帕布萊發現比哈爾邦是個荒涼貧困之地，當地的小偷有時候會偷鐵軌拿去賣。他做出抱怨連連的結論：「天氣很爛，基礎設施很爛，旅館很爛。」帕布萊原本抱持幻想，以為這場啟蒙之旅會讓他住在一星級旅館也開心，看來他想得太美。

儘管在當地覺得不舒適，但他還是永遠忘不了和庫馬爾相處的那一天，對方是在一間租來的無牆棚屋裡給學生上課。庫馬爾的智慧、熱忱和教學天賦令帕布萊讚不絕口：「他是億中選一的人才。」

帕布萊無法說服庫馬爾接受自己的資金，因此請對方允許他複製並擴張所謂的超級三十計畫。他運用巴菲特的投資策略所取得的成果，向庫馬爾證明了「複製」的力量，於是心想，慈善事業這方面何不如法炮製？庫馬爾答應了他的請求後，帕布萊開始著手行動。

在庫馬爾的名氣加持下，數千名學生申請了帕布萊的計畫，然後他親手選出最有才能的學生。帕布萊獲得高材生的辦法，是和一個公營網絡合作，該網絡擁有將近六百所的寄宿學校，每年教育數以萬計的窮困鄉下孩童。針對這群學生當中的數百名「最有潛力的人才」，帕布萊的達克沙納基金會就提供他們獎學金，並給予兩年的數學、物理和化學課程的輔導，讓他們為印度理工學院入學考試做好準備。「他們如果不拚命學習，就會一無所有地回鄉下。」帕布萊說：「這是他們唯一的機會。」

這個慈善模式的優勢是，能以很低的成本改變許多人的生活。在二〇〇八年，達克沙納在每個學生身上所投入的成本是三九一三美元，而且三四％的學生還被印度理工學院錄取。到了二〇一六年，達克沙納的效能已經提升許多，每個學生的成本降低至二六四九美元，而且錄取率竟然高達八五％。

此外，政府為寄宿學校和印度理工學院提供了大量資助。帕布萊的估算是，達克沙納在一個學生身上每花一美元，政府提供的資助就超過一千美元。他可以說是進行了槓桿式的押注，他投入的資本換來了巨大的社會報酬。[12]

帕布萊在二〇〇八年和巴菲特共進午餐之前，先寄了達克沙納的第一份年度報告給對方。巴菲特對內容刮目相看，甚至跟蒙格和比爾・蓋茲分享。巴菲特後來接受福斯電視台訪問時，公開表示帕布萊「慈善的腦袋和投資的腦袋一樣好……我非常欣賞他。」

門徒、厚臉皮的抄襲者，獲得了大師的祝福。「被這樣讚美，」帕布萊表示：「我覺得死而無憾。」

之後，達克沙納持續以倍數成長。在二〇一八年，該機構在印度的八個地點同時教導一千多名學生，包括一個名為「達克沙納山谷」的校園，這片四十四公頃大的土地，是帕布萊從一個缺錢的賣家手中買下，光是這個校園就能容納兩千六百名學生。

與此同時，達克沙納也把目光放在印度理工學院之外的學府上，開始為數百名窮困學生做好考醫學院的準備。光是在二〇一九年，就有一百六十四名達克沙納學生考進醫學院，錄取率高達六四％。這些計畫都是由達克沙納的執行長拉姆．夏馬上校（Colonel Ram Sharma）管理，他是退役砲兵軍官，每年為自己的服務收取的費用竟然是一盧比。⑬

換言之，這個慈善機構最初只是複製庫馬爾的計畫，並不起眼，但後來變成了龐大組織，這證明了「聰明的複製」不是「粗陋的模仿」這麼簡單。以達克沙納的案例來說，帕布萊借用了一個小規模運作的模式，把它放大成工業規模。「他的成功，是因為注重細節，」夏馬上校

---

⑫ 在二〇一八年底，帕布萊家族已經捐了超過兩千七百萬美元給達克沙納。最大的外界捐款者是普呂姆．瓦莎（Prem Watsa，楓信金融控股公司的執行長，也是印度理工學院畢業生），以及拉德基夏．達馬尼（Radhakishan Damani，據說是印度第二大富翁）。公開聲明：我本人也捐了幾千美元給達克沙納。

⑬ 夏馬上校是我見過最令人欽佩的人物之一，他因為痛失愛女而對這項慈善活動有著深刻的使命感。他對我說過，上帝雖然從他身邊帶走了一個孩子，卻給了他一千個孩子。

說：「這我敢打包票。」[14]

我和帕布萊前往達克沙納山谷，見到了這個基金會的明星校友阿修克．塔拉帕卓（Ashok Talapatra）。塔拉帕卓告訴我，他在海德拉巴市貧民窟裡一間月租六美元的棚屋長大，他父親是裁縫師，月收入是一百美元。他們的屋子極其簡陋，入口沒有門板而是粉紅浴簾，石棉屋頂擋不了雨水。帕布萊和女兒萌素來到這間棚屋拜訪塔拉帕卓時，他的母親送上的茶和點心是放在凳子上，因為家裡沒有餐桌。

然而，塔拉帕卓是很傑出的學生。他在印度理工學院入學考試上拿下高分，在四七．一萬名應試生當中排名六十三，這是歷代所有達克沙納學生當中最好的成績。他進了孟買印度理工學院，學習電腦科學和電腦工程，後來在Google獲得了薪水六位數美元的工作。他在倫敦工作一段時間後，就轉到Google的加州總部，目前擔任軟體工程師。「他一直在升職，」帕布萊說：「而且速度很快。」塔拉帕卓進了Google一年後，就為父母買下一間新公寓，擁有兩間臥室、廚房、空調，以及不會漏水的屋頂。

塔拉帕卓的神奇旅程還沒結束。帕布萊成了他的良師益友，並引發他對投資的興趣。他讀過帕布萊推薦的一些投資書籍，也定期和對方一同參加波克夏．海瑟威的年度會議。我在奧馬哈看著他們，並思索帕布萊對塔拉帕卓的人生造成的影響，我不禁感到驚奇：帕布萊擅長在「定價錯誤的股票」上押注，這帶來了多麼美好的成果。在感動的片刻，我想起《塔木德》裡的一句話：「救一條命，就等於救了全世界。」

但是帕布萊以誠實到很殘酷的方式，揶揄任何認為他是某種正義救星的想法。我們一起搭計程車穿梭於孟買的時候，他告訴我：「你一旦覺得人生毫無意義，該怎麼辦？你該做的，就是別破壞其他人的生活。讓這個世界變得比自己以為得更好。好好教導你的孩子。其他的都是遊戲，無關緊要。」

來自莫赫尼什的教訓

多次和帕布萊談話後，我不禁常常思索複製術的力量、如何運用在自己的生活上。我有次搭機從爾灣回家的路上，甚至寫下了一篇叫做「來自莫赫尼什的教訓」的備忘錄。我首先提出兩個基本的問題：「我應該複製什麼致勝習慣？我該複製誰？」比方說，因為我是撰寫紀實文學作品的作家，所以我會想模仿自己欣賞的作家作品，例如：麥可．路易士、麥爾坎．葛拉威

⑭ 蓋伊．斯皮爾看了本作的初稿後，寫了電子郵件給我，強調帕布萊的複製方法並非「漫不經心」。他表示：「我擔心的是，『厚臉皮的複製者』幾個字無法詮釋莫赫尼什是多麼努力又堅定地複製正確的事……說真的，你在書中提到的那些人雖然外表冷靜，但心裡其實充滿強烈的決心和使命感。」

爾，以及奧利佛・薩克斯。[15]

我思索帕布萊的人生，還有該從他身上學習什麼事的時候，有幾個原則特別引起我的共鳴。我在備忘錄裡寫下：

準則一：拚命複製。

準則二：和比自己優秀的人往來。

準則三：把人生當成遊戲，而非生存競爭，也不是至死方休的戰鬥。

準則四：遵從自己的本性，不做你不想做的事，也不做不適合自己的事。

準則五：用內在計分卡給自己打分數，別擔心其他人對你怎麼想，別為他人的認可而活。

最後，我寫下帕布萊常常引述蒙格的一句話：**「採取一個簡單的想法，認真看待它。」**這些教訓當中，最重要的可能就是最後一條。我們常常遇見一個強大的原則或習慣，我們思考它，很快地試了一下，然後就忘了它。但是帕布萊對它全然投入，把它當成人生準則。這是我必須複製的習性。

但是這部分的目標不是盲目地跟從別人的想法。比較聰明的做法是，**學習某個原則的精神，再將它調整到更適合自己的優先事項**。比方說，我常常想到帕布萊執著於「盡可能地誠實」。這令我質疑：萬一你只把心思集中在「善心」或「同情心」上呢？帕布萊習慣一心一意地追求某種美德，這麼做雖然能帶來力量，但我們不需要選擇同樣的美德。

我認為另一個好方法是，**我們複製的方式符合自己的才能和個性**。帕布萊和斯皮爾常常先討論令他們感興趣的公司，然後才決定要不要投資，這是他們從巴菲特和蒙格那裡複製而來的做法。也因此，他們常常買下同樣的股票。但是斯皮爾買下的分量少很多，因為他比帕布萊更謹慎，而且自信心也不足。他的說法是：「我沒有莫赫尼什那種鋼鐵膽量。」

在二〇一五年，帕布萊把一半的資金只投資在兩家公司上：飛雅特克萊斯勒和通用汽車。斯皮爾大約投入了四分之一的資產，他覺得帕布萊這種集中度「可怕得令人窒息」，而且擔心自己沒能讓帕布萊避開傲慢自大和過度自信造成的後果。另外有個對沖基金經理人提出警告：帕布萊把太多資金放在汽車業上，這麼做「徹底瘋了」。但是飛雅特的股價持續飆高，帕布萊投入的錢在六年內增長了七倍。固執的他在二〇一八年把海外基金的七成投資在兩支股票上，

---

15 我在閱讀薩克斯的自傳《勇往直前》（*On the Move*）的時候，發現他的寫作也是複製的產物。薩克斯是神經學家，在著作中描述他的病人疾患的精采病史，他回想起以前讀過《記憶大師的心智》（*The Mind of a Mnemonist*），這本一九六八年的作品是由俄國神經心理學家盧力亞（A. R. Luria）所寫，描述盧力亞有個患者擁有無窮無盡的記憶力。「這本書改變了我的人生目標和方向。」薩克斯寫道：「不僅激勵了我寫下《睡人》，也讓我想寫其他書。」我閱讀盧力亞的作品時，興奮地發現他也是位複製者。盧力亞提寫病患故事時寫道：「我試著追隨華特．佩特（Walter Pater）的腳步，他在一八八七年寫了《想像的肖像》（*Imaginary Portraits*）。」我開始深入研究，發現各個領域，包括商務，都有一大堆複製者。比方說，蒙格對於沃爾瑪的成功解釋如下：「山姆．沃爾頓（Sam Walton）基本上什麼也沒發明，但他複製了別人做過的聰明舉動，而且做得比他們更有熱忱，結果也比他們都成功。」

這個大膽又積極的舉動在那年造成了四二%的虧損。就像斯皮爾對我說過的：「天才和蠢蛋之間的界線很模糊。」

帕布萊的「極度集中」策略是受蒙格所影響，蒙格說過「一個良好的投資組合只需要四支股票」。但除非我們也擁有帕布萊這那種極端的勇氣和分析能力，否則複製這種做法無異於自殺。我曾問他在二〇〇八、二〇〇九年金融危機期間如何應對資金虧損六七%所造成的壓力，他說：「我沒有壓力……我老婆根本沒察覺出了什麼問題。」他不但沒有壓力，而且在崩盤期間買下的股票便宜到讓他覺得「宛如高潮」。

一個有幫助的心理特徵是，帕布萊不會過度認真看待任何事物。他曾對我說：「我希望自己的墓碑上寫著『他生前喜愛玩遊戲，尤其是他知道自己能贏的遊戲。』複製就是遊戲。二十一點是遊戲，橋牌是遊戲，達克沙納是遊戲，股市當然也是遊戲。這些都是遊戲，重點是勝算。」

令帕布萊感到驚奇的是，提高勝算的辦法其實很簡單，就是研究其他人的指南，而且持續地借用他們的高招。「重點是，這一切都不難，」他發出熱情洋溢的歡笑：「別洩漏這個祕密啊，老兄！別讓全世界知道！」

第2章

甘於孤獨

想擊敗市場，你必須夠勇敢和獨立，而且怪異到特立獨行

除非你做出一些不同於主流大眾的行動，否則你不可能拿得出優異表現。

——約翰．坦伯頓爵士

二十多年前，我走在巴哈馬一片沙灘上，看到一副怪異景象：有個老頭的頸部以下全泡在海裡，身穿長袖襯衫，戴著配有遮陽板和耳罩的可笑帽子，臉上抹著厚厚一層防曬霜。我躲到一棵棕櫚樹後面，避免被他發現我在偷窺。接下來的幾分鐘，他前後伸展四肢，在水的阻力下奮力行走。我後來得知，他每天都這樣運動四十五分鐘。

這個老頭是約翰·坦伯頓爵士，堪稱二十世紀最偉大的國際投資人。我曾從紐約前往巴哈馬，在他位於萊福德凱伊社區的住處訪問他。這個以柵門擋起、風景如畫的社區居民包括摩納哥王子蘭尼埃三世、阿迦汗四世，以及電影明星史恩·康納萊。但如果沒記錯，我和他原本應該是約在隔天見面。新聞工作者最喜歡這種訪談之旅：能在異國訪問大人物，而且一家尚未毀於網路的有錢雜誌社會負擔所有開銷。

坦伯頓擁有非凡的投資紀錄。三十八年間，他在一九五四年創立的坦伯頓成長基金的平均報酬率是一四·五%。意思就是，你如果一開始投資了十萬美元，三十八年後將拿到一千七百萬美元。坦伯頓於一九一二年出生在田納西州的鄉間小鎮，白手起家，後來成了億萬富翁。我想知道他是怎麼做到的，市井小民能從他這種鍊金術裡學到什麼。

我訪問他的那一年，他八十五歲。我原本以為這位投資界的大老看起來會像個賢者。但親眼見到他的時候，我不禁被他戴著滑稽帽子涉水的怪異畫面所迷惑。我後來終於領悟到，他的古怪健身操其實透露了他如何獲得成功。坦伯頓找到了一個高效率的方法，能在一個美麗的環境裡免費健身。他根本不在乎旁人可能覺得他像個怪人，而這種「漠不在乎」就是讓他獲得成功的關鍵。

麥克・李伯（Michael Lipper）是李柏分析服務公司的董事長，他對我說過坦伯頓、索羅斯和巴菲特都有個重要的特點：「他們甘於孤獨，願意站上一個其他人都覺得不利的位置。他們擁有一般人缺乏的內在決心。」

多年來，「甘於孤獨」這個詞彙一直在我的腦海中揮之不去，它傳達了一個重要觀念：頂尖投資人不同於一般人。他們是反舊習的人、獨行俠兼怪咖，他們用異於常人的眼光看待這個世界，而且特立獨行。這一點不僅展現在他們的投資方式上，也包括思考和生活的方式。

這二十五年來，加拿大籍的資金管理人佛朗哥・羅尚（François Rochon）持續領先市場，他提出了一個很有意思的理論。我們都知道，人類基因幾十萬年來的發展，都是為了達成「生存」這個最高目標。我們在至少二十萬年前學到的一個教訓是：如果身為族群的成員，會對生存更為有利。羅尚表示，我們覺得遭到威脅的時候，這個潛意識的本能幾乎一定會啟動，而且讓我們無法抗拒。舉例來說，股價崩落的時候，一般的投資人會看到其他人驚慌失措，因此本能地追隨族群的舉動：抛售股票，逃去安全的現金港。這些族群追隨者沒看出一個違反直覺的真理：**現在可能是買進股票的最佳時機**，因為股票現在成了特價品。

「但我認為在同一個種族裡，有些人沒有族群基因，」羅尚說：「所以他們並不覺得一定要遵從族群。這些人能成為好的投資人，因為他們可以獨立思考。」羅尚用選股的天賦來支持他對收藏藝術品的熱忱，他認為許多藝術家、作家和創業家都缺乏族群基因。

雖然羅尚的理論無法證實，但有許多軼事證據指出，頂尖投資人天生就擁有與眾不同的想法，而這可能有利於投資。有位知名的投資人（他要我在這件事上別公布他的名字）跟我說過，他最成功的一些同行「很像患有亞斯伯格症」，而且這些人幾乎都「沒有感情」。他指出，在做出一般人覺得愚蠢的非常規賭注時，「沒有感情會是個助力」。他表示，患有亞斯伯格症之類發展異常的人「常常在其他方面非常獨特，尤其是數學方面，而沒有感情，加上擅長數字的這種組合對投資很有利」。

我曾對另一位優秀的基金經理人提到這個觀念，這個人精通數學，而且在社交場合感到非常不自在。他向我坦承：「小時候，父母很擔心我可能有自閉症或亞斯伯格症。他們後來大概判定我沒有這類疾病，至少覺得影響不大。總之，我確實可能有這種傾向。」他想起小時候某次重創使得他和自己的情緒「保持距離」。「你如果覺得我是隻瘋雞，你可能是對的。」[1]

在這個話題上，克里斯多福．戴維斯（Christopher Davis）給了我最具洞見的觀點，他掌管的戴維斯顧問公司管理了二五〇億美元的資產，這家投資公司由他父親於一九六九年創立，這份工作讓他可以清楚地觀察成功投資人的獨特個性。他和一些投資業大佬都有交情，比如巴菲特、蒙格、梅森．霍金斯（Mason Hawkins），還有比爾．米勒。此外，他的曾祖父謝爾比．卡洛姆．戴維斯（Shelby Cullom Davis）和祖父謝爾比．M．C．戴維斯（Shelby M. C. Davis）都是傳奇投資人，在股市賺到了巨大財富。

「頂尖投資人的一個必要特點，是他們不太會受旁人想法所影響。」戴維斯說：「想做到這一點，最簡單的辦法就是**不要這麼注意**一般人在想什麼。如果你不太留意、也**不怎麼在乎**其他人怎麼想，就更容易成為頂尖的投資人。」戴維斯表示：「也因此，頂尖投資人幾乎都有個特點，就是他們的 EQ 比較低。」他發現許多頂尖投資人很難「和他人建立默契」，也不容易

「與家人建立情感」。

戴維斯表示，相較之下，執行長的個性幾乎截然不同。他們的EQ必須夠高，才能明白其他人的情緒和想法，而且對那些人產生影響。但對於反主流想法的投資人來說，「如果必須時刻注意其他人對他們的投資做何感想，會對他們造成災難性的影響」。他也指出，大多數的執行長在年輕時都參與過團隊運動，擔任隊長或管理大學的兄弟會。頂尖投資人呢？戴維斯表示：「他們大多喜歡個人運動，像是跑步、網球、高爾夫和游泳。你很少看到他們打橄欖球、袋棍球之類的。」

他父親（目前八十幾歲）在所屬世代是投資業的巨人之一。謝爾比．戴維斯在紐約創投基金擔任管理人的二十八年間，能讓一筆十萬美元的投資成長為三百八十萬美元。兒子對他的心理側寫又是什麼呢？「我父親是標準的獨行俠，」戴維斯說：「我沒辦法想像他參與團隊運動、擔任兄弟會會長，或率領非營利組織。他總是在尋找情報、鞭策部下，不然就是閱讀年報。這些工作很孤單。我的意思是，他工作的時候要麼講電話，要麼就是處理一疊年報和季報。」

這番描述讓我想起巴菲特如何婉拒莫赫尼什．帕布萊免費為他工作：「我還是最適合單打

---

1 必須承認的是，諸如亞斯伯格症之類的「診斷標籤」的確引發激烈爭議。亞斯伯格症是一種高功能自閉症，其名稱來自一個鼓吹兒童安樂死的納粹兒科醫師。我在這個段落的用意，並不是要對頂尖投資人做外行的診斷，而是指出他們大多數似乎都在性情方面具有某種優勢。

獨鬥。」的確，巴菲特有名的就是獨自坐在奧馬哈的辦公室裡，放下百葉窗，沉浸於閱讀年報這種獨樂樂。

當然有很多投資人不是這種人，我不是暗指所有頂尖投資人都有發展障礙、過著孤單的生活，或注定會離婚（雖然許多投資巨人都離了婚，比如蒙格、米勒、帕布萊、比爾．艾克曼〔Bill Ackman〕、卡爾．伊坎〔Carl Icahn〕、大衛．安宏……多不勝數），這種說法太誇張了。此外，把每個怪異性格或怪癖都解釋成心理疾病，很愚蠢。

然而，儘管提出了這麼多免責聲明，但我確實認為你在這本書裡見到的每個投資人都是不參與族群的自由思想家。他們擁有「違抗主流意見」的這種罕見能耐。與社會對他們的接受和讚許相比，他們更在乎做出正確判斷並贏得勝利。

馬修．麥克倫南（Matthew McLennan）為第一鷹投資集團管理超過一千億美元，他如此描述自己的工作：「你每天都試著了解這個世界從頭到尾如何運作，還嘗試用異於主流意見的方式來組合這些發現。總之，我們能拿到酬勞，就是因為透過不同的眼鏡觀察這個世界。」

想擊敗市場，唯一的辦法就是和市場背道而馳。這種工作最適合在智力和個性上都與眾不同的超凡人物。也難怪這種遊戲最適合傑出的怪咖。在我的經驗裡，沒人比約翰．坦伯頓爵士更傑出，更像個怪咖。他是全球價值投資的先驅者，靠自己想出了一套原則和做法，至今仍能造福任何投資人。現在回想起來，在他於二〇〇八年以九十五歲高齡過世後，我才意識到，我沒看出他人生中最珍貴的教訓。

如何造就出獨行俠？

我在一九九八年的秋天見到坦伯頓。他當時再過兩星期就要滿八十六歲，但他還是天天出門上班，辦公室位於拿騷市，離他家只有一小段車程。那一天，我們相處的起點從他那間辦公室開始，他以古早年代的紳士風度迎接我。「我的時間任你使用，」他說話帶有一點南方腔：「只要你需要我，我就會留在這兒。」

他身穿淡黃色的運動外套、開領襯衫，灰色長褲沒繫腰帶。他身形矮瘦，膚色曬成古銅色，看起來比實際年齡年輕十五歲。他的辦公室裡擺滿了不尋常的紀念品：一個獎盃紀念超過三十五年表現最佳的共同基金；PBS電視台贈送的獎盃，紀念他被列入路易斯．魯凱瑟（Louis Rukeyser）的《華爾街週報》（*Wall Street Week*）名人堂；一整面牆掛滿他獲得的榮譽學位；他得到的「年度國際教會人」獎；以及諾曼文森皮爾的正面思考獎。

坦伯頓在紐約工作了一段時間後，於一九六〇年代搬去巴哈馬。他拋棄了原本的族群，放棄了美國護照，成了英國公民，在萊福德凱伊社區蓋了一棟房子。他是在田納西州溫徹斯特市一個虔誠的基督教家庭長大，自身的信仰使得他決定在巴哈馬定居。「這個國家擁有全世界最高比例的教堂數量，」他告訴我：「對我來說，充滿吸引力又和諧。」

萊福德凱伊這種私人社區也有一種社會魅力：「總體來說，這個社區的委員會做得很好，讓這個社區只屬於頂尖人物。這讓我們能和非常有魅力的人物一起生活。」他提到約瑟夫．路易士（Joseph Lewis），這位做原物料生意的億萬富翁時，表示：「擁有我這輩子見過最富麗堂皇的遊艇，只有英國女王的遊艇能和他比。那艘船真大。他很注重隱私，我們這裡喜歡這種人。他一點也不浮誇。我在幾場派對上見過他。他平時只是靜靜地在遊艇或家裡搞投資。」

該社區擁有自己的船塢、網球場，以及濱海高爾夫球場，但是坦伯頓拒絕參與這類奢華活動。「我的鄰居們喜歡出門打高爾夫球、開遊艇出海之類的，但我個人的觀點是，當個有用的人更為重要，」他說：「我從不認為追求歡愉是明智之舉……上帝創造了人類，一定是出於更有意義的理由。有件事簡單明瞭，就是忙於有意義工作的人，會比懶散的人更快樂。」

他也堅信退休生活充滿危險，認為這對身心都有「致命」影響。坦伯頓認為，「在六十五歲退休」這種迷思造就出**「一大堆懶人、廢物」**，「這些人是文明社會的累贅」。這是我第一次見到他這一面的個性，一個強悍的道德家，似乎不符合他的慈父魅力和紳士風度。

坦伯頓說，其他人在浪費生命的時候，他比以往任何時候都忙。他在幾年前賣掉了自己的投資公司，賺了數億美元，現在專注於慈善事業，監督他的慈善基金會的資金，管理他的私人財產，而且寫些書，其中一本是《世界各地的人生定律：兩百個永恆的精神守則》（*Worldwide Laws of Life: 200 Eternal Spiritual Principles*）。正如我們會看到的，坦伯頓賺大錢的能力未曾離開他，但原本的熱忱已經轉移到宣揚他所謂的「精神財富」。

這是一般人不會走的路，卻很符合他的個性。舉例來說，坦伯頓其中一項慈善計畫，是花了數百萬美元資助哈佛醫學院和其他機構的科學研究，查明禱告究竟有沒有用。他興奮地列出自己希望能獲得解答的疑問：「有人幫忙代禱的患者，會不會更快恢復？是不是只有病患本身禱告才有用？還是別人代禱也行？如果是別人代禱，代禱者是不是必須把手按在受禱者身上？你祈禱的應該是癌細胞消失，還是希望上帝的旨意成真？」

坦伯頓資助的其他科學研究，調查寬恕、謙卑、誠實和關愛這些美德有沒有好處。他提供資金給大學教授，讓他們開設「科學如何揭露上帝存在」的相關課程。他也創立了「坦伯頓獎：精神現實的相關研究或發現」，獎勵的對象是「精神層面的創業家」，鼓勵他們「開拓我們對人類的使命和終極真相的願景」。他急於強調這些屬靈事物比世俗煩惱更重要，他把年度獎項設計成比諾貝爾獎更多錢。最近，得獎者能拿到一一〇萬英鎊（約一四〇萬美元）。

坦伯頓這些積極作為，都是為了「把精神層面的訊息增加一百倍」。不是人人都讚許他這些努力。一方面，世俗的科學家們搞不懂他為什麼熱衷於透過實驗來測量精神守則的影響。另一方面，宗教保守派對他覺得反感，因為他隨時準備質疑他們的信念。他想起最近曾遇到一位「親切的女士」，她問他對《聖經》裡的諾亞和大洪水的故事有什麼看法。他說覺得那是個「有用的寓言，但不是真相」。她憤慨地告訴他：「那麼，你不是基督徒。」

我魯莽地問他，是不是很多人覺得他是「瘋子」。坦伯頓答覆：「當然有人這麼想，但是我的自信高於一般人。」我注意到，這種個性也造就了他在投資方面的成功。坦伯頓同意。「你在冒險的時候，必須夠自信或是夠勇敢……我在投資業就是這麼做，在精神領域也一樣。」

他認為自己之所以有這種態度，是因為他不尋常的家教：「我小時候，父母好像從沒對我說『你該這麼做』或『你不該那麼做』。他們覺得我如果什麼事情都得自己來，就該培養出自我倚賴和自信的態度。老天，那真的是很棒的教育……懂得靠自己，這是最棒的禮物。」

有一次，全家要來一趟自駕之旅，父母指定他擔任導航員。坦伯頓當時還很小，他誤判了地圖，結果車子往錯誤方向開了一、兩個小時。但是沒人糾正他，父母只是等他發現自己犯了錯。這種自由放任的育兒策略並不是沒有風險。坦伯頓大約八歲那年，父母答應給他一把霰彈槍，好讓他能去打獵。他們也允許他購買用於放煙火的火藥，還有放在捕蝶瓶裡的氰化物。

坦伯頓對自我倚賴充滿自豪。他在學校念了十一年的書，每科滿分，後來在一九三〇年前往耶魯大學。他身為律師和商人的父親遭到經濟大蕭條的沉重打擊，在他大一即將結束時寫信給他，說自己為他的教育「連一美元」也拿不出來。坦伯頓因此找了一大堆兼職工作，贏得耶魯大學提供的獎學金，而且靠打撲克牌賺錢貼補開銷。與此同時，他努力讀書，在大三那年成了全年級第一名。

他在耶魯大學的時候，決定以後靠投資人的身分賺錢。他熱愛算術，也喜歡靠數學解決問題，而且他覺得能靠這種工作服務其他人，可以幫助他們獲得自己家人缺乏的財務安定。在那個年代，社會大眾所接受的投資策略，是美國人只投資於美國資產。但他當時就看出這種心胸狹窄的觀念「違背常識；如果一個人要買股票和債券，更明智的做法是在各地尋找，而不是局限於某一個國家」。

坦伯頓於耶魯大學畢業後，以羅德獎學金得主的身分在牛津大學念了兩年書。他原本想念企業管理，但他的教授們認為那不是個像樣的學科：「他們看著我，彷彿聽見我對他們說我想研究垃圾。」所以他改念法律。他在閒暇之餘讀些關於商務的書籍，當時只找到一本關於投資的書。

在經濟大蕭條的重災期間，股市成了有毒的荒野。在一九二九年十月和一九三二年七月之間，道瓊工業平均指數跌落了九八％。在這場大災難的餘波中，沒幾個人有財務或情緒方面的勇氣，願意在廢墟當中尋求物美價廉的商品。然而，其他人雖然嚇得不敢投資，這卻完全沒打消坦伯頓的興致。在這種無所不在的陰鬱氣氛中，他對自己提出一個重要問題：我要怎樣用遠低於其價值的價格買下一支股票？他的答案是：「除非人們急著拋售，否則根本沒有任何因素能讓股價跌至低谷。」

坦伯頓曾親眼目睹，財務困境如何迫使田納西州的農夫們以近乎免費的價格賣掉土地。這個教訓烙印在他的大腦裡：**「你必須在其他人急著拋售的時候買進股票。」**他後來發明一個絕妙的詞彙，用來描述恐懼和絕望無所不在的時刻：「極度悲觀的時間點。」

與此同時，坦伯頓把握機會旅行，熱衷於學習他以後可能會投資的外國市場。他於牛津大學畢業後，花了七個月造訪了二十七個國家，只帶了一個睡袋、一套換洗衣物、四本旅遊指南，還有一本《聖經》。他在一九三六年的奧運期間待在柏林，納粹把該賽事當成大外宣；他去了東歐，造訪了埃及和巴勒斯坦，甚至也去了印度、日本和中國。當時的美國人很少出國，而他已經建立了資訊方面的優勢，他對知識的渴求比一般的投資人都高。

坦伯頓在一九三七年回到美國後，結了婚，在華爾街的芬納比恩證券公司待了三個月，然後辭職，進了一家石油探勘公司。一九三九年，他存了大約三萬美元。當時的投資環境對資深選股人來說再惡劣不過，更何況他是個新手。美國深陷於經濟蕭條、通貨緊縮和大規模失業；道瓊指數在一九二九年達到最高點（三百八十一），而在一九三九年依然疲軟地落在一百五十點以下。最糟的是，全世界都在準備打仗。

簡單來說，那個時間點最適合讓一個二十幾歲、對市場幾乎毫無經驗的南方人，證明自己是那個世代最聰明、最冷靜的投資人。

世紀豪賭

一九三九年九月，德國入侵了波蘭。之後的幾個月，挪威、荷蘭和比利時相繼向納粹投降。一九四〇年五月，德國進攻法國，道瓊指數創下一一二點的新低。擔心德國即將攻打英國，英國股市因此不到四個月就跌了四〇％。英國前首相邱吉爾後來描述一九四〇年是「我們漫長的英格蘭和不列顛歷史上，最輝煌也最致命的一年」。

當全世界即將墜入深淵時，一個精明的投資人該如何反應？按照一般人的看法，這時候最好趕緊撤退。股市跌至新低，市場瀰漫驚慌心態，最恰當的反應當然是在更穩固的資產中尋找安全地帶，比如現金、黃金或土地。然而，坦伯頓不是一般人。

德國入侵波蘭後，他意識到全世界陷入戰爭的局面，已經勢不可擋，而且美國也遲早會參戰。他的冷靜推理讓他不同於凡人。坦伯頓告訴我：「我當時心想，要說哪個時期所有產品的需求都會大增的話，莫過於戰爭時期。所以我自問：『如果這會演變成世界大戰，哪些公司會因而獲利？』」

他的判斷是，「大約九成」的美國企業「在戰爭期間會享有更高的需求、更低的競爭」。就連最疲弱的公司也可能隨著戰爭對物資的需求而復甦，經濟將獲得振興，就業率也會大幅提高。因為經濟大蕭條的重創，許多公司瀕臨倒閉，而收入方面的突來改變將給他們的股價帶來極大衝擊。這些公司在重生後，其股票的表現很可能勝過受創不大、較為健康的公司。這簡直可以說是**「不適者生存」**。

但他該如何運用這個精明的洞察力？坦伯頓打開《華爾街日報》，找出一〇四家美國公司，這些公司經歷了「慘烈的經濟大蕭條」，股價低於一美元。兩天後，他打電話給一名股票經紀人，是他以前在芬納比恩的老闆，請對方在這些公司上各投資一百美元。「他回了電話給我說：『這種訂單很不尋常，但我們還是會執行，只不過我們剔除了其中三十七家已經倒閉的公司。』我對他說：『噢，別這麼做，別剔除他們。他們還是可能復原。』」

這是一場大膽得令人驚奇的豪賭，但是坦伯頓對自己的判斷充滿信心，他甚至說服了前任老闆借給他十萬美元用於這筆投資。❷ 前景看似堪憂，但是市場價格已經被太多壞消息所影響，坦伯頓因此認為機會對自己非常有利。他回憶道：「吸引我的，是這種常識算術。」

這種算法的其中一個例子，是密蘇里太平洋鐵路，在經濟大蕭條期間破產前是全世界最大

---

❷ 這個金額在今天大約是十八・三萬美元。

的鐵路公司之一。在以前繁榮昌盛的時候，該公司發行了優先股，原本應該每年能提供每股七美元的永續股息。但是公司破產後，股東們拿不到股息，而優先股的價格從每股一百美元跌至十二美分。

心理上來說，沒人會喜歡這種害慘所有投資人的虧錢公司，但是坦伯頓說他以一百美元的價格買了八百張密蘇里太平洋鐵路的股票。**如同巴菲特和蒙格，他也能不帶情緒地看出一場定價錯誤的賭局，發現其風險和報酬之間的不對稱關係。**

「上升潛力遠高過下行風險，」坦伯頓向我解釋：「沒錯，我是可能損失那一百美元。可是如果我沒損失那一百美元，就可能大賺一筆。」

他說得沒錯。鐵路公司在戰爭期間大發利市，他把股票換成現金的時候，股票已經從十二美分回彈至五美元。他唯一後悔的是當初太早賣掉。「我當時太興奮，因為我買的股票當中竟然有一支增長了四十倍，我以為這樣就夠了，」他回想當時：「真愚蠢……那之後不到四年，它的價格漲到一〇五美元。」

當然，這種賭注倚賴的不只是數學。馬克・莫比烏斯是精通新興市場的傑出投資人，曾與坦伯頓合作多年，他對我說坦伯頓在極度悲觀的時間點買下股票，這需要「龐大的意志力和強韌個性」。莫比烏斯描述：「其他人都忙著逃出失火的大樓。」

令我印象深刻的，不只是坦伯頓有勇氣在全球開戰之際買下一〇四支遭到唾棄的股票，更是他有勇氣持有它們好幾年，就算壞消息的鼓聲愈加震耳。一九四一年十二月，日本襲擊了珍珠港，美國因而參戰。一九四二年，德國掌控了大半個歐洲。人們對未來充滿絕望，股市因此急遽下墜。一九四二年四月，道瓊指數創下九十二點的歷代新低。

巴頓・畢格斯在其傑作《財富、戰爭與智慧：二戰啟示錄》指出，紐約州保險委員會在一九四二年禁止保險公司投資股票，因為他們認定股票是「不適合的投資項目」。畢格斯寫道：「當時每個腦袋正常的預言者，都認定行情看跌。」

但是坦伯頓堅持己見，他告訴我：「我很有把握，認為當時所謂的專家大多犯了大錯。」宗教信仰也給他提供了精神支柱，讓他相信這個世界遲早會脫離混沌。他說：「就算在最糟糕的時期，我也未曾感到憂鬱或絕望。」

上帝對他綻放了慈祥笑容。在一九四二年春季，隨著同盟國的運勢好轉，市場止跌回升，美國經濟開始復甦。坦伯頓的股票原本遭到唾棄，如今行情大漲。經過了波濤洶湧的五年後，他終於賣掉了股票。「我清算那些持股後，那一〇四支股票當中有一百支賺錢，」他說：「利潤大約是本金的五倍。」

我認為坦伯頓的戰期豪賭，是有史以來最大膽、也最有先見之明的投資，是智慧和人格的勝利。他當時雖然缺乏經驗，但熟悉經濟史、金融市場和人性，知道強烈的悲觀遲早會被強烈的樂觀所取代。就算在最黑暗的時期，他也從沒忘了太陽遲早會露臉。

投資人遠離群眾的六大指導原則

我們在他的辦公室談了兩小時後，坦伯頓開車載我來到他家。這是一棟宏偉莊嚴的建築，白色柱子是模仿美國南北戰爭之前的南方風格。這棟房子享有的美景包括大海和高爾夫球場，氣氛靜謐安祥。他常說搬來這裡後，投資能力有所提升，因為這個地點讓他在心理層面上能更加遠離華爾街群眾。他剛搬來這裡的那幾年，《華爾街日報》常常過了好幾天才送到。這對長期投資人來說，其實是個出乎意料的好處。

房子裡的裝潢風格散發往日情懷的魅力。起居室裡有一張木製搖椅、銀質燭台，還有一些皮封書，包括《基督生平》和亨利．華茲華斯．朗費羅的詩集。坦伯頓在二樓書房裡指向一幅畫，這幅畫描繪他在一九八七年來到白金漢宮，因慈善事業而獲得女王伊莉莎白二世授予騎士爵位。我問他，獲得這麼多盛讚是什麼樣的感覺。

「感覺就像贏得了遊戲。」他答覆：「我必須承認，我是人類。我今年獲得了第二十二項榮譽博士學位，這確實讓我覺得也許自己不算太笨。」

我們回到起居室坐下。坦伯頓拿起馬克杯啜飲茶水，杯子上印著聯邦調查局的座右銘：忠誠、勇敢、正直。然後他和我分享自己從投資生涯學到了哪些最重要的教訓。在這場談話，以及後續的一次電話訪談中，他提到自己認為能幫助任何投資人的「六大指導原則」。

這個智慧是來自超過六十年的實戰經驗，以及投資業頂尖心靈的思考結果。值得一提的是，這六大指導原則都不是複製而來。我問坦伯頓，有沒有哪個人曾以投資人或其他身分影響他，他答道：「完全沒有……我沒找到自己想倚賴的任何人。」他的父母呢？「他們也沒有。」

坦伯頓的第一條原則是注意情緒：「一般人在投資的時候，會被情緒所影響，這是因為他們在面對龐大利潤的時候，變得過度粗心又樂觀，在面對重大損失的時候，又變得過度謹慎與悲觀。」他身為資金經理人所提供的主要服務之一，是幫助客戶「遠離那種多愁善感。這是讓我獲得成功的關鍵要素」。

但他不只是避開情緒陷阱而已，**更利用了其他投資人反覆無常的情緒**，在他們莫名悲觀的時候買走他們的股票，在他們莫名樂觀的時候賣股票給他們。「最困難的環節，是在其他人悲觀賣出的時候買進股票，在其他人樂觀買進的時候賣出股票，」他說：「但這麼做就能贏得最大的獎勵。」

坦伯頓天生就習慣用分析的眼光進行每個決策，不管是選擇職業，挑選股票，還是決定在哪居住。他在搬來萊福德凱伊社區之前拿了幾張紙，在每張紙的頂端寫下一個地點的名稱，然後列出每個地點的優點。他強調：「這個過程**毫無**情緒。」

坦伯頓的第二條原則是提防自己的無知：「這大概是比情緒化更大的問題……很多人只憑著貧瘠的情報選購東西。他們其實根本不明白自己買的究竟是什麼。」請記住，每一筆投資都有好處和壞處：「掌握最多情報的人，就更可能脫穎而出。而這麼做需要非常多的努力、研究和調查。」

坦伯頓表示，和「天賦」相比，「勤奮」才是讓他獲得成功的更大功臣。他常常提到自己下定決心要「多出一份力」，比方說，多打一通電話，多安排一場會面，多走一趟研究之旅。他也同樣地堅持活到老學到老。他說：「我年輕的時候，會尋找任何和投資有關的文章，至今也一樣。」他表示，就算他這時候已經八十幾歲：「我還是試著一年比一年掌握更多投資方面的知識。」

坦伯頓強調，外行人和專家都不能騙自己以為「建立穩固的投資紀錄是很容易的一件事」：「就連許多專家也拿不出優秀成果。你該投資的方式，是對自己說：『我擁有的經驗和智慧是不是比專家更多？』如果答案是否定的，那你就不該去投資。雇個專家吧……別自大得以為你一定能表現得比專家還好。」

坦伯頓的第三條原則，是盡量分散投資，以降低錯誤投資造成的風險。按照他自己的計算，他這輩子做了至少五十萬個投資決定。許多年來，他詳細記錄了自己如何建議客戶買進或賣出哪些股票，而這揭露了一個令他不自在的真相：他有三分之一的建議是「常識的相反」。他做出的結論是：投資真的很困難，就連頂尖投資人也應該認定自己的正確率頂多只有六成六，無論他們多麼努力。

這當中的教訓是什麼？管好你的自大心態和「風險暴露」。「別把你所有的資金交給同一個專家管理。別把你所有的資金投資在某一個行業或國家。沒人這麼聰明，所以明智之舉是分散投資。」坦伯頓建議一般的投資人至少應該擁有五筆共同基金，各專注於金融市場的不同領域。他補充一點：研究某個基金經理人的長期紀錄雖然有幫助，但這完全無法保證投資一定能成功。再重複一次：我們必須誠實地面對自己的知識有限。「別自大得以為你一定知道哪個專家才是真正的專家。」

坦伯頓的第四條原則，是成功的投資需要耐性。他在第二次世界大戰爆發之際買下美國股票的時候，雖然知道這些股票多麼便宜，但無法預測股市要過多久才會和他看法一致。他的優勢不只是具備優秀的洞察力，也包括他願意痛苦地等候整個局勢如他預測那般發展。

坦伯頓對數學的熱愛讓他相信耐性一定能換來成果。為了說明這點，他描述一個故事：荷蘭移民在一六二六年用二十四美元的價格買下曼哈頓島。[3] 如果原住民賣家當時把這筆小錢拿去投資，每年的投資報酬率有八%，那筆錢「現在的價值會比今日的曼哈頓整體價值更大，包括島上所有的建築」。坦伯頓認為這個極端案例闡述了一個金融基本原則：「想獲得非常好的投資成果，你唯一需要的是耐性。」他警告：「幾乎所有投資人都沒耐性。有些人每年至少一次轉移投資項目，這麼做是出於情緒而非調查結果。」

坦伯頓的第五條原則，是想找到物美價廉的投資項目，最好的辦法是研究哪些資產在過去五年間表現得最差，然後評估背後的原因是暫時或永久。一般人很自然地被已經獲得成功、受大眾喜愛的投資項目所吸引，不管是成績亮眼的股票、基金，還是迅速成長的國家。但如果某個資產的價格已經反映出一個明媚未來，那麼大概只有傻瓜才會在這個項目上押注。

---

[3] 這筆交易的實際細節有些模糊不清。我們對這件事的了解，是依據一六二六年某個荷蘭商人寫的信，他在那個不在乎「政治正確」的時代中寫道：「他們從野蠻人手裡買下了曼哈頓島，價格是六十枚荷蘭盾。」

坦伯頓，這位最不跟隨族群風格的投資人，選了相反的途徑。他想知道：「哪部分的前景**最差？**」這些不起眼的陰暗投資項目最可能藏有最吸引人的好價格，因為資產價格會反映部落的悲觀看法。他的異類策略包括仔細分析陷入困境的行業，以及世界各地市場的股票，並不斷自問：「哪支股票的價格遠低於我對它的價值判斷？」

我和他討論這個話題的時候，一九九七年的亞洲金融風暴給許多國家造成破壞，像是泰國、印尼和南韓。你如果想找出當時受創最重的投資項目，其中之一是馬修斯韓國基金（Matthews Korea Fund），在一九九七年虧損了六五%。該基金倒楣地只投資一個國家，那個國家遭到的打擊包括借貸凍結、貨幣貶值，以及引發致命程度的企業舉債。

坦伯頓在一九九七年的下半年做出結論：以未來的企業營利來看，南韓股票是世上最便宜的股票。在一九九七年六月和十二月之間，韓國股票的本益比從二十多變成十，這個數字雖然粗略，但還是揭露了投資人的恐懼和反感。儘管如此，一個合理的認定是，等凶惡的清償危機過去後，一個國家過去的強勁經濟發展遲早會復甦。所以坦伯頓在馬修斯韓國基金上挹注了一千萬美元，成了它最大的股東。他告訴我：「那從心理和公關角度來看，都再糟糕不過。」

對一般的投資人來說，這麼做聽起來不像令人興奮的推銷。但請你花點時間思索他這個邏輯當中的簡單道理，以及敢在其他人倉皇退出的時候踏進南韓市場，他必須擁有的獨立思考。正如他所推測，這場危機很快結束了。一九九九年六月，《彭博社》報導馬修斯韓國基金在過去一年中上升了二六六%，在五三〇七支股票基金中排名第一。就像《聖經》裡說的：「在前的，將要在後；在後的，將要在前。」

坦伯頓的第六條原則：「身為投資人的最重要原則之一，就是別一窩蜂地跟著別人跑。」在一九八〇年代，坦伯頓基金會出版社重新出版了一本擁有響亮書名的經典之作：《異常流行幻象與群眾瘋狂》。該書是由查爾斯・麥凱（Charles Mackay）於一八四一年所著，描述一些歷史上的瘋狂事件，比如「鬱金香狂熱」和「南海泡沫事件」。坦伯頓為該作寫了序言，針對金融混亂提供了合理的解決之道：「投資人想避開群眾妄想症，最好的辦法就是不要注目於前景，而是聚焦於價值。」

他建議我們在現實中站穩腳步，調查特定的價值評估項目，包括一家公司的市場價格及其每股銷售額之間的關聯、每股資產淨值，以及過去五年的平均每股盈餘。這樣「審慎地分析一筆投資項目的基本價值」，就能避免投資人陷入「群眾瘋狂」。

我和他談話的時候，美國股市已經享有連續八年的牛市，飄飄然的投資者盲目地在科技股和網路股上押注。我覺得大家當時顯然已處於狂熱氣氛，但還是希望坦伯頓確認我的懷疑。他沒有直截了當地回答我。

在那場談話之初，他告訴我：「極度樂觀的時間點，就是該賣股獲利的時候。」但我不斷追問他，我們是不是已經來到那個時間點，他避而不答。最後，他厲聲道：「**只有笨蛋才問這種問題**。聽懂了嗎？沒人知道那個時間點什麼時候會來……**有些專家的判斷可能比你稍微準確一點**。總之，想著股市會上升還是下跌，這種想法是人性的弱點。這個答案根本沒人知道。」

我覺得自己彷彿被他巴了腦袋。我明白他想表達的：試圖預測市場，這麼做是浪費時間。但他也明白，許多美國股票遲早會發生問題，因為它們的股價無法維持下去。就像大風吹的遊戲，雖然我們不可能預測**什麼時候**要搶凳子，但後果其實很好預測。事後回想起來，我懷疑他當時生我的氣，是因為我沒把足夠的興趣放在他的慈善事業上，他堅稱那才是「真正的故事」。自我提醒：以後最好不要隨便問一個大人物：是不是很多人覺得他是「瘋子」。

總之，我後來明白坦伯頓當時就盤算著如何利用網路泡沫撈一筆。他的辦法如下。

那時候，許多不道德的投資銀行讓網路公司上市，藉此發了大財。華爾街業務員們四處行動，推銷乍看可信的垃圾商品，騙天真、貪婪或魯莽的投資人買下。這是典型的投資瘋，大夥玩得開開心心，直到有人被刺瞎一隻眼睛。坦伯頓知道這場悲喜劇將引發淚水，畢竟他常常提出警告：英文裡最昂貴的一句話叫做「這次不一樣」。

他的反應是瞄準八十四支被嚴重高估的股票，它們的價格從首次公開募股以來都漲了三倍。首次公開募股結束後，會有個「鎖定期」，該公司的職員不能賣掉自己的股份，時間通常是半年。坦伯頓判斷，這些內部員工一有機會就會急著拋售股票，因為他們趕著在蜜月期結束前賣股兌現。如果有太多內部員工同時賣出股票，就會造成股票跌價。

所以坦伯頓「賣空」八十四支股票，打賭它們會在鎖定期結束後狂跌。蘿倫．坦伯頓（他的曾姪女，也是資金管理人）說，他在每一支股票上押了兩百二十萬美元的賭注，賭它們一定會跌，總價是一億八千五百萬美元。

坦伯頓的賣空策略再成功不過。網路泡沫在二〇〇〇年三月破裂時，他在之後幾個月裡獲得的利潤超過了九千萬美元。幾年後，《經濟學人》刊登了一篇文章，描述史上最偉大的幾筆交易，宣布他的「巧妙計謀獲得壓倒性勝利，拿下了『真希望我也有想到這招』獎」。

我不禁驚嘆，一個坐八望九的老人竟然想得出這種險招。最厲害的是，他的招式暗藏一種精巧的對稱美感。一九三九年，他意識到投資群眾陷入了錯覺，以為未來只會帶來悲痛和損失。一九九九年，他意識到投資群眾陷入錯覺，以為未來只會帶來歡愉和利潤。他在這兩次投資上都相信自己非凡的判斷力。在一九三九年，他買了一籃被群眾唾棄的股票。在一九九九年，他賣空了一籃被群眾深愛的股票。這兩筆相隔六十年的絕妙投資宛如彼此的鏡像。

所屬領域的大師

我們先暫停片刻，讓我坦白一項事實。其實，我並不是很喜歡約翰·坦伯頓爵士。沒錯，我見到他的時候很興奮，也很感激他撥空接待我。但在他身上看到一種令人不安的冰冷嚴酷。

他在所著的《世界宗教的智慧：通往人間天堂之路》（*Wisdom from World Religions: Pathways Toward Heaven on Earth*）中，以冗長篇幅描述各種美德，像是「無止境的愛」、寬恕、謙卑，以及同情心。但他溫暖慷慨的這一面，卻同時存在著看似冷酷無情的部分。他大方得願意開車送我去機場，讓我可以在車上繼續訪問他。但他離去後，我在備忘錄裡描述他給我的矛盾感受：「他莫名地冰冷、嚴厲又正式。他迷人但是強悍。他格外強勢。他宣稱自己敞開心胸且願意傾聽，但他其實信奉教條，而且想法極端。」

在威廉・普羅克托（William Proctor）所著的傳記《坦伯頓之觸》（*The Templeton Touch*）中，一個最具洞察力的回憶來自羅伊・奈特（Rory Knight），他是牛津大學的坦普頓學院（坦伯頓為該學院提供了資金）的前院長。「他是個狠角色，」奈特回想：「他不是以神學院學生的身分走來走去、親切問候每個人的那種好好先生。別誤會，他對人很禮貌，絕對是個紳士……但我覺得，他時時刻刻都對別人提出要求，而我這個說法已經算客氣了。他會引導出人們最好的一面，而且他對人的期望非常高。」

但令人意外的是，坦伯頓其實對他自己提出最多要求，其中一例就是他對儲蓄和花錢的態度。「我大學畢業後身無分文，我的新婚妻子也是，」他對我說過：「所以我們每賺到一美元，就會刻意存下五美分。」但他賺進天文數字後，並沒有打算放鬆這種財務紀律。他的許多同儕喜歡坐私人飛機，他卻堅持搭民航機的經濟艙。「我的錢有更好的花法，才不想把錢浪費在更大的座位上。」他解釋：「我從不認為浪費任何東西是明智之舉。」

坦伯頓以前擔任有名的基金經理人的時候，職員們會偷笑他習慣在用過的廢紙上寫東西，還把這些紙釘在一起當成臨時筆記簿。他在晚年節省開銷的方式，是開著一輛便宜的韓國起亞汽車。蓋瑞・摩爾（Gary Moore）是他的朋友，擔任擁有宗教信仰的投資人的顧問，他對我開玩笑道：「約翰是我們所謂的喀爾文主義者。他相信賺錢不是壞事，只要你不花錢享受。」就因為坦伯頓如此小氣，也難怪他可以精通於如何買進估值過低的股票。

他不相信借貸這回事，所以總是用現金買車買房。他也宣稱，只有戰期豪賭那一次才借錢投資。他在經濟大蕭條期間見過開銷過大的人們多麼容易破產，因此也把財務紀律視為美德。

我們離開他的辦公室的時候，有個陌生人在停車場攔住他，討錢說要繳電費。坦伯頓遞給對方五十美元，要求對方保證再也不會跟他要錢。他在車上說明這種做法為什麼成為他的標準作業程序：「會缺錢的那種人，就是會常常缺錢。他如果從某處弄到錢，一定會常常回去要錢。」

坦伯頓對金錢如此警覺，也因為他相信我們只是「暫時幫上帝管理財物的管家」。他在自己的基金公司開會前喜歡禱告，而且他看見靈性和財富之間的強烈關聯。「你如果專注於屬靈層面，就很可能變得富有，」他告訴我：「我見過的家庭當中，連續十年把十分之一的收入捐給慈善機構的家庭，一定會變得既繁榮又幸福。十一奉獻絕對是這世上最棒的投資。」他甚至發展出一套「新的超級十一奉獻」：「我每在自己身上花一美元，就會謹慎地捐出十美元。」

他在時間管理方面也同樣精打細算。約翰．加爾布雷斯負責推銷坦伯頓的各式基金，他表示：「約翰不和任何人閒聊。你一說完公事，他就去忙別的事了。」蓋瑞．摩爾補充道：「我第一次見到約翰的時候，他說：『你在四點零二分來見我。我在四點十三分有另一場會議。』」

坦伯頓拒絕浪費任何一分鐘，因此習慣同時做兩件事。我們在他家談話時，他邊回答我的提問，邊在一本書裡畫重點給我看。他一心多用的另一個例子，是邊開車邊禱告。他執著於準時，因此出席任何一場會議時總是會提早十分鐘到。他痛恨拖延。他不喜歡電視、電影這類浪費時間的東西（尤其是「缺乏原則的娛樂」），而是喜歡閱讀企業文件或「激勵人心」的書籍。他認為「上班摸魚」這種事是「一種竊盜」，「偷懶」則是「一種緩慢的自殺」。

我說他似乎對自己很嚴厲，他答道：「咱們就把這稱作自我控制吧。我確實認為我一直在改善自我控制力，也實在希望其他人也這麼做。」

他不僅以嚴厲的自我紀律管理金錢和時間，也執著於管理自己的心靈。他在《世界宗教的智慧》一書中不斷提到「思想控制」這個話題。他每天都訓練自己著重於「有生產力的想法」，以及「正面的情緒」，比如愛、感恩、服務他人，並且思索著「我們自己和其他人心中的無盡良善」。

坦伯頓也同樣執著於驅逐負面想法和情緒，比如憤怒、懷疑、擔憂、愧疚、恐懼、憎恨，以及嫉妒。他建議的一項技巧，是用「感謝我生命中的豐盛美好」這句話來取代任何負面想法。在面對困難的時候，他建議對自己說「這件事是來祝福我」之類的話語。他也努力掃除任何「漫無目的、缺乏紀律的想法」，因為這類想法對他人生中的「高等目標」毫無幫助。坦伯頓表示，我們擁有龐大的力量能塑造自己的人生，辦法是選擇「我們想把注意力放在什麼事情上，因為**我們聚焦之處就會為之拓展**」。[4]

坦伯頓這樣掌管自己的心靈，協助他熬過了一些難熬的時光。一九五一年，他和第一任妻子茱蒂絲在百慕達度假，結果她死於摩托車事故。他在三十八歲那年成了鰥夫，發現自己突然必須獨自養大三名子女。他熬過那些年的辦法是「排擠」那些負面想法，避免它們占據他的心靈。他在一九五八年娶了第二任妻子艾琳，這位基督教科學派的信徒也和他一樣相信心靈和祈禱的力量。

我身為抱持懷疑心態的新聞工作者，在那時候（現在不再是了）一聽見「正面思考」和「思想控制」的反應是翻白眼。我當時想法非常保守，因此沒有認真考慮坦伯頓的人生使命：以科學方式探討祈禱和寬恕之類的精神措施能否帶來好處。說來慚愧，但我當時的偏見讓自己變得傲慢又不以為然。在了解不深之下，我當時應該放下批判心態。

我現在意識到，坦伯頓的正面思考和祈禱的習慣想必對他控制自己的想法和情緒有很大的幫助。對一個精通於反其道而行的投資人來說，這種精神力是非常強大的優勢。

相較之下，我自己的心靈毫無方向，而且很容易被一些感受控制住，像是恐懼、懷疑、懊悔、貪婪、不耐煩、嫉妒、悲觀情緒……它們都讓我更難做出合理的投資決策。

坦伯頓在《世界宗教的智慧》中寫道：「想在外在世界活得成功，我們必須先能成功地活在內在世界……我們在外界的朋友、熟人、機會、職涯，以及生活經驗，都反映了自己心中發生了什麼。」坦伯頓掌控了自己的內在世界。我當時覺得他喜歡批判人，而且自命清高，所以不太願意敞開內心向他學習。但在二十年後，我發現自己對他的內在力量和鋼鐵意志感到敬畏，真希望能擁有他那種自我控制力的一半。

現在的我覺得，坦伯頓不只是掌控了市場，更是**掌控了自己**。他為人生的每個層面負責，包括他的時間、金錢、健康、想法和情緒。這需要強大的自我紀律才能辦到。我們很少注重自我紀律，只覺得它是個老掉牙的美德。但是坦伯頓獲勝的方式，就是把自我紀律發展到極端。

---

4 蘿倫・坦伯頓（Lauren Templeton）在《坦伯頓之觸》表示，這個曾叔公「對自己非常嚴格，他的腦袋不歡迎任何一個缺乏生產力的想法。他對我說過，他如果察覺到自己腦袋裡出現一個缺乏生產力的想法，就會抓住它，『把它丟去它原本所在的虛無之地』」。

就像帕布萊從蒙格身上學到的，「採取一個簡單的想法，認真看待它」。

投資和人生裡有太多事情是我們**無法**控制的。坦伯頓當年沒辦法確定同盟國能打贏第二次世界大戰，也永遠不可能預知他的第一任妻子會早逝，但他控制了自己**能控制**的層面。

身為投資人，這意味著無悔地把目光放在估值上，蒐集比對手所擁有的更好的情報，獨立地做出判斷，不在乎群眾怎麼想。這也意味著盡一切力量來維持自己在心靈和情緒方面的平衡。投資人雖然無法控制結果，但能控制自己。我在二十年前沒能從坦伯頓身上學到的教訓是：這個內在遊戲多麼至關重要。

第3章

世事無常

一切都會改變，未來又無法預知，
該如何做出明智的決定？
聽聽霍華・馬克斯怎麼說

「世事無常」是每個生命的基本真相。沒人能否認這項真理，佛教所有的教法正是濃縮在這個真理之中。

——鈴木俊隆，《禪者的初心》

霍華．馬克斯在修學士學位的時候，曾選修過一堂工作室藝術。對主修財務金融的學生來說，「藝術」確實是個古怪的選擇，但是馬克斯在年輕時是個天賦異稟的藝術家。「我進了藝術教室，老師走了進來，看了看周圍，說道：『人數太多了，我們必須篩掉一些人。我要知道你們的名字和主修。』所以我說：『我叫霍華．馬克斯，華頓商學院。』老師就說：『那你第一個離開。出去吧。』」

馬克斯遭逐出藝術殿堂後，被迫另外選副修學科。他沒想到自己竟然會愛上日本的文學、藝術和文明。他在日本佛教課上，初次聽聞禪宗的「無常」觀念。[1]此刻，坐在位於曼哈頓中城區某棟摩天大樓第三十四樓的寬敞辦公室裡，馬克斯解釋這個古老的觀念如何形塑了自己在投資和人生方面的哲學觀。「改變是無可避免的。唯一不變的道理就是世事都會改變，」他說：「我們必須順應『環境會改變』這項事實……沒辦法奢望控制環境。我們必須配合自己的環境，也要等候改變的到來，並順其自然。」

馬克斯表示，萬物時刻都在變化：大自然、經濟、市場、產業、公司，還有我們自己的人生。這點對投資人來說確實尷尬，因為我們等於把金錢賭在必定變化的環境和未知的未來上。面對這種激烈的動盪和不確定性，我們要如何做出明智的決定？著名投資人比爾．米勒對我說過：「這個世界會改變。這就是市場最大的問題。」

的確，這個問題在我們人生裡無所不在。法國哲學家蒙田說過：「我們和自己的判斷，連同所有生命體，都在持續漂流與滾動。沒人能對另一人做出明確評判，因為評判者和被評判者都一直在變化。」法蘭索瑪利．沃奇（François-Marie Wojcik）是傑出的法國投資家，我對他朗讀蒙田在一五七〇年代寫下的這幾句話時，他顯得興奮難耐。沃奇認為這個世界隨時在變化，沒有任何事物是一成不變，這是確定的，因此他不敢高估自己或任何人的判斷力。他表示：「我有三條原則：懷疑，懷疑，再懷疑。」

「無常」是佛教教法的核心，長久以來，它也是大多數謹慎投資人牢記在心的問題。小湯瑪士・羅威・普萊斯（T. Rowe Price）❷創辦了位於巴爾的摩市的普信集團，他在一九三七年寫了〈改變——投資人唯一確定的事〉這篇文章。普萊斯試著解讀當時的地緣政治危機，提到希特勒的崛起，並大膽預測「德國將取得領土，我希望他們會採用和平手段」。兩年後，希特勒攻打波蘭，讓全世界陷入長達六年的大戰。一切確實改變了，但不是普萊斯或任何人所能準確預測。

馬克斯出生於一九四六年，就在二次大戰結束的幾個月後。他在紐約皇后區長大，覺得當時的改變步調相對地緩慢又平穩。「在我小時候，一本漫畫書只要一毛錢。」他回想：「我們都以為這個世界是穩定的地方，所有事情都是在一個不會改變的環境中發展……但我們現在清楚知道，這個世界隨時都以不可預測的方式在變，而且速度飛快。沒有任何一件事會如同以

---

❶ 鈴木俊隆老師是有名的禪宗大師，他使用日文「しょぎょうむじょう」（諸行無常）一詞，馬克斯翻譯成「一切都在改變」。

❷ 普萊斯被稱作「成長投資之父」，在一九三七年用自己的名字創立了公司。該公司現今是擁有超過一兆美元資產的全球巨頭。

往。若有人是以一切不會改變來看待人生，他們一定會覺得非常難受。」

在商場上，「不變」和「穩定」這種選項並不存在。企業崛起與殞落，注定如達爾文理論那般爭取自己的霸權和生存權，一個又一個產業都被創新技術所顛覆。我曾以新聞工作者的身分在時代公司待了很長一段時間，該出版社在幾十年前曾是全世界最大的雜誌出版社，但近來榮景不在。我在一九九〇年代加入這家公司時，它被稱做「絲絨棺材」，因為我們在有生之年可能永遠都不會離開，它就像富麗堂皇的安息之地。在二〇一八年，時代公司成了梅雷迪思集團旗下的小公司，靠《成功的農業》和《水果、花園和家》之類的雜誌賺錢。梅雷迪思集團後來將這家公司像報廢車輛一樣拆解，把零件當成廢鐵賣掉。

身為投資人的我們，長期以來一直在尋找關於未來複雜問題的確鑿答案。**股市會上漲或下跌？經濟會繁榮昌盛或舉步維艱？**馬克斯指出，投資完全是倚賴「預卜未來」。在分析任何資產的時候，必須把我們對未來獲利和價值的期望納入考量，然後判斷自己今天該付多少錢。同樣的，在人生的其他領域，「我們必須應付未來，要決定在哪裡居住、做什麼工作、和誰結婚、生多少小孩」。但既然每件事都在迅速改變，明天可能和今天完全不一樣，那我們該如何機敏地做好布局，面對未來？

一般人做出投資（或人生）決定時，是依據大雜燴式的薄弱邏輯、偏好、直覺、情緒，以及對未來的模糊幻想或莫名恐懼。我有幾次搬去不同的國家，事前並沒有完全考慮清楚，而是出於一時的衝動或沮喪心態。

相較之下，馬克斯精於紀律嚴明、不動感情的思考，這種技能讓他成了投資界公認的巨人之一。他是橡樹資本管理公司的聯合主席，負責監督一千兩百億美元的資產。橡樹公司是「另類投資」的先驅者，擅長的領域包括不良債權、垃圾債券、可轉換債券、商業不動產，以及對「尚未發揮潛力」的公司進行投資。該公司的客戶包括最大的七十家美國退休基金、數以百計的捐款和基金會，以及世上最大規模的一些主權財富基金。

橡樹公司的高報酬率和傑出名聲讓馬克斯成了富豪。《富比士》估計他有二十二億美元的身價。他以前在馬里布市擁有一個價值七．五千萬美元的房產，後來在曼哈頓買了一戶價值五．二五千萬美元的公寓。但他首選的靈藥不是金錢，而是想法。最重要的是，馬克斯是個獨立思想家，他熱愛的話題，包括風險、機率、週期性、投資心理，以及他所謂的「不太可能發生的災難」所造成的威脅。

馬克斯監督橡樹公司的投資策略，但他把自己的工作建構成讓公司的九百五十名職員都不需要向他報備。他也把所有挑選個人投資項目的工作交給其他人，這樣自己就有時間閱讀、思考和寫作。他的備忘錄記載著自己二十五年來的想法，是金融智慧的無價之寶。巴菲特曾寫道：「我如果在信箱裡看到霍華．馬克斯寄給我的備忘錄，它就是我第一個會打開來看的信件。我總是能學到東西。」馬克斯把自己的備忘錄整理成一本必備寶典：《投資最重要的事》。

我親眼見到他的時候，他就像個出奇聰明的教授，說話時會加上「一個可反駁的推定想必是……」或「根據我對自己的迷思……」之類的話。我們談話時，他很自然地換上老師的角色，不時停下來畫圖表，或翻開複雜深奧的老舊書籍，朗讀裡頭的文字，比如傑克遜．格雷森（C. Jackson Grayson）的《在不確定性中作決策》（*Decisions Under Uncertainty*）。馬克斯表示，最讓他感到愉快的一件事，就是分享想法，然後聽見有人說「這對我真有幫助，我以前從沒這麼想過」。

在我看來，投資界就屬他的想法，最能幫助大家了解自己知道與不知道的事，以及如何為未來**做好準備**，而不是自欺欺人地相信我們能預知未來。我在面對「做合理決定」這項挑戰時，有時候很想直接放棄。諸多因素無比複雜，而且我幾乎完全無法控制結局，那我又怎麼可能想得出明智的行動？但是馬克斯，我眼裡的金融界哲學王，提供了一套深奧的洞見和務實策略，可以在迷霧中給予我們莫大的幫助。

第一，要運氣。第二，要謙虛

這個世界上沒有什麼是穩定或可靠的，幾乎任何事都可能發生，所以這條路的第一條守則是：誠實面對自己的局限和弱點。古雅典劇作家尤里比底斯在兩千五百年前警告：「一個突如其來的橫禍就能要你的命，你又怎能把自己當成偉人？」最睿智的蒙田把這句話刻在他的城堡圖書館內的柱子上。

馬克斯清楚知道自大和傲慢的危險，因此在辦公室牆上掛了一幅有數百年歷史的畫作：幾艘木船慘遭惡浪拋甩。他在二〇〇一年買下這幅畫，當時有許多魯莽的投機者因為網路泡沫破裂而被無情地甩向礁石。這幅畫帶著令人不安的提醒警示我們：比我們龐大、不受控制的毀滅性力量能影響每個人。二〇二〇年，一個突如其來的病毒讓全世界陷入混亂，我們又再次學到這個教訓。

「完全沒人預料到可能會發生一場全球疫病，結果它還成了控制我們人生的決定性事件。」馬克斯說：「這件事就該讓人相信，我們並不知道接下來會發生什麼事……有時候甚至不知道**可能**會發生什麼事。」

在一九八七年的小說《虛榮的篝火》（*The Bonfire of the Vanities*）中，作者湯姆．沃爾夫（Tom Wolf）發明了「宇宙的主宰」一詞，描述氣焰囂張的投資銀行家們一年就拿到幾百萬美元的年終獎金。

但是馬克斯認為：「最扭曲的想法就是自以為是宇宙的主宰。每個人都只是小齒輪，就算沒有我們，這個宇宙仍會繼續運轉。是我們必須融入這個宇宙，適應它。」

聽我提到另一個億萬富翁經常大膽預測經濟和市場，馬克斯承認這個人「非常聰明」，不過他補充道：「但在答案揭曉的那一刻，全世界都會知道他是不是真如他自以為的這麼聰明。因為，如果你只是自以為聰明，那就會碰上麻煩……有時候，我真希望他沒有把自己想得這麼聰明。」

馬克斯避免自大的辦法之一，是提醒自己「運氣」在他的人生中扮演了多麼重要的角色。馬克斯讀過麥爾坎．葛拉威爾所著的《異數》，該作探討獲得成功的各種原因。馬克斯列出自己遇過哪些幸運轉機，讓他有了今天的地位。

他的第一個好運，是「人口統計學方面的運氣」，他出生在美國的中產階級白人家庭，當時正迎來戰後經濟成長期的黃金年代。[3] 他家裡沒人念過大學，但他很幸運，因為父母很注重學習，買了一套百科全書給他，並鼓勵他上大學。他的高中成績不算優異，所以他覺得自己很幸運，能錄取華頓商學院。在華頓商學院接觸到財金學，他因此放棄了原本想當會計師的念頭。他的第二志願是一所大型的州立大學，它和華頓商學院相比，聲望必定不怎麼吸引華爾街的招聘者。

我曾在一場訪談中提到馬克斯智商很高，這想必對他的成功帶來了重大貢獻。他寫了一封謙虛的電子郵件，回覆我：「人如果看不出自己多麼幸運，就會忽略一個事實：『聰明不過就是好運』。在『贏得』高智商上，人是無能為力的。」

馬克斯從華頓商學院畢業後，申請了哈佛大學的企管碩士課程，但（和巴菲特一樣）沒被錄取。這是運氣不好？才不是。他因此在一九六七年進了芝加哥大學的商學院，該校當時正在主導一場金融理論的革命。「芝加哥派」的學者們近來發展出所謂的「效率市場假說」：資產的正確定價，反映了投資人所能獲得的所有重要情報。這項理論引發了另一個觀點：持續擊敗市場是不可能的，因此投資人應該購買價格較低、能反映市場報酬率的指數型基金。後文會討論到「指數化投資」絕對是明智的選擇，因為扣除相關費用後想擊敗市場是非常困難的事。就像馬克斯說的：「大多數的人都應該採取指數化投資。」

聽聞教授們解釋市場效率後，馬克斯說他體驗到金融方面的「開悟」（禪宗的頓悟時刻）。他認為想賺錢的投資人「自然會想找到且搶購物美價廉的投資項目」。他表示：「這雖然不是宇宙真理，但比起有個商品明明物美價廉，但就是沒人想碰，這個想法至少合理許多。」

馬克斯認為效率市場假說是個「非常強大的觀念」。儘管如此，他為自己和客戶賺進了數十億美元，發現學術理論和現實情況之間還是有很大的差異。他很喜歡說一個老笑話：一個財金系的教授和學生走過芝加哥校園。學生停下腳步，驚呼：「看啊！地上有一張五美元鈔票！」教授答道：「那**不可能**是五美元鈔票，要是的話，老早被人撿走了。」教授邁步離去，學生於是撿起這張鈔票，買了一瓶啤酒。因為這個原因，馬克斯的皮夾裡總是放著一張摺起的五美元鈔票，這是他在哈佛商學院圖書館裡撿到的，為了讓他記住理論的局限性。

馬克斯從這些學術爭論中汲取一個簡單但重大的教訓：如果身為投資人的他想增加自己的價值，就該避開最有效率的市場，把所有注意力放在效率較低的市場上。他說：「一個市場愈是受到研究、追隨、接受和歡迎，裡頭暗藏的特價商品應該就愈少。」舉例來說，在美國的大公司裡很難找到特價商品，這個主流市場到處都是聰明又積極的財務管理人，這些人通常會「趕走定價錯誤的商品」。如果想投資在一支大盤股上，勢必會買進並持有一筆符合標準普爾

---

❸ 同樣的，巴菲特也常說自己贏了「子宮樂透」，能出生在一九三〇年的美國。和莫赫尼什・帕布萊和蓋伊・斯皮爾共進午餐的時候，巴菲特提到曾和比爾・蓋茲一起去中國，看到一名年輕的中國男子把一艘艘小船拖上岸。巴菲特震驚地意識到，這名男子和很多機會無緣，純粹因為他無法控制自己在裡哪出生。巴菲特也補充說明，他如果出生在中國，就不可能擁有今天的投資事業，因為班傑明・葛拉漢的著作還沒譯成中文。

五百指數的指數型基金，那就要接受你在這個高效率市場裡能獲得長期優勢的機率不會很高。

馬克斯獲得優勢的辦法，是在比較不受歡迎的池子裡釣魚，比如一些負債公司的不良債權；一般的投資人都會避開這個嚇人又不明的領域。他把「投資於低效率市場」這件事比喻成「只和常常犯錯的三流玩家打撲克牌」。

馬克斯從芝加哥學院畢業後，應徵了幾家公司，其中包括雷曼兄弟。「我當時唯一確定的是，我想在雷曼工作。」令他沮喪的是，該公司沒錄取他，所以他進了第一國家城市銀行，也就是後來的花旗銀行。他在接下來的十年擔任股票分析師，後來成了研究部門的主管。許多年後，他從一名校園招聘者嘴裡得知，雷曼當時其實決定雇用他，但負責打電話給他的那個人因為宿醉，所以沒通知他這個好消息。馬克斯常常在想，如果當初接到那通電話進了雷曼，不知道以後會如何發展。雷曼在二〇〇八年破產，虧光了所有客戶的錢，並重創了全球經濟。

馬克斯做了十年的證券研究後，被花旗銀行告知自己將不再擔任該部門的主管，所以他必須找個新職位。他不想把時間浪費在醫療股之類很多人光顧的利基市場上，他在這種市場能查到的情報不會比其他投資人更多。「所以我說：『我什麼都願意做，但不想在默克集團或禮來製藥公司之間做選擇。』任何人在這方面的正確率都不可能超過五〇％。」

後來，他的老闆叫他管理兩筆新基金，是他以前沒接觸過的領域：可轉換債券和高收益債券。這對他來說可能是最幸運的轉機。他在無意間搭上了新型資金長達數十年的漲勢，而不是三A級低風險債券這種沉悶、但有一定規模的領域。

我們經常認定成功最重要的因素是「能力」，而非「運氣」。也許吧。但能在適當時機追上巨浪，這確實是天大的好運。邁克爾．普萊斯是傳奇的選股人，他向我表示，他的職涯能起飛，是二十四歲那年，麥克斯．海涅（Max Heine）的資深價值投資人雇用了他。海涅當時只有一筆價值僅五百萬美元的共同基金。「那時候的薪水是每星期兩百美元，我在一九七五年的一月二日或三日開始上班，當時正值股市的百年低潮，大概只輸給經濟大蕭條。」普萊斯告訴我：「美國當時根本沒人想買股票，所以我很幸運，能遇上傑出的價值投資人，他在這一行待了四十年，那段期間是當代牛市的低點，他們那時候等於在全美國到處送股票。如此一來，我幾乎不可能失敗。」接下來的二十年，該公司的共同基金成長至一百八十億美元。普萊斯在一九九六年，以超過六億美元的價格賣掉了公司。

如果能像馬克斯和普萊斯那樣，湊巧碰到一個適合自己的天賦和個性的機會，這也會有幫助。馬克斯表示，「債券很適合我的個性」，因為債券到期的時候，「你一定能把錢拿回來」，還能拿到年利。如果債務人償還債券，你會提早知道自己能拿到多少報酬，因為數字都寫在合約上。

重點是避免被不良債務人困住，所以你首先要問的是借貸者是否可信賴。第二個問題是，借貸者的資產價值夠不夠，因為萬一他們沒有償還債券，債權人就能要求取得那些資產。馬克斯說：「我認為這些問題是能回應的。」在一個有許多問題都無法回應的不確定世界裡，債券提供了一些預測和控制的措施。債券的風險也比股票低，比較適合天生容易擔心的那種人。

如果老闆當年給了一個比較不適合馬克斯的工作，比如管理創投基金呢？「對我來說，這可就很糟了。」馬克斯說：「創業投資這種事，比較適合夢想家和未來學家。」

儘管如此，他在一九七八年開始做高收益債券的時候，這份工作根本不起眼。高收益債券又稱垃圾債券，常常被貶低成不可靠的資產，違約風險非常高。馬克斯說大多數的投資組織都拒絕收購這種債券，穆迪投資者服務公司也宣布所有B級債券都「缺乏可靠投資的特點」。諷刺的是，「垃圾債券一定是不良投資」這種根深柢固的想法，反而讓它們更吸引馬克斯：「大家都對某種資產懷有偏見的時候，裡頭就可能暗藏好商品。而我就是這麼做。」

反對者看不懂的某個道理，其實是個根本的真理，這個真理讓馬克斯和前文的約翰・坦伯頓爵士一樣賺到大錢：**任何資產，無論多麼難看，都值得購買，只要價格夠低。的確，馬克斯相信「買得便宜」是投資獲利的唯一王道，而最大的風險就是「買得太貴」。因此，你在分析任何潛在投資時，該問的重要問題是：「它夠不夠便宜？」**

矛盾的是，對垃圾債券的偏見讓這些看似危險的資產變得非常便宜，結果風險相對低。對馬克斯來說，投資吸引他的就是這種微妙之處。他在風險這個話題上寫了許多備忘錄，他表示：「我堅信投資裡每一件重要的事其實都違反直覺，而且明顯易見的每件事都是錯的。」

馬克斯在一九八五年離開了花旗銀行，進入了據點在洛杉磯的投資公司TCW集團。他和那裡的同事布魯斯・卡許（Bruce Karsh）想出一種不良債權基金，它投資於一些公司的債權，而這些公司不是已經破產，就是瀕臨破產。馬克斯很快又體認到，其他人排斥卻了解不深的市場，擁有莫名的美。「如果垃圾債券不可靠，」他說：「那麼投資於破產公司的債權，豈不是非常不光彩？」他和卡許成了長期搭檔，兩人在一九九五年離開了TCW集團，創立了橡樹公司。它成長為巨頭，主要靠一般人不看好的垃圾和不良債權逐漸壯大。

如果缺乏運氣，馬克斯就不會接觸到這些充滿超值股的低效率市場。如果缺乏智力和獨立思考，他就不會懂得利用自己在這個市場裡發現的機會。「聽著，光有運氣是不夠的，」他說：「但同樣的，光有智力、努力，甚至毅力也未必足夠。這四種你都需要一點。我們都認識一些聰明、努力、但就是**不夠幸運**的人，這讓我很難過。隨時都有人來我這裡找工作。他們五十歲，失了業，價值也不如前。」

馬克斯不斷提醒自己運氣多好，也因此避開了我所謂的「宇宙主宰症候群」。謙卑讓他免於過度自信，而過度自信始終是最聰明（或最幸運）投資人的威脅。

承認自己幸運，也帶給他另一個很大的好處：他覺得快樂。「我心裡隨時都有一種神奇的感受，覺得自己是個幸運兒，」馬克斯坦承：「如果你是消極悲觀的人，也許會說：『好吧，我這輩子確實很幸運，這卻讓我感覺很糟，因為這表示我的成功是僥倖得來，可能不會持續下去。』但我會說：『哇，身為幸運兒的感覺真棒。說實在的，我真的應該為此心懷感激，感謝上天、運氣或每件事。』」

坦伯頓似乎毫不懷疑自己的成功是上天的安排。至於馬克斯怎麼想？他出生在猶太人家庭，但家裡信奉基督教科學派，而且小時候每週日都會上教堂。他雖然把自己視為猶太人，但在信仰方面不算虔誠。他說：「我非常相信運氣這回事，而且就是相信我很幸運。」

知道自己一無所知

馬克斯有一本「厚厚的筆記簿」，裡頭記載著他蒐集了幾十年的實用名言，而且他在說明自己的投資信條時常常引述這些句子。他最喜歡的一則見解，是來自他崇拜的智慧英雄、經濟學家約翰・高伯瑞（John Kenneth Galbraith）。這句話是：「預言者有兩種，一種是一無所知的人，另一種是不曉得自己一無所知的人。」

投資業有很多這種人，他們相信（或假裝）自己看得見未來是什麼模樣。這種人包括華爾街證券經紀商的「市場策略師」，他們能言善道，自信滿滿地預測第二年的股市究竟會上漲多少百分比，而不是承認他們根本不知道市場的漲跌。

還有估算某些公司季度收益的證券分析師，他們讓客戶以為獲利是能被預測的平穩之路，並非起伏多變。宏觀型對沖基金的經理人也是這種人，他們下了很大的賭注在貨幣波動、利率和任何會變動的因素變化上。電視名嘴和財經記者也會一臉正經地宣稱，自己知道最近（而且大多聽來莫名其妙的）市場變化。

但是這種大話背後有多少真相？

馬克斯常常引述阿莫斯・特沃斯基（Amos Tversky，以色列心理學家，和丹尼爾・康納曼一起研究認知偏差）的一項發現：「覺得自己不知道某件事，也許會讓你害怕，但更令人畏懼的是，這個世界的領導者大多深信自己對所發生的事瞭若指掌。」

我建議你暫停片刻，把這個令人不安的想法烙印在你的大腦裡。

預言者偶爾會矇對未來，但是馬克斯認為，這種成功只是證明了瞎貓偶爾也會碰上死耗子。話雖如此，他還是承認有少數人例外，喬治．索羅斯和史丹利．卓肯米勒（Stanley Druckenmiller）之類的投資人多次依據宏觀經濟學成功地押注。馬克斯表示：「有些事情不是優秀的投資人該做的，比如預測未來，或是依據這些預測來豪賭一把。」但有些人證明了他錯了，「因為你絕對不能忽視的就是人性因素」。

總之，馬克斯堅守著他所謂的「不知為不知」的思想流派。**他認為，未來會受到近乎無限多的因素影響，而且實在太不按牌理出牌了，因此要一再猜中未來是不可能的**。承認我們無法預知未來，這聽來似乎是承認自己無能，令人洩氣。但事實上，承認自己能力有限，而且在合理範圍內採取行動，這其實是非常巨大的優勢。脆弱乃力量之母。

這種自知之明，是怎樣讓馬克斯避開無用，甚至有害的投資活動？首先，他完全沒浪費時間試著預測利率、通貨膨脹或經濟成長的速度。

以他為榜樣，我們也不該這麼做。既然連馬克斯都沒辦法預測這類變化，我相當肯定自己也辦不到。橡樹公司不同於競爭對手，它內部甚至沒有經濟學家，也從不邀請外界的「專家」預測宏觀經濟的變化。

馬克斯也很討厭「擇時交易」（判斷何時該進出市場），因為想一再猜中適時的進出時機根本是不可能的事。

馬克斯在早期的一份備忘錄裡指出，一九二六年和一九八七年之間的平均股市報酬率是

九．四四%，但「你如果在這七百四十四個月當中錯過了最好的五十個月，就等於錯過了所有獲利時機。這讓我明白，擇時交易這種事其實是風險，而非保護」。[4]

橡樹公司也努力在避免馬克斯所謂的「未來導向的投資」，意思就是避開吸引人的投資項目，像是科技股、時髦產品提供者，以及任何帶有「一時流行」性質的商品。在馬克斯的職涯早期，他的花旗銀行部門非常喜愛一個惡名昭彰的狂熱投資項目：「漂亮五十」（NIFTY 50），這群高成長型股票包括全錄公司、雅芳，以及寶麗萊，它們原本的估值高得嚇人，結果在一九七三年至一九七四年之間崩盤。[5]這次經驗讓他永遠不再相信「投資項目會永遠成長下去、邁向遙遠的美好未來」這類幻想。

我和他曾在二〇一七年談話，當時股市迅速成長，馬克斯看到類似的投資熱潮出現在所謂的FANGs股票上，FANGs是四大公司的英文縮寫：Facebook（臉書）、Amazon（亞馬遜）、Netflix（網飛），以及Alphabet（Google的母公司）。「投資人表現得好像他們的成功沒有止境，而且任何買價都不算太高。」他提出警告：「回顧歷史，這種心態在大多數情況下都很危險……樹永遠無法長到天邊。也許有一天會吧，但我可不打算在這種事上押注。」

如果他習慣性的懷疑主義意味著，偶爾會錯過了能中大獎的投資項目，他也不在意。馬克斯還是喜歡腳踏實地，把注意力放在「合理的投資項目」上，也就是價格低於其內在價值的股票。「憑著夢想投資是很容易的一件事，」他說：「但真正的挑戰在於，如何在現今已明確的事物中明辨價值。」

如果你是投資人，希望獲得永續的成功，就該把這個基本原則銘記在心，購買售價低於價值的股票。如我們所見，巴菲特、帕布萊、坦伯頓和馬克斯等投資人都奉守這條共同原則。

在分析任何資產的時候，馬克斯最想知道的是「它的售價裡含有多少樂觀成分」。至於FANGs股，「這裡頭有很多樂觀成分，但是不是太多了？誰知道呢？當中會不會有公司製造出世界上第一個永動機、是否有不會出錯又不容易崩盤的第一家公司？我沒有答案」。這種混雜未知性和過度樂觀的易衝動激情，足以令他退避三舍，不僅因為他清楚知道這會有什麼下場，也因為令人失望的可能性實在太高。

我和他這場談話結束後的幾個月中，FANGs股持續飆升。然而，其他人透過馬克斯眼中「不明智的賭博」大撈一筆的時候，他能毫無懊悔地旁觀。習慣收藏良言的他，引述以前在幸運籤餅裡看到的話：「謹慎者很少犯錯，也不常寫出偉大詩句。」他一點也不介意採取能降低重大錯誤的平凡手段：「你的行動必須適合自己的性格。這點至關重要。」我問他最具殺傷力的投資錯誤是什麼，他答道：「我不記得曾因為投資犯下大錯，就只犯了錯失機會的錯誤。」

---

4 近期一些研究也特別指出這類的風險。根據卡拉莫斯投資公司（Calamos Investments）的一項報告指出，在一九九八年至二〇一七年之間，標準普爾五百指數每年的報酬率是七．二%。如果在這二十年裡錯過了市場表現最佳的二十天，你的年報酬率會掉到只有一．一%。

5 漂亮五十指數熱潮在一九七二年達到頂點時，寶麗萊的本益比是九四．八。市場在一九七四年跌到谷底時，寶麗萊的估值跌了九一%。雅芳跌了八六%，全錄公司跌了七一%。

現在回想起來，馬克斯承認沒買亞馬遜股票就是犯了「錯失機會」的錯誤。「但是採取謹慎態度並**不是**錯誤」，當身處的時期是「過度自信，太缺乏風險規避，太多資本試著找到投資好歸宿，而且太多人舉債投資」，就該如此。橡樹公司注意到這些過度樂觀的跡象，因此在幾年間投資得格外謹慎。

二〇二〇年三月，連續十一年的牛市終於結束，人們對新冠肺炎的恐懼使得標準普爾五百指數在不到一個月內暴跌了三三．九%。沒人能預料到，一株病毒（據說是從蝙蝠身上跑到武漢居民身上）造成了美國歷史上最快惡化的股災。「但如果市場夠謹慎，你就**不需要預測**催化劑會是什麼，」馬克斯說：「你只需要知道市場有脆弱面。」

隨著病毒擴散，投資人的心情從「我無法想像有什麼事情可能出錯」變成了「我無法想像有什麼事情可能改善」。他們的悲觀並非毫無根據。馬克斯在二〇二〇年對我說過：「在這個時候，人們擔憂死亡，害怕出門，也畏懼經濟蕭條。」但人們願意「急著以超低價」賣出股票，這給了他一個等候許久的機會。在這波驚慌失措當中，橡樹公司投資了「大約二十億美元」，搶購「擁有龐大報酬」的高收益債券。

在這時候，未來似乎格外晦暗不明，而且令人擔憂。但是投資方面的風險其實降低了。馬克斯認為，「投資勝算從危險變得有利」，是因為一個很簡單的理由：「股價變得夠便宜」。

股市再次混淆大眾的期待，做出自一九三〇年代以來最快速的回彈。所以馬克斯「重新調整」，回歸防禦姿態，因為飆升的樂觀心態使得超值股被搶購一空。他不動感情的超然行為，完美反映他從佛家思想學到的投資原則。記住：**「我們必須順應『環境會改變』這項事實。」**

在混沌中找到秩序

高中時，我的英國文學測驗出現了一個試題，格外深奧：**小說家亨利・詹姆斯（Henry James）提到，人生「全是包容和迷亂」，而藝術「全是鑑別和挑選」。試申論之**。身為作家的我很喜歡這個觀點：藝術家的使命是在包羅萬象的迷亂和混濁的人生當中找到秩序。詹姆斯把這種尋找隱藏秩序的行動，比喻成一隻抱持懷疑心態的狗努力地嗅找「被埋起來的骨頭」。

投資人也面對一個類似的挑戰：人生的迷亂與複雜是無止境的。不過，萬一我們能在這面無比複雜的網子裡找出一些基本模式呢？也許我們就能更成功地判斷未來將如何變化。馬克斯擁有一種罕見天賦，能看得出在金融市場裡重複發生過的週期性模式。我們一旦了解這些模式，就能避免它們出其不意的襲擊，甚至還能從中獲利。

「一個很有用的觀點，」馬克斯告訴我：「是把這個世界的運轉視為有週期性、擺盪的，而不是直線運行。」他相信幾乎萬物都有週期性。舉例來說，經濟有擴張有收縮，消費者的花費有多有少，企業獲利率有起有伏，銀行放貸有鬆有緊，資產估值有高有低。這些現象不是持續地往某個方向前進，而是遲早會轉向。他說這些模式就像鐘擺的擺動，從一個極端盪到另一個極端。

金融市場是研究週期性的理想實驗室，因為這種市場是由投資人的心理所驅動的，永遠在狂喜和消沉、貪婪和恐懼、輕信和懷疑、自滿和驚恐之間擺盪。人類就是會得意忘形，所以市場趨勢總是在每個動向上爆衝。

但是馬克斯的行事準則，是認定這個週期遲早會自我修正，鐘擺遲早會盪往反方向。**未來也許無法預測，但這種重複發生的景氣循環特別好預測。我們一旦看出當中的基本模式，就再也不會瞎搞了。**

但問題是，一般人在投資的時候，似乎認定最新的市場走向會無限期地持續下去。行為經濟學家用「近因偏差」（recency bias）一詞來描述這種認知瑕疵，這種瑕疵使得我們高估了近期體驗的重要性。馬克斯注意到，人類的心智也常常壓抑痛苦回憶。我猜就是因為這種心態，我太太才願意再次忍受懷孕的辛苦，許多作家才願意鼓起勇氣每天回到空白的電腦螢幕前。「可以忘掉不愉快經驗」的能力雖然改善了我們的生活，但比較不利於我們的財務生活，因為昔日的痛苦和差錯常常能提供最寶貴的教訓。

對抗這種會讓人付出沉重代價的失憶傾向，有一個辦法，就是大量地研究市場歷史。**馬克斯說：「雖然我們無法預知未來，但熟悉過去會對自己有幫助。」**

他從書架上抽出高伯瑞的《金融狂熱簡史》題辭留念本，朗讀他最喜歡的一段探討市場狂熱的原因：「第一個原因，是人們的金融記憶格外短暫，也因此很快地忘掉金融災難。如此一來，當同樣的或類似的景況再次發生時，有時候只是隔幾年，一個超級自信的年輕新世代會把它視為金融界和經濟面的創新發現。在人類努力的諸多領域中，歷史的價值對金融界發揮的作用微乎其微。昔日經驗是我們一部分的回憶，卻被輕視成守舊者的庇護所，是沒有眼光欣賞現今驚人奇蹟的人所尋求的慰藉之處。」

驚人奇蹟的歷史由來已久，在二〇一七年看著比特幣飛漲的時候，馬克斯就懷疑這可能只是最新的一個驚人奇蹟，但最終的事實都證明它不算是奇蹟。同樣的，他絕不賭特斯拉和Netflix這類明星股會永遠飆升：「成功通常會引發傲慢、過度擴張和『我們不可能失敗』的想法，但這非常危險。」他總是認定鐘擺遲早會盪往反方向，就像以前曾經主宰牛市的那些明星股。他表示，你如果看過好幾部類似的電影，就比較容易察覺到這種過度行為，「所以你該試著憶舊」。

你也應該多涉獵各領域的書籍。我之前提過法蘭索瑪利．沃奇這位充滿懷疑心態的法國投資人，他曾向我介紹法國作家埃米爾．左拉（Émile Zola）寫於一八九一年的小說《金錢》，書中描述一八六〇年代巴黎證券交易所裡的投機熱潮。左拉描述了一個讓人覺得格外眼熟的災難性泡沫，引發了銀行破產，他甚至詳細描述「大眾狂熱心態」如何驅動一支股票的價格漲至超過「最大價值」的價格，結果不可避免地開始下跌。

沃奇熱衷於學習歷史，他認為左拉這本小說就是描述了群眾「永遠」會出現這種任性的行為。「我們如果獨自思考，就是聰明人，」沃奇說：「但集體思考，就成了蠢蛋。」為了避免自己犯錯，他常常對自己的看法進行壓力測試，以確認（或推翻）自己的信念：「我需要對自己說：『法蘭索，你對今早這筆投資有十足把握嗎？讓我再檢查一次。』」他用一句美妙的法文來描述自己時刻警戒的心態：toujours rester en éveil，意思是：「永遠保持清醒」。

馬克斯也不降低戒備。在市場繁榮的時候，一般的投資人都會變得自滿，但他反而會提高警覺，因為他知道世事難料，鐘擺不會盪到一邊就停止擺動，而且「循環遲早會主宰一切」。

馬克斯說明，風險容忍度最極端的時候，風險也最高，他把這種矛盾稱為「風險的反常」。

馬克斯大部分的時間都拿來分析其他金融玩家的心情和行為，並試著判斷市場目前在循環中走到哪個階段。他對自己在二〇〇七年寫下的一篇備忘錄感到格外自豪，當時是金融海嘯的前一年，他已經發現了幾個警訊，包括美國和英國對房貸的放款標準放鬆到誇張的程度，銀行願意借錢給缺乏資格的公司企業，而且願意在缺乏保護性條款的狀況下購買高風險債券。他為了強調語氣而用粗大字體寫下：**「寬鬆期之後一定會出現糾正期，而且伴隨著懲處。」**

馬克斯評估當前投資環境的一個方法，是針對已經完成的「愚蠢交易」，蒐集它們的「小故事」。舉例來說，阿根廷在二〇一七年發放了一支百年債券，年收益率是九％。儘管阿根廷在過去兩百年的歷史上有**八次**違約，最近一次是在二〇一四年，但它的認購依然超額。這個案例似乎非常符合詩人山繆．約翰遜（Samuel Johnson）所謂的「『希望』戰勝了『經驗』」。果不其然，我在二〇二〇年訪問馬克斯的時候，他說阿根廷最近**第九次**違約。

愚蠢、過度自信、貪婪和低標準所引發的症狀，在全球金融海嘯的醞釀期中格外醒目。馬克斯和搭檔卡許常常交換筆記，驚呼：「看看這個垃圾商品！這種交易不應該成真，但它竟然能成交，這表示市場出問題了。」

這種觀察讓馬克斯對市場的觀點是依靠印象式的，而不是以數字呈現的。「我所有的思考方式都是來自本能和直覺，」他說：「我只是試著發展出一種覺知。這個世界上究竟正在發生什麼？而且你能從觀察到的事物裡得到什麼重要推論？」

為了得出結論，他會對自己提出以下這類問題：**投資人是否抱持著合理的懷疑和風險規避**

心態，還是他們無視風險，樂於花錢？和歷史上的標準相比，商品估值是否相對合理？交易結構對投資人來說是否公平？投資人是不是對未來抱持太多信心？

馬克斯表示，他從某方面來說算是試著「預知現在」，因為現在不同於未來，現在是可知的。**不可知**的是週期什麼時候會反轉。「我根本不考慮時機這種事，」他說：「在投資上，做出正確行動是非常困難的，想在正確的時間點做出正確行動更是癡人說夢。」

明辨我們站在週期上的哪個位置，這讓他能依據整體狀況來擘畫出一條合理的行進路線，就像跟晴朗午後相比，他在夜晚行駛於結冰路面上會更加小心。馬克斯說：「我們必須看清楚市場的真實情況，接受它，而且做出適當反應。」舉例來說，豐厚報酬使得投資人更害怕錯過而非虧錢的時候，這個警訊就該讓我們懂得降低期待、小心前進。這在實務上的意思是什麼？你可能應該把一些資產從股票換成債券，購入較為穩當的股票，或確保這支股票突然消失時你依然擁有足夠的現金。「我不是要你賣股兌現，」馬克斯說：「只是想強調，如果市場裡的價值主張改變了，你的投資組合也該改變。」

在我看來，這種正視、接受、適應現實的心態非常有智慧。**就像馬克斯常說的：「環境是怎樣就是怎樣。」我們沒辦法要求市場狀況更符合自己的喜好，但可以控制自己的反應，根據當前氛圍轉換守勢或攻勢。**

這種順其自然的態度，直接衍生於馬克斯在大學學過的「世事無常」。「你知道無論自己如何抗拒，改變就是會發生，」他說：「所以我認為你反而應該放鬆心情，對自己說：『我不會試著控制未來，也不會知道未來。我會努力為不確定的未來做好準備。』」投資人無視或排斥現實，讓行為和環境脫節時，往往就會讓自己陷入困境。

馬克斯在二〇〇六年的一篇備忘錄中，引述老子的道家思想：「上善若水：圓必旋，方必折；塞必止，決必流；遇物賦形，而不流於一；天下莫柔弱於水，而攻堅強者莫之能勝，以其無以易之。」對投資人來說，能像水一樣適應自己遭遇的任何事，也會有力量。這聽來簡單，但人的本性就是有辦法把它搞得很複雜。你我幾乎所有人都會被群眾心情所影響，而且在賭注最龐大、情況最極端的時候，也最難做出合理行動。

市場於二〇〇八年崩盤時，投資群眾一如既往地驚慌失措。「週期性」以復仇之姿反撲，慶祝氣氛轉為恐懼。馬克斯如何回應？他以清晰的邏輯評估了環境，並做出反應，然後帶領公司成功達成千載難逢的投資行動。

大多數時候，世界末日都沒發生

那場信貸危機到來的幾個月前，橡樹公司已經為混亂場面做好準備。在二〇〇八年初，大多數的投資人對股市行情看漲，橡樹公司完成了一〇九億美元的集資，建立了史上最大的一筆不良債權基金。

在馬克斯研究過的所有週期當中，他覺得最好預測的就是信貸週期。他在《投資最重要的事》中說明：「繁榮會引發更多放貸，進而導致不明智的放款，造成龐大虧損，放貸者因而停止放款，繁榮就此終止，以此類推。」從二〇〇三年到二〇〇七年，他目睹了長達數年的愚昧放貸。無可避免的虧損持續累積，放貸戛然而止時，他就會打算從這種低靡中獲利。「擁有其他人渴求的現金」的感覺，無與倫比。

信貸危機是從「次級房貸」這個惡劣的玩笑開始，後來愈演愈烈。銀行終於停止發放房屋貸款，結果房價暴跌，商業物業的價格也跟著狂跌。貝爾斯登公司瓦解，原本不太可能發生的災難成了習以為常的事。

馬克斯在二〇〇八年七月三十一日寫信給橡樹公司的股東們，表示他覺得跌價股票依然短缺，他建議大家「慢慢來」，直到價格更好的股票出現。幾星期內，金融體系開始分崩離析。在九月，美國政府接管了房利美和房地美；美林證券被迫把自己賣給美國銀行；雷曼宣告了美國歷史上最大規模的破產；ＡＩＧ靠政府提供的八五〇億貸款而保住一命；就連高盛集團也在鬼門關前走了一遭。

這是馬克斯這輩子見過最大規模的驚慌失措。但市場跌價、悲觀情緒大爆發的同時，他也難得看好未來幾年的前景。九月十五日，雷曼倒閉的那天，橡樹公司開始大量蒐羅沒人想碰的倒閉資產。接下來的十五個星期，橡樹公司在馬克斯和卡許的帶領下，每週的投資金額竟然高達五億到六億美元。

這是馬克斯畢生的豪賭，這決定了他的成王敗寇。所以你大概能想像，他當時清楚知道自己在做什麼。但在雷曼破產時，他驚訝地發現竟然沒人預見這件事會發生。

九月十九日，他寫了備忘錄給橡樹公司的客戶們，提出一個無法回答、但必須回答的問題：「金融體系會就此瓦解嗎？還是這只是前所未有的最大下跌週期？我的答案很簡單：我們別無選擇，只能認定這不是盡頭，而是另一個我們能利用的循環週期。」他以特有的冷幽默補充一句：「大多數時候，世界末日都沒發生。」

我問他為何在九月中旬從守勢改為攻勢，馬克斯答道：「整個世界陷入地獄，資產成了贈品。沒人相信這個世界隔天還能存在，也沒人購買任何資產……這種環境最適合醞釀災難。」

馬克斯從不相信未來是一個已經被安排好、注定會發生的情境。他把未來視為「包含各種可能性的發展」。他的標準方式，就是對每一個「替代未來」賦予可能性。但在這種情況下，不確定性實在太高，甚至想要對一連串結果賦予可能性反而會沒有意義。他覺得更有幫助的做法，是簡化自己的決策過程，把每個情況二元化：「我覺得你可以把這簡化成『這究竟是不是世界末日』……如果不是，那我們沒買進股票，就等於沒做好本分內的工作。如此一想，整件事就變得直截了當。」

但隨著股市持續下跌，金融界支柱崩塌，沒幾個人同意他的看法。他認識的一些傑出投資人「就是嚇壞了，嚷著『股市要崩盤了』」。馬克斯知道我們當時離崩潰邊緣有多近。他能想像骨牌持續倒下的結果，最後是大規模失業和社會災難。「多糟才叫糟？沒人說得出最糟的情況是什麼。無政府狀態？暴動？還是飢荒？」

十月中旬，他碰上一個令他難忘的經驗，強化了他異於常人的決心。橡樹公司的其中一筆基金在高收益債券上做了槓桿投資，能以每一美元的權益資本借來五美元下注。該基金擁有的優先貸款（senior loans）是相對低風險：在過去三十年間，橡樹公司在這種債務上的平均違約率每年只有一％。但因為價格跌得遠低於歷史水準，橡樹公司如今面臨了另一個威脅：追繳保證金。馬克斯聯繫了客戶，請他們提供更多股權，這能使得該基金的槓桿比例減少一半，因而避免被追繳保證金。但因為價格持續下跌，他也不得不請他們提供更多資金。

這件事的解決之道原本應該很簡單。他們如果不加碼投資，就會被套牢在災難性的價格上。但是馬克斯遇到一位退休基金經理人，對方一直追問如果情況愈來愈糟，橡樹公司的債券會有什麼下場。馬克斯每次都說出具有安撫作用的事實，但對方每次都著急地追問：「如果狀況比這更糟呢？」

馬克斯匆忙回到辦公室，飛快寫下一個標題為〈負面消極心理的局限〉的備忘錄。他回想自己在那場談話時獲得的某種啟示。數十年來，他曾多次警告投資人，在市場一片樂觀、任何美好故事都有人相信時，務必抱持懷疑態度。但如今悲觀態度來到高點，投資人現在反而應該認為「聽起來很悲慘的故事未必是真的」。對一個理性的懷疑者來說，重點不是常保悲觀，而是質疑「每個人都相信的事情」是不是事實，無論它太正面還是太負面。他如此描述這項領悟：**「樂觀過頭的時候，懷疑者應該感到悲觀。但是悲觀過度時，懷疑者也應該感到樂觀。」**

如此一來，習慣杞人憂天的霍華．馬克斯，竟然成了華爾街唯一的樂觀主義者。

當「每個人都深信局勢只會惡化」的時候，在「完全恐慌狀況」當中要與眾人背道而馳，這需要不凡的清晰思路和冷靜沉著。但我問他會不會覺得這場災難令人非常痛苦，馬克斯只是淡然地答道：「我不記得那段日子很困難。」他是不是總是不容易動感情？「沒錯。」我知道他結過兩次婚，因此好奇他這種個性會不會讓他太太抓狂。「沒錯，尤其是我的第一任太太，」他說：「我覺得自己最近在這方面進步了。」

另一個對他有幫助的事，是他常常和他的橡樹公司搭檔卡許談話，兩人彼此扶持，確保步調一致。馬克斯提供大局方面的指引，卡許則帶領團隊處理資產估值之類的苦差事。換作兩、三年前，私人股權投資公司是透過龐大舉債來買進高價的優質公司，但如今，橡樹公司用一點點錢就買下了這些公司的優先貸款。在某些案例上，就算事實證明這些公司的價值只有收購價的五分之一，橡樹公司也能打平收支。「我看事情的眼光向來是『錯誤在哪裡？錯誤是買？還是不買？』」馬克斯說：「不需要仰賴強烈的信念，我也確信這些資產值得買。」

橡樹公司最令人嘆為觀止的勝利，是在二〇〇八年花一億美元買下宣告破產的皮爾食品公司（Pierre Foods）。該公司以「先進皮爾食品公司」（AdvancePierre Foods）的名稱獲得重生，成了袋裝三明治的全國領導品牌，後來在二〇一七年被泰森食品公司（Tyson Foods）收購。這讓橡樹公司在八年後賺了大約二十二億美元，獲利是投入資本的二十三倍。

整體來說，橡樹公司在金融危機期間投入了大約一百億美元。馬克斯估計這些投資能獲利九十億美元，是該公司歷史上最大的一筆橫財，而獲利最多的就是該公司兩位最大的股東，馬克斯和卡許。除了賺錢以外，能在想法上戰勝他人，這也給他帶來了龐然喜悅。就像馬克斯說的：「我們下了注，而且贏了。」

問題在於，你是不是超過極限？

在我們的談話和他的著作中，馬克斯常常提到令他著迷數十年的幾個主題。我發現他一再提到五個重要觀念：

- **坦承我們沒辦法預知或控制未來，這點非常重要。**
- **研究過去的模式，把它當成大方針來判斷接下來可能發生的事，這麼做會有好處。**
- **週期必定反轉，過度魯莽必將遭到懲罰。**
- **做出「逆週期性」的行為，就可能讓週期性變成我們的優勢。**
- **在充滿不確定性的世界中，必須心懷謙卑、懷疑和謹慎，才能獲得長遠的財務成功。**

人生真的很複雜，一個有幫助的做法，是把少數簡單但穩固的見解據為己用，在混亂思緒中建立秩序。對任何想行走於未知未來的投資人來說，以上五個想法都能帶來重大功效。

但我在消化從馬克斯身上學到的教訓時，不禁覺得有一個教訓的影響力最深遠，必須當成我主要的世界觀。對我來說，這個教條就是他在五十多年前在大學學到的觀念：世事無常。

金融市場提供了很多與這則佛家思想有關的案例。亞洲曾享有「經濟奇蹟」，但後來在一九九七年碰上亞洲金融風暴；一九九〇年代末期的網路泡沫在二〇〇〇年破裂；房地產泡沫遇上了信貸危機，之後是從二〇〇九年開始出現的史詩級牛市；二〇二〇年，市場在二十三天裡跌了三四%，接著在之後的幾星期間漲了將近四〇%。

如果佛陀是對沖基金經理人，大概會指出「變化」本身並不是最大的問題。我們在投資和人生方面之所以受苦，是因為期待或渴望事情能保持不變。真正的問題在於，我們習慣拚命抓著或倚賴「不可能常保不變」的事物。**正如佛家所教導的，我們需要承認所有世俗現象都會改變，如此一來，改變發生的時候，我們才不會覺得驚訝或憤怒**。鈴木俊隆說過：「如果我們無法接受世事無常這條教誨，就無法平心靜氣。」

在金融方面，改變的必然性有著重要的意義。首先，我們需要承認目前的經濟情勢和市場走向都只是暫時的現象，正如世上的一切，所以我們應該避免倚賴「這些事物必須繼續沿同一個方向前進」的心態。馬克斯注意到，投資人常常犯同一種錯誤：高估市場走高走低的時效性，忘了沒有任何事物是永恆的。同樣的，許多購屋者在金融海嘯期間毀了自己的生活，是因為他們相信「房價會永遠上漲」而願意扛起沉重債務。這當中的寓意是什麼呢？**如果莊家是「變化」這股無情的力量，你可千萬別拿所有身家下注**。

只要明白世事多變，心中就能產生一種覺悟：你的人生（還有你珍惜的一切）其實毫無穩定性。人很喜歡逃避現實，但謹慎的做法是承認自己如履薄冰，而且我們永遠不確定冰面什麼時候會裂開。這個覺悟並不表示我們應該永遠躲在家裡，或是永遠固守現金、拒絕冒任何風險。**無論在市場還是人生，目標並不是擁抱或避開風險，而是明智地承受它，而且永遠記得結局可能令我們不滿**。

這種平衡並不容易達成。在二〇〇八年的那段黑暗日子，馬克斯必須常常提醒自己抗拒本身杞人憂天的性格：「如果我過度擔憂，那就辜負了客戶，因為他們不是雇我來當膽小鬼。他們希望我當個謹慎的投資人，而不是當懦夫。」他補充說明，如果「風險規避」過了頭，你就會和報酬無緣。

幸好，我們在面對改變的時候並非軟弱無力，有許多方式能讓我們不那麼脆弱。馬克斯建議，與其試著預測不可預料的未來，我們應該努力建立「不脆弱的投資組合和不脆弱的人生」，就算碰上困境也不容易倒塌。[6] 這對一般投資人來說意味著什麼？他的答案是：「避開過度的債務和槓桿，別讓『挖到金礦』的夢想讓你可能碰到大災難。**『不試圖將投資最大化』是很重要的環節，能讓你為人生的突發狀況做好準備，這在投資和生活方面都一樣。所以問題是，你有沒有試著超越極限？**」

這個問題不只適用於投資，也適用於花費。「財務自主不是倚賴賺進或擁有很多錢。」馬克斯說：「你知道財務自主從何而來嗎？量入為出，讓開銷低於收入。一個很重要的觀念是，你愈不把自己逼到財務極限，你就愈不脆弱。」

---

[6] 談到脆弱面的時候，馬克斯借用了納西姆・尼可拉斯・塔雷伯在《反脆弱：脆弱的反義詞不是堅強，是反脆弱》中使用的名詞。不過對他的影響更大的，是塔雷伯的另一部作品《隨機的致富陷阱：解開生活中的機率之謎》。

問題是，我們在興旺的時候，或看著別人發財而自己落後的時候，常常忘了這點。所以我們經常把自己逼到財務極限，最終再也回不來。

馬克斯補充道：我們也需要看清楚自己在財務和心理層面上的脆弱度。「你**最好**覺得害怕，承認壞事可能發生，而且搞清楚自己究竟有多少斤兩承受。」他也警告提防「我們不在乎股市下跌」之類的大話：「股市如果下跌三分之一，人們常常會驚慌失措，因此賣掉股票，結果把股價走低搞成了永久虧損，這是最糟的下場。」

因此，至關重要的是，我們必須誠實地面對自己能承受多少風險：「如果搞太多投資，就會讓你在情緒韌性上不堪負荷，就算你沒有碰上其他壓力，像是必須被追繳保證金，或是沒錢買麵包，你也遲早會做出錯誤行動。」

這種不帶反感或自欺欺人的心態、看清現實的習慣，反映了一種佛教思想。佛教一部很重要的著作是《念處經》，說明如何透過正念來悟道。他解釋，悟道之路需要「清楚地留意」出現在我們面前的任何事物，客觀地觀察所有事物（包括我們的想法、感受和感官知覺）出現又消失。自由來自「清楚地知道」萬物稍縱即逝，並訓練自己別再執著於本質上就不穩定的事物。佛陀把同一條戒律重複了十三次：「於是『有身』之念現起，唯有正念與覺照，無所依而住，不再貪著世間之任何事物。」

「無執」這種觀念也許聽來冰冷又不近人情，但是明白「世事無常」這個道理確實有好處。首先，會消失的不只是好東西（我們的年輕貌美、親友、經濟成長、牛市），壞東西（情緒和生理上的痛苦、糟糕的政治領袖、經濟衰退、全球流行病）也會結束。考慮到一切都會改變，我們就不該在狀況好的時候得意忘形，在狀況差的時候灰心喪志。

世事無常的心態也能激勵我們珍惜並強化人際關係（畢竟我們不知道自己還能在這個世界上待多久），在當下活得更充實。楊增善（Shinzen Young）在所著的《開悟的科學》（*The Science of Enlightenment*）一書中提到，學著用「徹底的充實感」來體驗這個世界，也就是以「無比的專注力、清晰的感知力和沉著觀察每一刻……你就能大大地延伸生命。這不是增加你的壽命，而是擴張你每一刻的充實感」。[7]

馬克斯如今七十幾歲，清楚感受到屬於他自己的世事無常。他的父親活到一〇一歲，所以他也許繼承了基因方面的優勢。儘管如此，他知道自己不太可能長生不死。到了人生這個階段，他更常反省自己是否表現得令人欣賞，比如自己如何對待同事和客戶。「你在人生中的成就並不是唯一重要的，你**如何**達到成就也很重要。」他說：「也許我欠缺安全感吧，但對我來說，我很在乎別人是否覺得我有好好過日子。」他對橡樹公司的獲利感到喜悅，但也對它的正派名聲、與共同創辦人卡許的關係感到自豪。馬克斯說他們三十年共事以來從沒吵過架。

他希望在之後的歲月中達成什麼？「我沒有任何雄心壯志。」馬克斯說：「我的人生很快

---

[7] 楊增善描述「沉著」是「超然、溫柔的就事論事狀態，喜悅和痛苦能在當中自由地擴張收斂，不受自我的干擾」。馬克斯也是用類似的方式看待股市，承認並接受「事情本來就是如此」，而且在這種「無反應狀態」中，能以清晰頭腦做出不帶情緒的合理反應。

樂。我想當個好丈夫、好父親、好爺爺，而且想在投資界中繼續看見其他人看不見的事，並為客戶清楚地描述這些事。」

他打算無限期地繼續工作，因為發現工作對他的智力有助益，而不是因為他對金錢或地位有「無法滿足」的渴望。他想起日本研究學系的那位教授描述一個佛家思想：「你必須掙脫欲求與欲望的枷鎖」，這種漫無目的地的渴望循環遲早會帶來折磨。也許吧。但是馬克斯也承認，累積而來的財富給了他自由、安定感，讓他「不再那麼害怕」。至少到目前為止，億萬富翁的身分似乎並沒有給他帶來一大堆折磨。

馬克斯回顧自己「幸運的人生」，謙卑地表示光靠他的才能根本不夠，而是許多事情發展得對他有利，他才能獲得這種程度的成功。這項認知讓他避開了能使人跌倒的自傲。目前來說，馬克斯算是比任何人都更接近「宇宙的主宰」的地位。但如果有哪件事是他能確定的，那就是變化必將到來，我們每個人都必須適應。

第4章

韌性的投資人

如何建立長久的財富，並在可能到來的狂亂局勢中生存？

我們這個世界真正麻煩之處，並非它是個不講理的世界，甚至也並非它是個講理的世界。最常見的麻煩，是它好像講道理，卻又不到那種程度。人生並非缺乏邏輯，但它對邏輯學家而言卻又是個陷阱。它看起來比實際上稍微多點數學性和規律：它的精確性顯而易見，但它又暗藏非精確性；它的狂野面正在埋伏等候。

——英國作家吉爾伯特．基思．卻斯特頓（G. K. Chesterton）

一九六〇年代，尚馬利．艾維拉德（Jean-Marie Eveillard）在巴黎的法國興業銀行工作，他是年輕的投資分析師，完全不知道自己究竟在做什麼。他的主管們傳授給他的，是他們那個年代的傳統篩股策略。他說：「基本上，他們的遊戲就是在指數裡積極地交易大型股票，就這樣而已。」和周圍每個人一樣，他也乖乖地走這條正統路線，獲得平庸的投資報酬。正如他後來發現的，「人群裡頭溫暖許多」。

一九六八年，銀行將他派駐於紐約，他開始偏離了。那年夏天，他和兩名就讀於哥倫比亞商學院的法國學生一起在中央公園騎單車，聽他們描述班傑明．葛拉漢於一九二〇年代在該校授課時發展出的「價值投資」。[1]艾維拉德讀過葛拉漢寫的《證券分析》（*Security Analysis*）和《智慧型股票投資人》，也立刻有所領悟。他把自己對葛拉漢的發現，比喻成法國作家保羅．克洛岱爾（Paul Claudel）於一八八六年站在巴黎聖母院裡，發現上帝般的宗教領悟：「葛拉漢的投資方式給了我啟發，我找到自己一直尋覓的東西了。」艾維拉德試著說服主管讓他按照新的想法投資，但他們從沒聽說過葛拉漢，也看不出這一套新奇理念有何魅力。艾維拉德只好繼續用老方法玩投資遊戲。他表示：「整體來說，我在自己的職業生涯裡浪費了十五年。」

他在三十九歲那年終於獲得自由，成了SoGen國際基金（SoGen International）的經理人，這筆共同基金的規模很小又不出名，因此沒人在乎他如何運用。艾維拉德在一九七九年成了經理人的時候，這筆基金只值一千五百萬美元。他一個人在曼哈頓工作了幾年，慶幸能擺脫法國那些主管的干涉。

他的新型投資策略，是依據他從《智慧型股票投資人》裡獲得的重大見解。**艾維拉德說：**

「未來詭譎多變，所以我們最好盡量降低投資風險。」大多數的重大真理，其實都簡單得容易讓人忽視其重要性，人們只是瞥見其表面，並沒能將其深遠意義牢記於心。

這是葛拉漢從慘痛經驗學到的教訓。葛拉漢於一八九四年在倫敦出生，在紐約一個富裕家庭長大，家裡的生意是從歐洲進口瓷器。但是葛拉漢的父親在三十五歲那年離世，成了寡婦的母親必須獨自養大三個兒子。家裡生意垮了，所以她把家裡改造成民宿，但這個生意也沒做起來。雪上加霜的是，她借了錢買股票，結果遇到一九〇七年的美國金融大恐慌，股市價值在幾星期內幾乎只剩一半。葛拉漢原本家裡有廚子、女傭和女家庭教師，但這個家後來被迫在公眾拍賣會上賣掉家產；他回想起這件事時表示，這是「令我們蒙羞的一刻」。

光是這些兒時回憶，就能解釋葛拉漢為何執著於如何在不確定性中培養自己的韌性。但在之後的幾年裡，他碰上了一連串災禍：第一次世界大戰、一九二九年華爾街股災，以及經濟大蕭條。他在一九二〇年代的牛市擔任資金管理人而賺了大錢，但在一九二九年和一九三二年之間失去了七〇%的資產。這些經驗讓他得出一個令人不安的覺悟：**「未來的證券價格永遠無法**

---

1 葛拉漢和哥倫比亞大學的淵源，使得該校成了價值投資的人才中心，而且這個地位維持至今。他贏得了哥倫比亞大學的獎學金，並證明了自己是個博學家，因此他在一九一四年畢業之前，英文、數學和哲學三個學系都競相邀請他授課，而他卻成了投資人。但他在一九二八年回到哥倫比亞大學教授夜間課程，而且一待就是二十八年，培育出的投資人包括巴菲特、歐文·卡恩（Irving Kahn），以及比爾·魯安。

預測。」

浴火重生的葛拉漢打造了一套以「生存」為優先的投資信條。他在納粹大屠殺發生後的期間寫下《智慧型股票投資人》，在最後一章裡寫道：「在古老的傳奇中，智者們把人類歷史歸結成一句話：『眼前之事也將成為過去。』我們也遇到一個類似的挑戰，要把可靠投資的訣竅濃縮成四個字，這也就是我們的座右銘：安全邊際。」[2]

葛拉漢解釋，想獲得所謂的安全邊際，就是購買售價遠比其估計價值「低很多」的股票和債券。價格和價值之間的差距，會提供保護，吸收掉投資人自己的「失算」造成的衝擊、「壞運氣」，以及「未知的未來狀況」。這是適用於世界各地的策略，依據葛拉漢看見的人類弱點和歷史上出現過的危機。**人會犯錯，會碰上壞運氣。未來是未知的**。

葛拉漢做出的結論是，購買估值過低的資產能讓投資人「更有機會獲利而非虧損」，但他也警告，這並不能保證某一筆投資絕不可能出現嚴重問題。所以解決之道是什麼？分散投資。

艾維拉德和葛拉漢一樣，小時候也經歷過許多動盪。他於一九四〇年出生在法國的普瓦捷市，就在德國進攻法國的幾個月前。他對人生充滿戒慎、焦躁，而且有點悲觀，這源自他小時候在法國鄉下造訪祖母的羅馬天主教教堂時所聽聞的證道。牧師面前的群眾才經歷過挫敗、流血和轟炸，因此牧師常說：「別冀望在這個地球上能過得幸福快樂。這裡是淚水之谷。你們只有在來世才能過得幸福快樂。」[3]所以艾維拉德樂意接受葛拉漢的警告：投資人必須預料並承受厄運。

在葛拉漢的全盛時期，美國有太多不良資產，所以他不需要去海外尋找超值股。但是艾維拉德複製這個策略後，還要改良以因應另一個年代的環境，他得在全球尋找售價比估值至少低了三成到四成的股票。他的評估方式是依據一個保守觀點：一個明智的收購人願意支付多少現金買一家公司。借用葛拉漢的用詞：這種方式「依據的不是樂觀心態，而是算術」。艾維拉德的策略還加碼，平時擁有的股票至少超過一百支。巴菲特和蒙格有勇氣持有更為集中的投資組合，但是艾維拉德不敢這麼做。「我太懷疑自己的能力了，」他坦承：「也實在擔心我的投資隨時可能出差錯。」

他的策略成功了，因此贏得「低風險、高報酬」的名聲。美國《商業週刊》和晨星公司都對他讚譽有加。理財顧問和證券經紀人捧著客戶的資產來找他。他雇了一群分析師，建立了兩筆新基金。儘管如此，他未曾丟棄心中的戒慎恐懼。新基金成長的同時，艾維拉德感受到沉重的負擔，因為他要為幾十萬名投資人管理他們日後用於退休或子女教育費的資金。「這是他們不能失去的錢，」他說：「如果搞砸了，我會清楚知道自己害這些投資人日子難過……這逼得我必須更加謹慎。」

---

❷ 葛拉漢本名是班傑明・葛洛斯鮑姆（Benjamin Grossbaum），來自一個信奉正統猶太教的波蘭移民家庭。我和他的出身相似，所以看得出他的家庭史（東歐猶太人常常遭到迫害）和他的投資哲學（著重於降低風險和尋求安定）之間的關聯。

❸ 我問艾維拉德是否依然信奉天主教，他答道：「我確實依然相信，但是天主教教會讓我感到厭煩。」他在投資和宗教兩方面都是所謂的「族群外的人」。

艾維拉德對「估值」的專注，使得股東們能常保平安。舉例來說，在一九八〇年代末期，投資人著迷於投資日本，資產價格因此不再反映現實經濟。在一九八九年，日本占據了全球股市資本的四五%，超越了美國和英國的加總，而且世上最大的企業大多屬於日本。艾維拉德在一九八八年徹底退出了日本資產，因為他找不到任何一支日本股票能符合他的估值標準。泡沫在一九八九年下半期破裂，日本股票陷入了長達數十年的死亡螺旋。截至二〇〇九年的低點，日經二二五股價指數在二十年間下跌了超過八成。在我們的一次談話中，艾維拉德驚訝地表示，日本股市在二〇二〇年的價值「還是比三十年前低了三〇%」。

巴菲特為《智慧型股票投資人》寫的序中提到：「要在一生中成功投資，你不需要超高的智商、非凡的商業見解，或是內幕情報。你需要的是一套穩健的知識框架來做決策，又有能力避免該框架遭到情緒的侵蝕。」艾維拉德在這方面表現得如何？他的知識框架確實穩健，因為對安全邊際的重視經得起歲月考驗。他的情緒掌控力也足以讓自己遠離群眾；其他人全速猛衝的時候，他能抗拒誘惑，堅持不放鬆標準。有一段時間，他曾享有另一個關鍵優勢：他的公司允許他按照自己的意願行事，因為他工作的地點離公司總部差不多有六千多公里遠，也因為他獲得的報酬率讓任何人都沒理由抱怨或干涉。

這些是讓他高人一等的先決條件。但艾維拉德很快發現，有些強大力量會讓人產生弱點，因而得到平庸的投資報酬。我們需要了解這些力量，因為它們是「韌性」的無情宿敵。在本章中，會了解艾維拉德及他的傑出後繼者馬修．麥克倫南，是如何行走於這片地雷區，在四十多年間拿出亮眼成績。他們的思考方式，能讓你學習如何在自己的投資生涯中建立並**保住**財富。

落後就是受苦

艾維拉德的麻煩是在一九九七年開始。當時，他已經連續十八年避開了差錯，而且擊敗了市場。他最糟的一年是一九九〇年，但 SoGen 國際基金也只是損失了一・三%。由他管理的資產成長至驚人的六十億美元。令人出乎意料的是，他的金融要塞遇到的威脅，並非來自市場崩潰，而是源自投機狂熱。

從一九九七年一月至二〇〇〇年三月，以科技股為主的那斯達克指數上升了二九〇%，因為人們熱衷於購買網路和電信股。你如果想了解那些日子多麼瘋狂又荒謬，可以思索一下 theGlobe.com 的崛起和殞落：這個社群媒體網站是在一九九八年上市，股價第一天交易就飆升了六〇六%，但後來在二〇〇一年被那斯達克退市時，股價跌破一美元。你也可以想想 eToys 的命運：這家線上零售商在一九九九年五月上市時，每股二十美元，在該年十月漲到每股八十四美元的高峰，但在十八個月後就宣告破產。或者也可以想一下思科系統：不到五百天，這家網路公司的市值從一千億美元飆升至五千億美元，讓它（短暫地）成了全世界最大的公司，結果泡沫破裂，股價暴跌八六%。

艾維拉德是靠「擔憂」來賺錢謀生的人，他拒絕搭乘這種雲霄飛車。從分析上來看，這個決定並不困難，因為考慮到可笑的估值，以及預測哪些科技公司能存活、哪些會劃下句點是出了名的困難。但他採取了極端做法：一支科技股也不買。只有真正勇敢的基金經理人敢背離股市指數，因為他們如果判斷錯誤，就可能賠上自己的職業生涯，尤其如果你已經結了婚、有小孩，或很想保有奢華的生活風格。一個比較簡單的選項是「減少持有」某些股票或行業，而不是完全避開它們。對「職涯風險」的恐懼能解釋為什麼許多基金喜歡「擁抱」指數，接受此平庸的投資報酬率，但能讓自己免於重大災難。

固執的艾維拉德並沒有採取比較簡單的選項。也因此，他在漫長的三年裡遠遠落後於股市，而科技股在這段期間瘋狂上漲。光是在一九九八年，那斯達克上漲了三九・六%，MSCI全球指數上漲了二四・三%，而SoGen國際基金**損失**了〇・三%。在一九九九年，SoGen國際基金回升，上漲了一九・六%。聽起來滿好的吧？錯了。那年的那斯達克上漲了八五・六%。在那段時期，任何呆子買股票都能中大獎，所以艾維拉德的獲利率顯得可悲，股東們也不打算感謝他戒急用忍。他的慎重行事開始比較像緩慢的自毀前途。

「落後就是受苦，」艾維拉德說：「這在心理層面上很痛苦，在財務層面也很難受……一年後，股東們很不高興。兩年後，他們勃然大怒。三年後，他們離開了。」的確，SoGen國際基金不到三年就失去了七成的股東，所管理的資金從六十多億美元掉到不到二十億美元。

也難怪他的主管們笑不出來。他的雇主——法國興業銀行，很少解雇任何人。「如果他們覺得你再也無法勝任這份工作，就會把你放在一間小辦公室裡，讓你什麼事也沒得做。」儘管如此，他在一九九九年開始考慮一個自己都不敢想的可能性：「也許他們會把我踢出去。」

共同基金這種生意，有時候能帶來不可思議的利潤。它不算資本密集，而且宣稱的營運利潤率特別高。已故的馬蒂・惠特曼（Marty Whitman）是著名投資人，也是出了名的直腸子，他曾對我說過，基金經理人在各方面都充滿競爭力，只有在「願意降低服務費」這方面例外。管理共同基金公司的高階主管，是在一些重要獎勵的驅動下想持續蒐羅資產。他們不是傻子，也不是壞蛋。他們是務實的生意人，著重於業務和行銷。在順境時，艾維拉德這種資優生是珍貴資產。但在逆境時，他很容易被當成狂熱分子，他的極端作風害每個人都拿不到獎金。如果好騙的投資人就是想買科網股，何不讓他們如願以償？既然鴨子呱呱叫了，何不餵牠們飼料？

這種壓力無比強烈。艾維拉德曾聽見一名高階主管偷罵他「腦細胞死了一半」。艾維拉德當時才五十九歲，向他太太伊莉莎白說了這件事，她也是久經沙場的投資銀行家。「我太太甚至沒把眼睛從手裡的雜誌上抬起來，只回我一句：『只死了一半？』」另一名高階主管分析了 **SoGen** 國際基金的客戶們贖回基金的驚人速度，宣稱「早料到我們會在不久的未來，連一美元的資金也沒有。」

艾維拉德覺得遭到圍攻。「就連基金董事會也反對我。他們說：『你為什麼就是看不見其他人看見的，也就是你必須買進科技、媒體和電信股？』」他試著解釋自己的投資風格不適合瞬息萬變的產業，這些產業充斥著以不合理估值交易的新公司。但他聽起來就像和現實脫節——是個不明白新經濟神奇創新的老古董。

他老早就預料自己會因為表現不佳吃到苦頭。以前，他曾落後市場幾個月。**但是落後三年？**「這種狀況持續了很久，我有時候會覺得自己真是笨蛋。」他坦承：「說實在的，你真的會開始懷疑自己……畢竟其他人似乎都看見那道光。為什麼我就是看不見？」

難道市場已經變化得讓他無法辨識，他的投資風格不再適用？朱里安・羅伯遜（Julian

Robertson）是對沖基金的傳奇人物，他在二十年間取得驚人獲利的方式是押注在估值過低的股票上，而且賣空估值過高的股票，他在二〇〇〇年上半期收掉了自己的基金。「在理性的環境中，這種策略能有效運作，」羅伯遜表示：「但在不理性的市場裡，收益和價格方面的考量被人為操控和動量取代，我們原本的投資邏輯在這種市場裡沒多少分量。」

但是艾維拉德堅持下去，拒絕放棄邏輯，也拒絕退休。母親曾對艾維拉德說，他找到唯一能讓他相當成功的職業，「我認為她可能是對的。除此之外，我只懂得價值投資……實在沒辦法用別的方法行事。」

到頭來，法國興業銀行找到一個巧妙的辦法攆他走：把他的基金團隊賣給了小型投資銀行「阿諾德布萊施洛德」（Arnhold & S. Bleichroeder）。當時該筆基金裡有一九・九%是艾維拉德自己的資金，而且他從一九六二年開始就在同一家公司工作。但如今，經過三年的表現不佳，他像個過氣的運動員一樣，被賣去別的球隊。

但這筆交易的時間點陰錯陽差，簡直有喜劇效果。公司在一九九九年十月宣布這個決定，在二〇〇〇年一月完成交易。但就在兩個月後，在三月十日那天，網路泡沫破裂。

市場恢復理性的時候，艾維拉德以超值股形成的投資組合做出優異表現。他的旗艦投資工具（目前已改名為第一鷹全球基金）在二〇〇〇年以四九%的幅度領先那斯達克，在二〇〇一年領先三一%，在二〇〇二年領先四二%。晨星公司將艾維拉德選為二〇〇一年的年度國際股票基金經理人。二〇〇三年，他獲頒晨星公司的終身成就獎，表揚他「非凡的長期表現」，照顧股東的最佳利益，而且「勇於違背主流意見」。

投資人是很多變的一群人。一年前，他們覺得艾維拉德是個愚蠢的老古板。一年後，他成了眾人尊敬的賢者。大把資金湧入他管理的資產，最終金額大約有一千億美元。他的昔日主管們在低點賣掉了公司，「售價是它今日價值的五％。」他說這句話時語帶怨恨、難過和得意：「有人告訴我，他們賣掉公司不久後都氣得跺腳。」

葛拉漢在通往榮耀之路上也受過折磨，他對艾維拉德這個崛起、倒下又崛起的故事應該不會感到驚訝。葛拉漢在《證券分析》一書中，用羅馬詩人賀拉斯（Horace）的名言做為開場白：「現在倒下的，日後大多會恢復榮耀。現在享有榮耀的，日後大多會倒下。」

陌生人的冷酷無情

艾維拉德每件事都做對了，但事業差點遭到摧毀，所以他這個故事的教訓是什麼？最重要的是，這個故事說明了讓永續投資能成功數十載是多麼困難，因為我們沿途會遇到許多不穩定的因素，以及無法預測的危險。

艾維拉和大多數同行不一樣之處，是他擁有一些強大優勢。他很幸運地得知了葛拉漢的價值導向原則，這賦予他分析的優勢。他願意徹底奉守這些原則，無論風雨，並抗拒估值過高的股票造成的引誘。而且他擁有情緒方面的定力，能忍受同事們對他的鄙視，並超越自己的自我懷疑。簡單來說，他屬於一個少數團體，這些人在智力和性情方面都具有優勢，能取得長期勝利。儘管如此，這些令人欽佩的優點並不足以讓他成為真正的韌性投資人。為什麼？

問題在於，艾維拉德當時所處的位置，從**結構上**來說並不穩固。首先，艾維拉德當時的命運是由他的投資人決定，因為他們每天都能贖回自己的股份，迫使他在股價最低的時候賣掉股票，而非買進。他們的任性情緒和古怪判斷力是他無法控制的外在威脅。其次，他其實很容易被自己公司內部的壓力影響，包括同事擔心他拒絕投資網路股會威脅到他們的經濟利益。更糟的是，他做事必須配合公司主管們的喜好（或厭惡）。事情不是他說了算。

在一個揚棄傳統評價指標的瘋狂市場裡，想做出合理決策，這已經很困難了，而難上加難的是，你也面對其他的外在壓力，比如股東們威脅跳槽，同事們懷有自己的商業企圖，主管們在最糟糕的一刻對你失去信心。你能從艾維拉德的苦難裡看得出來，「脆弱」有許多型態。所以同理可證：**財務韌性也一定擁有多個層面**。

發人深省的一點是，巴菲特和蒙格把波克夏．海瑟威打造得在每個層面上都韌性十足。舉例來說，他們曾發誓保有的現金絕不少於兩百億美元，這樣才能徹底避開流動資金危機。新冠肺炎在二〇二〇年造成市場崩盤的時候，波克夏擁有一三七〇億美元的現金，讓這家公司在面對前所未有的不確定性時固若金湯。此外，巴菲特和蒙格購買的是高品質公司，應該能繁榮數十年，就算在動盪或通貨膨脹時期也一樣，而且他們的保險經營是處於資本過剩的狀態，這讓他們能挺過一些會毀掉脆弱公司的重大災難。

波克夏的結構性優勢在於，這是一家上市公司而非基金，所以他們投入的永久資本不可能被驚慌失措的股東們撤走。「如果管理的是共同基金，一定會擔心股東會因為你暫時表現不佳而拋棄你，」艾維拉德說：「在某種程度上，巴菲特在波克夏操作的是封閉型基金，**不會**碰上贖回資金這種問題。」

在金融海嘯期間，波克夏的股票在二〇〇八年九月和二〇〇九年三月之間受到打擊，下跌了五〇．七%。但是這種短期的市場波動，並沒有對這家公司的長期價值造成任何影響。相反的，巴菲特利用這次危機提高了波克夏的價值，辦法是透過優惠條款把數十億資金注入一些受傷的巨頭，包括高盛集團、奇異公司和美國銀行。蓋伊．斯皮爾的對沖基金這二十多年來都持續購買波克夏的股份，他說巴菲特是系統性地讓自己能成為「屹立不搖的生存者」。

《慾望街車》中的女主角布蘭奇．杜波依斯（Blanche DuBois）說過：「我向來倚賴陌生人的慈悲。」這句話聽來天真爛漫，可惜她發了瘋，這句話是說給一個要把她關進病房裡的醫生聽。二〇一八年，巴菲特在一封寫給股東們的信中做出宣言：「我和查理經營波克夏的方式，是絕不讓它需要倚賴陌生人、甚至朋友的慈悲，因為那些朋友自己也可能碰上流動資金不足的問題……我們是刻意把波克夏打造成能穩穩地挺過經濟動盪，包括長期性的股市關閉。」

如果我們的目標是財務韌性，那最好複製巴菲特，而非效法布蘭奇。所以我們需要確保的是，就算沒有陌生人的慈悲，我們也能活得好好的。艾維拉德身為基金經理人，確實必須倚賴他人。但是散戶投資人擁有一個重大優勢：他們不需要應付喜歡扣扳機的股東，或任何心懷不滿的批評者（大概只需要應付自己的家人）。

那麼，散戶要如何降低自己的脆弱性，並提升韌性？**按照巴菲特的教導，我們應該永遠保**

有充足的現金，以免在經濟衰退期間被迫賣掉股票（或其他任何陷入困境的資產）。我們永遠不該過度舉債，因為正如艾維拉德所警告的，債務會侵蝕我們的「續航力」。和他一樣，我們應該抗拒誘惑，避免以投機心態買進前途似錦、但缺乏安全邊際的熱門股票。我們也該避開財務狀況不佳或急需外界資助的公司，這類公司在危急情況很可能消失。

這些道理都很簡單，但我們必須認真看待以下這條經常被遺忘的戒律：**你不該倚賴陌生人的慈悲。**

放長線，釣大魚

另一個有幫助的心態，是別急著發財。在二〇一四年，我請歐文．卡恩分享他在這個格外漫長的職涯中最重要的一些教訓。他當時一〇八歲，從一九二八年開始就一直在華爾街工作。投資業裡就屬他熬過最多動盪，所以我把他視為財務（以及生理）韌性的化身。[4] 卡恩當時太憔悴，沒辦法親自見我，但他的孫子安德魯（在該家族的投資公司卡恩兄弟〔Kahn Brothers〕擔任分析師）把我寫下的疑問念給他聽，並寫下他的答覆。事實證明，這是卡恩最後一次受訪，他在三個月後以一〇九歲高齡逝世。

一九二〇年代，卡恩成了葛拉漢在哥倫比亞大學的助教，兩人在後來的幾十年間一直是朋友。我想知道葛拉漢教了他什麼，讓他能在投身於金融市場的八十六年間繁榮昌盛。卡恩的答覆是：「投資最重要的，其實是**保本**。你必須先想著不虧本，而不是賺大錢。如果你只獲得合理的報酬，而且虧損極低，那你遲早會成為富翁，超越你可能有的那種賭徒朋友。這麼做也能有效地解決失眠的問題。」

卡恩表示，投資的訣竅只有一個詞彙：「安全」。做出智慧型投資決策的關鍵，在於永遠先自問：「我可能虧損多少錢？」他解釋：「考慮下行風險，這是身為投資人最重要也最必須做的事。投資人必須先處理這個問題，然後才能考慮獲利。問題是，現代人覺得自己挺聰明的，因為他們可以很快速去做一件事。你是可以鞭策馬兒飛奔，可是你走在正確的路上嗎？你看得見自己往哪裡走嗎？」

卡恩的防禦性心態，讓我聯想到醫學院學生必須牢記於心的一條警語：「首先，不造成傷害。」對投資人而言，這條警語必須稍微修改一下：**首先，不造成自我傷害**。我們在試著解釋投資成功的時候，會很自然地被這個遊戲更刺激的層面吸引。說出「豪賭贏得數十億」的故

---

④ 從生理上來說，卡恩是個不可思議的範例。他很少運動，愛吃紅肉，而且大約五十歲的時候才戒菸，卻還是活到一〇九歲。這不禁讓人好奇，他如果把自己照顧得更好，不知能活到幾歲。他的兒子湯瑪斯說，歐文充滿好奇心的腦袋讓他保持年輕。但他確實擁有奇特基因：他的三個兄弟姊妹都活超過了一百歲。

事，遠比描述「哪些意外未曾發生」更有意思。但避開事故很重要，因為我們一旦碰上災難就很難復原。考慮一下財務損失在數學方面的殘酷性：你如果在一場不明智的賭博上損失五〇％的本錢，就必須靠一場百分之百的獲勝來回到起點。

艾維拉德能在全球投資上成為不敗的巨人，是因為他一再避開路上的致命危險，避免了虧損。這種勝利來自「沒有採取行動」，而非「採取行動」。他回顧在SoGen國際基金和第一鷹的職涯時，表示：「我們之所以幾十年來都獲得成功，主要是因為『沒有』買進什麼股票。我們沒有買進一九八〇年代末期的日本股票，也沒有買進一九九〇年代末期的網路公司股票。在二〇〇〇年和二〇〇八年之間也沒買進任何金融股。」他懂得在三十年間避開這三場災難，這就決定了失敗和成功之間的差異。

萬物終將衰亡

艾維拉德在二〇〇八年不再擔任基金經理人，而是在第一鷹擔任資深顧問。他把火炬遞給了馬修．麥克倫南，這位三十九歲的澳洲人入行的一星期後，雷曼兄弟破產，全球金融體系開始分崩離析。今日，麥克倫南擁有的資產超過一千億美元，有數百萬股東投資他的基金，他是世界上最具影響力的投資人之一，也是最謹慎的一位投資人。

乍看之下，他和前輩截然不同。艾維拉德總是神情憂愁，世界觀也很陰鬱，讓我想到小熊維尼故事中的屹耳驢，這個多愁善感的角色，在地圖上的棲息地被註明「屹耳驢的陰鬱之地：潮濕又悲傷」。相較之下，麥克倫南比艾維拉德年輕大約三十歲，顯得朝氣蓬勃，而且散發一種隨和魅力。他幾乎說每一句話都面帶微笑。

但以投資人的身分來說，艾維拉德和麥克倫南有許多相似之處。兩人在二〇〇八年初次見面時，分享了關於科技股泡沫的奮戰故事。麥克倫南當時在高盛集團管理一個價值導向的全球投資組合，他描述自己當時拒絕買進那種缺乏安全邊際的狂熱投資。艾維拉德讚許他的做法。「他感到欣慰，因為我願意『拒絕』配合大眾、遠離群眾。」麥克倫南說：「拒絕加入一時的狂熱，這有時候真的會讓人覺得高處不勝寒……我和他因此很合拍。」

麥克倫南的獨特背景，也能解釋他為何願意走一般人不願走的路。他在一九六九年出生，一開始的六年在巴布亞紐幾內亞度過，他父親（測量師）和母親（物理治療師兼藝術家）為了尋找冒險而常常搬家。我開玩笑說，他是巴布亞紐幾內亞最有名的投資人，他答道：「實驗樣本只有一個人。」

他說身為「自由思想家」的雙親「覺得沒必要追求世俗的財富」，他們後來在澳洲買下一片美麗的土地，其中一邊緊鄰一片雨林。他們拿不到能讓自己接上輸電網路的許可證，所以麥克倫南小時候缺乏舒適設備，遠離「一般人享有的電力生活」。

他家裡有很多書，卻沒有熱水，所以他在一棵樹下沖涼，水是裝在一口黑色塑膠袋裡，放在午後陽光下曬熱。他們也沒有冰箱。家裡的暖氣來自一座鑄鐵爐，這座爐子常常把他燻醒、逃出家門。

「我們有很長一段時間沒電視，」他回想：「後來我們弄到一台，父親把它接在汽車電池上。那段日子沒有持續很久，因為弄到電視機不久後，他有一天把汽車倒出車道，但是汽車電池還接著電視機，結果電視被他拖出前門。」

麥克倫南大部分的時候都在看書，通常是靠一盞煤氣燈提供照明。他也常常和爺爺一起相處，這位「真正的思想家」買股票、收藏葡萄酒、種植玫瑰花，而且常常回想從前以醫師身分，參加在南極洲進行的地球物理探勘。

麥克倫南繼承了家人對知識探索的熱忱。他在談話時常常提到一些偉大的思想家，包括古希臘哲學家赫拉克利特（Heraclitus）、古希臘歷史學家修昔底德（Thucydides）、孟德斯鳩，以及薛丁格。最讓他感到喜悅的是心智的生命力：「我如果想出一個構想，或是發展出一個可靠的方式來看待事物，這種喜悅就像衝上一道大浪。」

憑著大量閱讀，麥克倫南也得出了葛拉漢和艾維拉德都領悟到的謹慎結論：**未來「從本質上就是充滿不確定性」，所以投資人應該著重於避開長期虧損，而且建立「一套能挺過世間百態的投資組合」**。麥克倫南認為，我們首先該做的，是定義自己最重要的目標，而它應該引導我們所有的投資選擇。他引述羅馬哲學家塞內卡（Seneca）的話來闡述這點：「如果連自己要坐船去哪個港口都不知道，那麼任何風向都對你不利。」麥克倫南的目標很明確：「我們的目標，不是試著一夕致富，而是韌性十足的財富創造。」對一般人來說，這個目標遠比「擊敗市場」明智。

麥克倫南的「敬畏無常」心態，一部分來自他對歷史的研究。一九〇〇年代初期那種太平盛世的氣氛尤其吸引他。他指出，如果投資人觀察一九〇八年至一九一一年之間的世界，會覺得對未來充滿信心。全球經濟在很長一段時間享有了前所未見的成長，資產價值看似合理，而且大部分的人都相信通貨膨脹已被消除。有什麼好擔心的？結果朝夕之間風雲變色。

不沉的鐵達尼號在一九一二年的處女航就沉到海底，這提醒了「人定不能勝天」。一名波士尼亞革命分子做出的刺殺行動，引發了連鎖反應，結果促使一九一四年的第一次世界大戰。紐約證券交易所在大戰期間關閉了四個月，歐洲各大交易所也停市。一九一八至一九一九年的流感奪走了五千萬人的性命。一九二二年的德國陷入惡性通貨膨脹，拉開了希特勒從一九二三年開始崛起的序幕。一九二九年華爾街股災，之後是經濟大蕭條，然後是從一九三九年持續到一九四五年的第二次世界大戰。意思就是，一開始那段繁榮盛世結束後，是長達**三十年**的一連串災難。在諸多全球事件的來回打擊下，股市在一九二六年至一九四五年之間激烈動盪，使得一整個世代的投資人陷入風險的陰影。[5]

---

[5] 彼得・伯恩斯坦在所著的《風險之書》一書中指出，一九二六年至一九四五年之間的平均年報酬率只有七%。此外，年報酬率的標準差（和平均數的差距）是每年三七%。這是非常糟糕的組合：報酬率令人失望，波動程度則大得令人反胃。

投資人經常犯的一個危險錯誤，是認定接下來的日子會和他們最近經歷過的日子十分相似。「但是未來確實可能變得**截然不同**，」麥克倫南說：「**下一個**世代的人生經歷，非常不同於**上一個世代**。」[6] 巴菲特在九一一恐攻後發表了類似的言論，該恐攻事件使得波克夏在保險損失上虧損了數十億美元。他在二〇〇二年寫信向股東們坦承：「我們忽略或低估了大規模恐攻事件造成的損失……簡單來說，這個業界的每個人都犯了一個重大錯誤，我們只著重於經驗，而非風險暴露。」**麥克倫南把這個教訓銘記在心，將大量注意力放在自己的風險暴露上，並做好準備，以防未來出現相當不同於他近期經驗的事件**。

二〇一七年夏天，我和麥克倫南在他位於曼哈頓的雅緻辦公室初次談話，他列出一長串投資人可能面對的威脅。舉例來說，他指出美國目前的債務占GDP的比例，比二〇〇八年金融海嘯發生前更高。利息現在極低，結果儲蓄者因為自己的慎重行事而遭到懲罰。自動化的崛起，可能造成社會和政治方面的動盪。地緣政治背景暗藏衝突的風險，尤其是中國的崛起，成了美國的競爭對手。低資本成本使得資產價格飆升，投資人因此很難找到能提供充足安全邊際的股票。他描述這些現象「是脆弱和弱點的型態，而歷史證明了我們絕不能掉以輕心」。

麥克倫南認為預測市場走向是「浪費時間」，也從不裝作知道接下來會發生什麼事。但和霍華．馬克斯一樣，他也認為我們必須明白「風險定價會經歷許多週期……在風險定價明顯合理的時候，例如二〇〇八年末期至二〇〇九年，你這時候應該更願意把資本拿去投資。風險定價**不夠合理**的時候，例如一九九九年、二〇〇七年，或是今日，那你就該提高警覺。」

他比喻，這種情況就像住在舊金山的斷層上。「也許未來十年都很安全，地震不會發生。」

但如果以為威脅並不存在，這種想法就太愚蠢了。「我們只是想承認，有些因素可能在未來不會很順利，」他告訴我：**「你想要有條理地參與人類的征途，但就是必須熬過一路上的坑坑洞洞。」**這則實用箴言適用於投資和人生。

當威脅終於露頭時，它並不是以地震方式現形，而是全球流行病，在二〇二〇年上半年引發了股市崩盤。我和麥克倫南在那年六月談話時，地點是他在康乃狄克州格林威治的住處，他在疫情期間逃離曼哈頓，租下這棟房子。麥克倫南表示，這次股市崩盤是發生在長達十年的「順利成長」後的「自滿期」，這證明了他的看法：「市場是屬於一個**從本質上無法預測**的複雜生態系統。你知道嗎？在二〇一九年十二月的時候，沒有任何經濟學家跳出來說新冠肺炎會打斷景氣循環。」意思就是，如果想讓自己韌性十足，就必須確保你在「局勢感覺良好的時候，站在明智的位置上」，因為「未來充滿不確定性，可能暗藏疫情這種事件」。

6 的確，事實證明，一九四五年之後的十年間是投資人的輝煌時期。在一九二六年至一九四五年之間學到教訓、認為股票暗藏危機而不該去碰的那些人，錯過了接下來的投資機會：道瓊工業平均指數在一九四五年是一百五十點，但在一九六六年已經上升至大約一千點。伯恩斯坦表示，跟一九二六年至一九四五年相比，一九四五年至一九六六年的報酬標準差，低得只剩三分之一。這是絕妙組合：報酬豐厚，而且波動幅度很小。這成了給投資人的重大教訓。如果你以為這個世界會維持穩定，或金融市場會沿現在的路一直走下去（無論好壞），你就該回想一下以下這三個時期的變化：一九〇八年至一九一一年，一九一二年至一九四五年，一九四五年至一九六六年。變化才是常態，自滿乃是大敵。

麥克倫南如何透過投資組合來達成他「韌性十足的財富創造」這個目標？首先，他把全球市場視為一塊巨型的大理石，然後為了「雕塑出更好的結果」，開始「打掉」他**不想要的**每一塊，移除任何看似脆弱的部分。這個過程的指導原則是「除錯法」。麥克倫南解釋，這種思考方式「是發自內心的不安」。這反映了他「明白有很多事物能傷害我們」，而且韌性原則要求他「排除它們」。

麥克倫南因為管理一筆全球基金和一筆國際基金，因此會靈活地在世界各地尋找機會。在挖掘機會上，大多數的投資人都是尋求他所謂的「主題式增長」（thematic growth）裡的「熱錢袋」，也就是時髦的賭局，比如二〇一〇年的巴西股票、二〇一七年的社群媒體公司，以及二〇二〇年的電動車。投資人會受到近期經驗影響，常常會大量購買任何表現一直最好的項目，但是對「持續成功下去」的廣泛期待，引發了價格上漲。更重要的是，高增長領域終究會引發激烈競爭。正如霍華・馬克斯所說的：「成功暗藏失敗的種子。」

如果你的目標是韌性十足的財富創造，就不能表現得像一枚追熱導彈。最熱門的資產無法提供安全邊際，它會造成過於極端的風險。所以麥克倫南採取的第一步，是剔除任何看似熱門的投資項目，包括瘋狂吸金的某些國家和產業。他就是因為這種習慣而保護了股東，沒有在深受大眾歡迎的金磚四國（巴西、俄國、印度、中國）股市下跌、巴西發生大問題的時候受到影響。他也避開政治體系不尊重財產權的國家，比如俄國。

同樣的，麥克倫南也剔掉他認為會讓自己的投資組合出現弱點的任何公司。舉例來說，他避開太容易受科技改變所影響的商業模式。他也討厭財務報表不夠透明、債務太多，或管理方式「過多探索」又輕率的公司。這讓他避開了安隆公司和房利美之類的不定時炸彈，以及所有在金融海嘯期間倒閉的銀行。

麥克倫南從不認定目前成功的企業會永遠發展下去，而是借用科學的方式以悲觀的視角看待它們。「我就是相信**萬物**都是逐步走向衰亡，」他說：「如果你想到進化論，曾經出現過的物種有九九%已經絕種，企業也不例外。」

他將經濟體視為一種生態，而今日的叢林之王遲早會被破壞性技術和新的競爭對手擊敗。「今天很健全的公司企業，不表示在未來也同樣強健，」麥克倫南說：「不確定性就是這個體系的一部分。這就是所謂的『熵』，熱力學第二定律。基本上來說，萬物會隨著歲月走向混亂，想維持結構和品質就需要耗費大量能量。所以，從哲學角度來說，我們非常敬畏一項事實，就是萬物終將衰亡，它們在本質上和結構上並不長久。」

這項認知對選股有深遠的影響。大多數的投資人都想買進前景看好的明星股，麥克倫南卻把注意力放在一個較為負面的任務上：「避開衰亡」。怎麼做？首先，找出比較不受「複雜競爭因素」影響的「頑強企業」。你可以把這想成「反熵策略」。

他認為能夠「存續」的一家公司就是日本的發那科（FANUC）。在提供伺服馬達之類的機器人零件方面，這家公司長期以來一直是領導品牌。麥克倫南表示，不管你在美國買哪輛車，為它上漆的應該就是發那科公司的機器人。這家公司擁有的廣大客戶群已經習慣它提供的產品。它蒐集來自客戶的及時數據，透過對市場的掌握來持續甩開競爭對手。製造業的自動化潮流也讓發那科公司獲益良多，而不是成了科技變化的受害者。它的財務狀態很健全，財務報表上有充足的淨現金流量，而且其管理團隊很有遠見，曾強調能讓該公司「永遠生存下去」就是他們的優先目標。雖然這一切都無法保證發那科公司對熵定律免疫，但麥克倫南相信這家公司「很難被取代」。

另一家在他心目中「為韌性而建」的強大企業，是生產消費品的高露潔棕欖公司。該公司從一八七〇年代開始賣牙膏，掌控全球超過四成的市場。牙膏是我們每天要用的便宜產品，不容易被取代，除非發生某種罕見事件，比如某種成分被發現有致癌性。就算遇到二〇〇八年或二〇二〇年的經濟混亂，麥克倫南說這種生意還是會「繼續走下去」，而且這家公司和發那科一樣，「規模大，加上能留住顧客，這通常能帶來更高的利潤，也就是更多現金流」。

這家公司既不新穎也不性感，但它的商業模式很難被複製，所以它擁有麥克倫南所謂的「平凡的稀缺性」。這個概念暗藏一種違反直覺的優雅特色：在投資的時候，**美好項目通常藏在平凡裡，而不是在迷人的事物中**。過去幾年來，他在無數醜小鴨裡發現了被藏起來的魅力，比如一家在週期性衰退期間被收購的森林公司，還有一家出租制服的公司。它們的魅力沒有特斯拉這麼誘人。

同樣的，股市在二〇二〇年三月崩盤的時候，麥克倫南開始投資一家名叫「星崎」的日本企業，該公司做的也是非常平凡且長期的生意，他說該公司是「餐飲業製冰設備領域的世界龍頭」。他解釋：「餐廳總是來來去去，但它們需要的設備都一樣。所以把賭注押在設備製造商上，遠比押在餐廳上安全。」

麥克倫南也堅持，他買進的任何股票「其價格都應該反映衰亡程度」。意思就是，股價必須低得能補償他這個設想：該公司就和任何企業一樣「遲早會走向盡頭」。一般來說，他想投入的金額，是他認為該公司擁有的內在價值的七成。如果該公司沒有衰亡，而是持續成長，「那我們就等於免費拿到了成長的部分」。

麥克倫南謹慎淘汰了諸多投資目標之後，還剩下什麼？是一群「擁有韌性」、格外持久、管理保守、資金充足、價格被低估的公司，比較有可能在「沒有哪個生物能永遠活下去」的達爾文生態系統裡，繁榮茁壯。

一般來說，他會持有這些股份大約十年，在價值變動時修改或增加投資金額。麥克倫南表示，這些公司都不完美，而且其中有些會令人失望，所以他加入了另一個韌性十足的措施：買進大約一百四十家公司的股票。與葛拉漢和艾維拉德一樣，他也認為分散投資是「容錯」策略的重要環節，能抵銷他犯的錯、壞運氣，以及他缺乏預知未來的能力。[7]

能「以好價格買進好公司」的機會通常很少發生，而且大多在動盪時期才會發生。但是麥克倫南非常樂意等個五年、十年，等他喜歡的公司股價符合自己的估值時再買進。與此同時，

---

[7] 值得強調的一點，是擁有一千億美元資產的基金經理人，不可以做集中式的投資組合。莫赫尼什・帕布萊把大多數的資金投入少數幾支股票，他認為分散投資只會換來平庸的報酬。但是「高報酬」和「高生存」之間有相斥之處。帕布萊的投資方式會比麥克倫南更可能獲得豐厚報酬，但也比較可能撞山。麥克倫南表示，從一九二六年開始，「大部分的市場績效大約是股票獲利的四％……如果投資試圖過度集中，那你想剛好押在那四％上的可能性就會變得很低」。

他願意讓現金愈堆愈高，而不是覺得一定要在價格高得令他不安的時候投資。事實上，他試著讓自己的分析師們牢記於心的最高指導原則，是「說不」的重要性。

市場處於狂熱狀態，無法低價買進時，麥克倫南願意「說不」的能力就完全符合艾維拉德的作風。二〇二〇年二月十九日，新冠肺炎引發股市崩盤的前一天，第一鷹全球基金只有把七一%的資產投入股票，另外的一五%安全地投資於現金和主權債務，這種做法，反映了他在二〇一七年描述過的「估值過高」和「醞釀中的風險」的顧慮。他表示：「因為我們沒有在價格不適合投資的時候強迫自己運用資本，才能在市場衰退的時候維持韌性。」

麥克倫南當時也把一四%的資產換成黃金，他認為這種長期避險手段能避開市場崩潰、地緣政治混亂，或民眾對貨幣失去信心。「在非常極端的惡劣狀況下，黃金價格和股價呈現負相關。」他解釋。黃金也是「元素週期表上最稀有、最強韌的元素之一……它不會生鏽，不會腐爛，不會像生意或政權那樣凋零消失」。他認為，在這個充滿人為不確定性的世界上，黃金為他的全天候投資組合增加了「自然」韌性，能幫忙確保他熬過突如其來的低點。畢竟，公司可能倒閉，但是黃金永留存。

不令人意外的，該全球基金穩穩地挺過了二〇二〇年的混亂期，因為現金和黃金這些「壓艙物」而屹立不搖。「這是個很典型的例子，證明你必須在下雨**之前**買好雨傘，」麥克倫南說：「你如果在暴風雨期間四處找雨傘，應該很難找到。因此，事先就擁有正確心態，這點至關重要。」其他人驚慌失措的時候，他成功地投資了價格受到影響的股票，「它們現在的價格高得嚇人。」他表示：「光是保守並不夠。其他人覺得不敢投資的時候，你必須願意投入現金。」

麥克倫南的韌性投資法，和一般投資人的行為形成了鮮明對比。為了避免一般投資人表現出來的「明顯行為缺陷」，他是系統性的移除脆弱的投資項目。比方說，他們太缺乏耐性，不願意等適合的買價出現。他們「租用」股票，而不是持有多年。他們沉淪於自大妄想，以為自己能預知未來，而不是看清楚自己在知識方面的局限。而且他們盲目地跳進狂熱風潮，判斷力被「羨慕別人賺大錢」和害怕錯過良機的恐懼所影響。

古雅典將軍修昔底德在兩千四百年前寫下的《伯羅奔尼撒戰爭史》（*History of the Peloponnesian War*），影響了麥克倫南認為人為何做出這種充滿自我毀滅的決策。麥克倫南說，雅典和斯巴達最後兵戎相見，是因為雙方都在「情緒激動的時候做出匆促又傲慢的決定」。他指出，與此相反的是耐性和謙卑，能在我們試著化解紛爭或建立財富的時候，提供性格方面的優勢。再強調一次，成功是來自你刻意地抗拒任何可能讓弱點增強的因素。

麥克倫南描述如何建立能讓人長期獲利的投資組合時，想起自己在澳洲長大的時候看著母親種菜。種菜總是會遇上問題，像是氣候乾燥、藤蔓枯萎，還有害蟲侵擾。他常常在想，她為什麼不直接放棄，任憑森林蔓生，或只保留一塊每星期割一次草的草地，這會輕鬆許多。但她三十年來的細心照料換來了出色成果。「時間一久，我看到的是一片逐漸成形的美麗菜園。美麗的菜園需要花時間的。它必須去蕪存菁，我認為這個比喻很適合投資。」

第一鷹全球基金很像那片菜園。艾維拉德在一九七九年接管這筆基金以來，世上發生了很多事：牛市、泡沫、通膨、戰爭、崩盤、危機，然後是一場全球流行病，但紀律十足的避險策略總是貫徹始終。結果是什麼？這筆基金在一九七九年的平均年報酬率是一二．四六％，而當時的MSCI全球指數是九・三五%。[8]如果你在一九七九年於第一鷹全球基金投入了十萬美元，這筆錢在二〇二〇年會成長至一二九四萬美元，而這時的MSCI全球指數也只有四〇五萬美元，差別將近九百萬美元。這就是複利的美妙之處。經年累月所建立的小小優勢，累積成了巨大的勝利。

矛盾之處在於，艾維拉德和麥克倫南是無心插柳柳成蔭。麥克倫南認為自己和艾維拉德的成功，是因為持續地專注於「降低風險」「除錯」，以及「謹慎地避開某些行動」。簡單來說，「因為沒輸，所以贏了」。

人生不簡單

話雖如此，通往繁榮之路並非毫無痛苦。已經退休的艾維拉德坦承，他從當年職涯差點出岔時，心裡就留下創傷。如今回想起來，他也為自己難以同時顧及工作和家庭而感到懊悔。他的工作「太耗費心力」，而且「有時候造成心理方面的痛苦」，結果他「忽略了」兩個女兒。他當初如果給女兒們更多關注，他是不是就不會成為這麼成功的選股人？「我沒有答案，也永遠不會有答案，」他說：「那個天主教神父說得沒錯，人生不簡單。」

儘管如此，他還是為自己的成就感到無比自豪。「給了我喜悅的，不是我做得比別人好，而是我取得的長期報酬遠高過一般的指數型基金。」他說：「在這種遊戲裡，數字不會說謊。」

和我們每個人一樣，麥克倫南也經歷過高潮和低潮。我問他熵定律和世事無常之類的因素如何影響他的人生，他答道：「噢，我在個人生活中接觸過這些因素。你知道，我曾有過妻子。」他們結婚多年後離了婚，育有三名子女。他後來再次墜入愛河，結了婚，有了第四個孩子，他給這個女兒取名為丁尼生（Tennyson），「就是那個詩人的名字」。

麥克倫南表示，他在事業和私生活方面常常發現，「強烈痛苦的時刻」之後是「新的開始」和「非常有利的機會」。比方說，一九九〇年代末期對他和艾維拉德這種價值投資人來說非常殘酷，「但是二〇〇〇年代初期是個黃金時期。所以，只要你挺得過去，前景一片美好」。

市場就和人生一樣，經常取決於我們能否走過低潮。

麥克倫南在高盛集團待了十四年，曾和華爾街最頂尖的一些人物合作。他一開始不禁好奇，那些高階主管是不是擁有與眾不同的獨特天賦。「隨著時間一久，我發現這些人的優點其實就是不放棄，繼續學習，持續改進，堅持不懈，而且願意熬過艱難時期。」他在頂尖投資人身上看到同樣的特點：「他們就是不放棄。他們每天都著迷於破解密碼」，而且有力量「承受

---

8 這個數字是從一九七九年一月算到二〇二〇年五月，不包括購買第一鷹全球基金所需的服務費。該基金在這四十年來的累積報酬是一二八四五%，而MSCI全球指數只有三九四五%。教訓是什麼？穩定的複利－災難＝大成功。

必定到來的失望期」。

麥克倫南知道未來會帶來更多麻煩、不確定和衰退，畢竟「熵定律是這個宇宙的鐵律」，但他認為自己是個「有見解的現實主義者」，而非悲觀主義者。「我相信人類的潛能，但不認為這條路是直線的。」他說：「這條路上有時候會出現紛亂。所以，如果把你的投資組合設計成能承受這些紛亂期，而不是冀望一切都會順利，那麼從長期來看，你更可能從這場人類的征途當中獲利。」

韌性的五大準則

讓我們稍微後退，試著在「如何強化我們的投資人韌性」這件事上，萃取葛拉漢、卡恩、巴菲特、艾維拉德，以及麥克倫南的幾個務實教訓。對我而言，有五個基本觀念是我絕不能忘掉的。

首先，我們必須敬畏不確定性。想想葛拉漢和卡恩在上世紀經歷過的動盪，你就會開始意識到失序、混亂、波動和晴天霹靂並不是系統裡的瑕疵，而是功能。我們沒辦法預測這些紛擾的時間點、起因或本質，但我們必須敬畏它們，為它們做好準備，才能減輕它們帶來的破壞力。怎麼做？找出且刻意地移除（或減少）自己的弱點。就像納西姆・尼古拉斯・塔勒布在

《反脆弱》寫道：「比起『預測可能危害某個事物的事件會不會發生』，更簡單的做法是『判斷這個事物本身是否脆弱』。」

第二，想獲得韌性，我們就必須減少或消除債務，避免過度舉債，而且留意昂貴開銷，如此一來，我們才不用倚賴陌生人的慈悲。你該對自己提出兩個重要問題：「我在哪些方面有弱點？我怎麼做才能降低自己的脆弱度？」假設你將所有的錢都放在同一個銀行、經紀商、國家、貨幣、資產種類，或是某種基金，這就可能像在把玩一把裝有子彈的手槍。如果夠幸運，你也許可以在短期內擺脫任何不良影響，但是隨著時日一久，不可預見的事件愈可能暴露你的弱點。

第三，別想著短期獲利或擊敗市場，而是應該把更多心思放在如何讓自己能「防震」，能避開財務崩潰，而且可以待在這個遊戲裡。在某種程度上，隨著經濟成長，生產力改善，人口增加，複利又發揮妙用，你的投資成果會自動增長。但是正如卡恩所警告的，我們不能忽視下行的風險。

第四，提防過度自信和自滿。亞里斯多德說過：「財富造就出來的人物，是個富裕的傻蛋。」就個人而言，我唯一能確定的是，我很情緒化、自大、自欺欺人，也很容易取笑別人做出的錯誤行為——包括習慣性地相信未來會和我最近才經歷的過去差不多。

第五，身為有見識的現實主義者，我們應該清楚注意到自己暴露於什麼風險，而且始終必須尋求安全邊際。但有個重要警告：不能讓危機意識害自己變得提心吊膽、悲觀或疑神疑鬼。尼采警告過：「凝視深淵太久，你也會變成深淵。」正如麥克倫南在疫情期間示範過的，韌性投資人所擁有力量、自信和對未來的信心，能在脆弱投資人不知所措的時候保握機會，一瞬間將守勢轉為攻勢。紛亂乃獲利之母。

第5章

簡約是複雜的極致

踏上漫長旅程，
尋找通往豐厚報酬的最簡單之路

我們的生活都浪費在一些瑣事上……簡化，再簡化。

——梭羅

這個偉大時代最大的矛盾之處，是周遭的世界變得愈複雜，我們就必須尋找愈簡單的方式來達成自己的財務目標……簡約確實是達成財務成功的關鍵。

——約翰．柏格

濕氣令我窒息。在這種炎炎夏日，就連最強悍的紐約客也會幻想著逃離摩天大樓之間的熱氣團。華爾街上各個心懷壯志的富豪穿著正式西裝，想必呼吸困難。

喬爾．葛林布雷（Joel Greenblatt）已經逃往這座城市的一百公里外，在他位於漢普頓的海濱別墅裡辦公。我們坐在他裝潢典雅的露台陰暗處，享受涼爽微風和壯麗的大西洋美景。這棟房子擁有游泳池、籃球場，還有一面裝有足球門的草地。兩塊衝浪板斜放在我們後方的牆上，海面波光粼粼。

葛林布雷套著牛仔褲和黑皮樂福鞋，沒穿襪子，袖子捲起，膚色被曬成古銅色，神情放鬆。他再過不久就要滿六十歲，但熱愛打網球的他看起來結實精瘦。投資業的巨頭並不是每位都擁有很強的社交能力，但是葛林布雷身為巨頭中的巨頭，態度迷人，笑容可掬。最重要的，是他散發一種低調的自信沉穩，你感覺得出來他已經不再需要一般人都想獲得的那種肯定。他對自己感到自在，知道自己有什麼成就，而這給了他安全感。

這點應該不令人意外，因為他確實成就非凡。葛林布雷取得的投資報酬率已屬於傳奇等級。一九八五年，才二十七歲的他創辦了高譚資本（Gotham Capital）公司，成立了一筆價值大約七百萬美元的對沖基金。一九八九年，他和羅伯特．高斯登（Robert Goldstein）合夥，兩人合作超過三十年。在最初的十年間，該基金每年的報酬率是五〇%（扣除開銷，但不包括手續費）。二十多年來，平均年報酬率是驚人的四〇%。按照這種報酬率計算，一百萬美元能成長至八．三六億美元。

五年後，高譚就把投資人一半的本金還給了客戶。十年後，高譚把剩下的資金還給了所有投資人，這樣葛林布雷和高斯登才能專心管理自己的財富。

大多數的基金經理人很容易被股東的情緒影響，但是葛林布雷和高斯登享有最終極的奢侈：不需要向任何人負責。

可以隨心所欲地追隨自己的好奇心，為葛林布雷開闢了一條無人能預測的路。很多頂尖投資人的興趣範圍很小，因為想獲得佳績就必須聚焦，但是葛林布雷過著多采多姿的豐盛生活。首先，他熱衷於家庭生活，他有太太、五個孩子和兩隻狗。他是個才華洋溢到令人嫉妒的作家。他出版了三本投資書籍，書中充滿他獨特的直腸子建議、無關緊要的笑話（比方說，「注意：世界上有三種人——會數數和不會數數的人」）、搞笑的俏皮話（他故意把 ipso facto〔根據已知事實〕寫成 ipso fatso〔根據大胖子〕），還有他年輕時的冒險故事、關於塑膠製成的狗狗嘔吐物，以及未成年時在賽狗場上押注。[1]

葛林布雷的第一本書《你也可以成為股市天才》，原本是寫給一般人看，卻成了對沖基金經理人的武林祕笈。他的第二本書《打敗大盤的獲利公式》，最初是為了讓他的孩子們能搞懂何謂投資，卻大賣了超過三十萬本，而且被邁克爾．普萊斯稱讚是「這五十年來最重要的投資

[1] 葛林布雷的俏皮話之所以好笑，是因為超級無厘頭。比方說，他在所著的《你也可以成為股市天才》的詞彙表裡加入了以下這段文字：「村子裡的頭號笨蛋：這個人花了二十四美元買了一本投資書，就以為能擊敗市場（純屬博君一笑）。」

書籍之一」。他的第三本書《不買飆股，年均獲利四〇%：在股市中永保獲利，你得「不做」哪五件事？》，則沒這麼暢銷。葛林布雷挖苦地說，現在「還是沒人知道」應該避免哪五件事，因為「沒人買來看」。

從一九九六年開始，他也在哥倫比亞商學院教授「價值與特殊情況投資」。截至目前為止，他訓練過大約八百名菁英企管碩士生，和他們分享了自己用於擊敗市場的知識框架。葛林布雷在授課的第一天會告訴學生，他要傳授的技能應該能讓他們成為大富翁，但也警告，追尋這種能力的社會價值，大概就和「能判斷哪匹馬背負了額外重量，還能跑第一」差不多。提醒學生牢記這項警告後，他要他們「找個方法，回饋社會」。

寫作和教書成了讓葛林布雷回饋社會的兩個有意義方式。這個領域充滿動機自私、可能對小老百姓造成財務影響的錯誤建議，因此他遵循了葛拉漢、巴菲特和霍華・馬克斯的傳統，傳授的投資智慧是經過實戰考驗的可靠能力。此外，身為慈善家的葛林布雷，也幫忙創立了四十五所免費的公立特許學校，在紐約市各地接納了一萬八千名學生。他們大多來自布朗克斯區和哈林區的低收入和弱勢家庭。

葛林布雷這幾年也開始繼續管理外界的資金。他和高斯登建立了各種長期和短期的共同基金，這跟他們之前獲得成功所採用的策略有著令人好奇又出乎意料的差異。擁有強烈企業家氣息的葛林布雷很喜歡開創新的事業，但他的野心並不是建立金融帝國來增加自己的財富。「我並不是反對賺錢，」他說：「但驅動我的並不是金錢。我有的錢已經夠多了。」

驅動他的，主要是遊戲玩家喜歡想出巧妙的辦法來獲勝。「最吸引我的，是『抽絲剝繭』

這項挑戰所帶來的樂趣，」他說：「因為世上每個人都試圖要找出答案，能解開這個謎團確實讓我覺得愉快。」

的確，我覺得葛林布雷算是某種「破解密碼者」，這種人就是會被「擊敗遊戲規則」的智力挑戰所吸引。

我想明白的是，他在試著破解市場密碼、智取競爭對手這三十多年發現了什麼。我很快就得知，他的策略的基本原則其實意外地簡單。

事實上，葛林布雷之所以是投資業的重要方針，是因為他就是有辦法把這個複雜的遊戲簡化成最純然的本質。舉例來說，我們有次在他位於曼哈頓中城區的辦公室談話時，他告訴我，成功選股的祕訣其實可以歸結成一句話：「判斷一個東西有多少價值，然後用遠低於該價值的價格買下它。」

投資這回事真的如此直截了當？我們拭目以待。

但先暫時轉個方向，解釋為什麼找出幾個大致正確的基本原則，這麼重要。之後，在葛林布雷和另外幾位金融巨頭的幫助下，一切會簡化成幾個明確的投資原則，這應該能幫助我們在接下來的幾十年間保持正軌。目標是什麼？在這個過度複雜的世界裡，我們都在尋找一條簡單、合理又可靠的路，能通往豐碩報酬。

隱藏於「複雜」另一面的「簡約」

我在一九七〇年代的倫敦長大時，電視上一共只有三個頻道可選。我至今依然記得，在一九八二年某個神奇的晚上，奇蹟般的「第四頻道」（Channel 4）降臨於我的祖國，該頻道保證會提供無窮無盡的電視饗宴。而現在，在二十一世紀的紐約，我至少有一百個頻道可選，卻懶得打開電視，只有每四年打開一次收看世界足球賽，卻每次都失望地看著英國隊慘遭淘汰。

我們常常以為，更多選擇能讓自己更快樂。這在某種程度上也許是事實，但不是只有我覺得這種額外複雜性令人不知所措。心理學家貝瑞．史瓦茲（Barry Schwartz）在《只想買條牛仔褲：選擇的弔詭》（*The Paradox of Choice: Why More Is Less*）中指出，先進國家的消費者常常在超級市場的貨架前愣住，因為架子上有二十四種美味果醬。

投資也一樣，大量選項會讓人頭昏腦脹。你應該買個股、ＥＴＦ、對沖基金，還是共同基金？主動式管理基金或指數型基金？你應該專注於某一種投資方式，還是混雜各種類型的策略，比如合理價格且增長的投資（Growth At Reasonable Price; GARP）、深度價值投資（deep value）、慣性投資（momentum）、宏觀投資（macro），或是市場中立（market neutral）？而且你該如何把資金分配給國內和海外股票、債券、現金，以及「另類」項目，比如私人股權投資、創業投資、不動產投資信託（ＲＥＩＴ）、黃金，還是豬腩期貨（pork-belly futures）？

從務實層面來看，「化繁為簡」是無比珍貴的能力。你稍微想一下《舊約聖經》，當中的戒律至少有六一三條。誰記得住這麼多規矩，更別提一一遵守？也許這就是為什麼我們需要「十大戒律」。但我試著寫下十誡的時候，只寫得出其中六條，還弄錯順序了。

話雖如此，我確實記得某件事：大約兩千年前，一位名叫希列爾（Hillel）的智者被要求能在單腳站立的時間內教導整本《舊約聖經》。他答道：「己所不欲，勿施於人。其他都只是註解。」整本《舊約聖經》只需要「Veahavta lereacha kamocha」這三個字詞來表達這條至高規矩，從希伯來文翻譯過來的意思是「你當愛人如己」。

同樣的，耶穌被問到哪一條戒律最重要的時候，他選擇化繁為簡，宣布：「你要盡心、盡性、盡意、盡力，愛主你的神，其次就是要愛人如己。」

我也很喜愛來自佛陀的這條簡約告誡：「諸惡莫作，眾善奉行，自淨其意。」做為人生的指導原則，這十二個字不就夠了嗎？與希列爾和耶穌一樣，佛陀似乎也明白我們這些平凡小人物一碰到複雜事物就容易陷入混亂，而最低限度的幾條簡單好記的路標，就能有效地指引我們走向涅槃。

在科學和商場這些較為世俗的領域，化繁為簡也是同樣重要的策略。舉例來說，科學家們常常引用「奧坎剃刀」法則，這來自十四世紀的英國修士兼哲學家奧坎的威廉（William of Occam）。他的原則是：「所有條件都一樣的時候，最簡單的答案通常是最好的答案。」

奧坎剃刀這個概念捕捉了一個重要見解：我們如果切除所有不必要的細節，就更可能找到正確答案。

愛因斯坦也同意：「撇開數學公式，所有物理理論在描述上都應該簡單得連小孩子也聽得懂。」據說原子核物理學之父歐尼斯特．拉塞福男爵（Lord Ernest Rutherford）也做出了類似的結論：「如果一則物理原理沒辦法讓酒吧女侍聽懂，它就不是好的物理學。」[2]

在許多最為成功的企業組織裡，簡約也扮演了重要角色。以Google的首頁來說，該頁面以商標為主，連同讓你輸入關鍵字的膠囊形欄位。也想想賈伯斯給蘋果產品帶來的流線型簡約優雅，這種靈感來自禪宗的極簡美感。就像賈伯斯常說的，他對簡約的堅持不是局限於設計層面：「我們營運整家公司、產品設計、廣告……一切的原則都是『簡單至上，愈簡單愈好。』」早在一九七七年，該公司的第一份行銷小冊上是一顆鮮紅蘋果的相片，底下的標語是「簡約是複雜的極致」。[3]

金融服務業**不喜歡**簡約，因此出現了一大堆令人困惑的「創新」，像是債務擔保證券、結構式投資工具，以及信用違約交換，最後這個玩意兒在二〇〇八年差點毀了全球經濟。已故的約翰．柏格在一九七五年創立了先鋒集團，在隔年建立了第一筆指數型基金，他在所著的《夠了》一書中指出：「金融機構是依據一種**逆奧坎剃刀**的方式運作。和簡單又便宜的方式相比，他們喜歡複雜又昂貴的方式，這與一般投資人的需要和欲求大相逕庭。」[4]

我在二〇〇一年訪問了柏格，他說自己的理論簡單得不得了：整體來說，低成本指數型基金會優於主動式管理基金，因為後者的營運開銷和交易成本比較高。「只要牽扯到金融中介機構，那種人就像賭場的荷官，它會從市場報酬裡扣掉很多錢，」他告訴我：「所以指數型基金**非贏不可**。這點並不複雜。」事實證明，針對指數型基金的數學優勢的淺顯見解，成效強大，先鋒集團的資產因此成長至六．二兆美元。[5]

極簡主義的另一位提倡人是喬希・維茲勤（Josh Waitzkin），他是西洋棋、武術和投資等多領域表現拔尖的專家。他以神童之姿成了全美西洋棋大賽冠軍，電影《天生小棋王》就是描

---

2 我很喜歡的一個簡約科學的例子，是「生活方式醫學」之父的狄恩・歐尼斯（Dean Ornish）醫師，他用八個字總結了自己研究健康與營養四十年的結論：「吃好，多動，少憂，多愛。」歐尼斯最近對我說：「你如果真的了解一件事，一輩子都在研究它，那你就能簡化它……簡化得只留精髓。而這麼做就是精髓所在。」我強力推薦他的傑作《還原：簡單的生活方式改變能逆轉大多數的慢性疾病》（*Undo It! How Simple Lifestyle Changes Can Reverse Most Chronic Diseases*），這本書說不定能救你的命。

3 據說這句話是來自李奧納多・達文西，但沒人確定究竟是不是他說的。

4 巴菲特在二〇一六年寫信給波克夏・海瑟威的股東們：「如果以後有人要豎立雕像，紀念為美國投資人做出最多貢獻的人，那人必定是約翰・柏格……約翰早年經常被投資管理業的人取笑，但時至今日，無數投資人投入的存款因他而獲得高報酬，遠高過他們靠自己投資所得到的成果。他在他們和我的眼裡都是英雄。」柏格於二〇一九年逝世。

5 柏格在一九七六年發起第一筆指數型基金時，總共吸引了一一四〇萬美元。他的目標只是想貼近整個市場的報酬率，有人覺得他這麼做是平庸無能。但是柏格明白一個重大事實：時間一久，主動式管理基金的經理人收取的昂貴費用會嚴重影響投資人的淨利。為了推銷「指數化」這種新穎觀念，柏格列出一張表格，描述每年一〇%的報酬率，能讓一百萬美元的投資在三十年後變成一七五〇萬美元。相較之下，投資人如果把錢交給主動式管理基金的經理人，每年得燒一・五%來負擔相關開銷（一〇%的報酬率因此下降成八・五%），一百萬美元在三十年後只成長為一一五〇萬美元。換言之，每年省下這一・五%的開銷，在意成本的投資人就可以多拿到六百萬美元。正如柏格對我說過的：「我就是知道投資的數學原理是永遠不滅的。」

述他的故事。他長大後，成了太極拳推手比賽的世界冠軍，也是對沖基金經理人的教練。他還寫了一本令人著迷的書：《學習的王道》。

依據自己身為世界一流表現者的經驗，維茲勤強調一個重要性：把複雜的挑戰拆解成簡單的環節。他在教棋的時候，會拿掉所有棋子，只留三個子（兩個國王和一個士兵），在降低了複雜性的環境下探索這個遊戲的基本原則。同樣的，他學習太極拳的方式是「慢慢鑽研最簡單的動作，像是在半空中把雙手推出十五公分」，執著地練習這種「簡化的動作」，慢慢內化整套武術的基本原則，比如「心靈、呼吸和身體之間的協調」。他表示：「使人達到顛峰的，很少是哪個神祕技巧，而是徹底地精通基本功。」

這個關鍵見解對最聰明的投資人也有幫助，畢竟「複雜性」可能是特別吸引聰明人的陷阱。他們在學校因為解答了複雜問題而得到獎勵，也難怪在碰上投資謎團時會被複雜答案吸引。但是金融市場和武術一樣，勝利不是看誰能展示複雜深奧的技巧，而是看誰熟悉某個遊戲的原則，精通基本功。就像巴菲特說的：「和簡單行為相比，複雜行為比較可能獲得商學院的獎勵，但是簡單行為更為有效。」

巴菲特自己就是化繁為簡的大師。他在一九七七年寫給股東們的信上，列出選擇任何股票的四大準則：「這家公司最好（一）是我們能理解的（二）擁有良好的長期前景（三）由正直又有能力的人經營，而且（四）股票價格非常吸引人。」你可能不覺得這些算是驚天動地的大祕密，但在「什麼樣的股票才算好」這件事上，我們很難推翻這些經過淬鍊的永恆真理。四十多年後的今天，巴菲特的四大篩網依然重要又有效。

一再令我驚訝的是，頂尖投資人能把多年所學濃縮成幾個關鍵原則。這麼做並不是過度簡化事物，或是假裝複雜事物和矛盾事物並不存在，而是把無數複雜又微妙課題的細節合成在一起，然後把它簡化成不能再簡化的精髓。這讓我想到（據說是）美國最高法院大法官奧利弗・溫德爾・霍姆斯（Oliver Wendell Holmes）說過的話：「我不在乎複雜事物中一目了然的簡單真理，但為了隱藏在複雜事物之中的簡單真理，我願意獻出自己的生命。」[6]

把投資簡化成幾個核心原則，這麼做為什麼有價值？首先，這強迫我們思索自己真心相信的事情。這些信念在動盪時期尤其有用，因為我們心中會充滿不確定、懷疑和恐懼。想想，我們在二〇二〇年的上半年感覺多麼混亂，當時新冠肺炎在美國就奪走了十萬條性命，害數千萬人失業，而且在幾星期內就造成股市下跌三分之一。

但我們在太平盛世也很容易偏離方向。有太多新聞使人焦慮，半桶水的業務員販賣劣質的投資產品，太多誘惑讓人想採取更熱門的投資策略或購買火熱資產，因為它們似乎讓其他人都賺了大錢。

然而，頂尖投資人擁有自我紀律，不會被這些事物影響定力。就像葛林布雷說的：「我有

---

[6] 尷尬的是，我懷疑霍姆斯其實根本沒說過這番話。但他在一九〇二年寫給喬治娜・波洛克女士（Lady Georgina Pollock）的信上說過類似的話：「我只在乎隱藏於複雜事物的簡單真理，而不是和它無關的簡單真理。我話就說到這兒。」

一套方法來看待事情對自己而言是否合乎道理。有道理，我就會不顧艱難險阻地堅持下去。就是這麼簡單。」

威廉・達諾夫的祕密醬汁

我在富達投資公司的波士頓總部採訪威廉・達諾夫（Will Danoff）時，更是清楚感受到堅守一套簡單的投資信條是多大的美德。達諾夫在外表上不算令人難忘，他是個態度親切的工作狂，門牙之間有隙縫，而且擁有黑色幽默感。他看起來比較像個模樣邋遢、睡眠不足的中階主管，而不是宇宙的主宰。儘管如此，他在一九九〇年接管了富達信託基金之後，把它建立成了一一一八億美元的巨獸，成為全美國由一個人管理的最大主動式管理基金。他管理的所有基金加起來超過兩千億美元。

管理這麼龐大的基金，想表現得比市場出色，是出了名的困難。但我們在二〇一七年見面時，達諾夫已經是個出類拔萃的人物，因為他在一年、三年、五年、十年和二十七年間都領先了標準普爾五百指數。我急著找出他的祕密醬汁裡究竟放了什麼原料，但他只用六個字就把整套投資哲學做了總結：「股價跟隨盈餘」。

他秉持這個原則，努力尋找他認為「能在五年後成長得更大的一流公司」。為什麼？因為如果一家公司在未來五年間的每股盈餘能翻倍，他相信該公司的股價也可能翻倍（或多或少）。一般人會推翻這種推論，因為它聽起來太過簡單。但別忘了：投資不像奧運跳水，後者的裁判們會給困難動作額外加分。

達諾夫為自己努力預測盈餘成長而感到自豪。不同於這本書裡提到的其他投資人，他甚至不太擔心估值水準，除非數字到了「太誇張」的程度。他問：「你想為股東們贏得這場遊戲、買進好公司？有時候，想買進好公司，你就必須付出合理的價格。」

這種心態讓他買進了大量管理良好的強勢企業股票，包括波克夏・海瑟威（從一九九六年開始就成了大型控股公司）、微軟、Alphabet（Google在二〇〇四年首次公開募股時，他就成了最大的投資人之一，而且持股至今）、亞馬遜（他投資最大的公司），還有臉書（他在首次公開募股那天是最大的買家之一）。「道理其實很簡單，」他說：「我在投資方面的態度是，何不投資最好的公司？」

為了說明這種邏輯，達諾夫向我展示一疊沾染咖啡漬的破舊筆記，裡頭是他這三十年來和數萬家公司開會的部分紀錄。他抽出自己最喜歡的一份備忘錄：寫了雜亂字跡的兩張紙，是他和霍華・舒茲（Howard Schultz）見面的紀錄，舒茲這個願景家讓星巴克成了全球品牌。他們兩人是在一九九二年六月見面，星巴克在那一星期後上市，當時的市場價值是兩億五千萬美元。現在，星巴克的價值是一千兩百億美元。

達諾夫看著那場會議的筆記，對我說：「你需要知道的一切都寫在這裡。這在當時是個巨大機會。」舉例來說，舒茲當時指出，光是在義大利就至少有二十萬家咖啡館，相較之下，星巴克只有一百三十九家店。但是這個來自西雅圖的公司當時正在積極地向其他城市擴張，每家分店的成本不算高，大約二十五萬美元。每家店在第三年能產生十五萬美元的利潤，報酬率是初期投資的六成。達諾夫表示，「重點是，每家店的報酬率都相當高」，所以該公司「能快速成長，並不需要外在資助」。

達諾夫說他第一次見到舒茲的時候其實並不欣賞對方，但是星巴克日後將成為富達信託基金最大的投資項目之一，也清楚證明為什麼「長期投資於獲利極高的公司」是充滿價值的舉動。達諾夫指向一幅描述該公司二十年來優秀表現的圖表：這二十年來，該公司的每股盈餘每年成長了二七．四五％，其股價每年飆升二一．三二％。同一期間，標準普爾五百指數的盈餘每年成長八．四％，指數每年只有上升七．九％。

達諾夫用一根指頭撫過圖表上的上升線條，問我這幅圖傳達了什麼訊息。我答覆：「股價遲早會跟著盈餘走。」他睜大眼睛，對我綻放開心的笑容：「一點也沒錯！完全正確！它就是我學到的教訓。**股價跟隨盈餘！**」

這條最高指導原則，聽起來沒有多麼了不起，但是達諾夫的優勢在於他向來堅持「不把事情搞得太複雜」。他的朋友比爾．米勒是最有見解的投資人之一，米勒說達諾夫只把心思放在最重要的問題上，而不是糾結於抽象的細節：「威廉有次謙虛地對我說：『聽著，我不算聰明人，這個世上有很多情報，所以我在觀察一家公司的時候，我會自問，這家公司的狀態是愈來愈好，還是愈來愈糟？如果是愈來愈好，我就會想一探究竟。』」

米勒也學會「簡化投資過程」的重要性：「我正在試著去除一些自己以前做過、不必要的部分。」比方說，他以前為了試著分析每一家公司的複雜之處，會建立複雜的財務模型。「我再也不這麼做了，因為這實在太愚蠢，毫無意義。」相反的，他把心思集中在自己認為會影響這家公司的三、四個重要議題上。「每一家公司都有幾個關鍵的投資變數，」他說：「而其他事情都只是雜音。」

這樣的模式太清楚明顯了。葛林布雷、巴菲特、柏格、達諾夫，還有米勒，都用自己的方式尋求簡約，我們也應該仿效。**每個人都需要一套投資策略，它永遠有效，簡單又一致，而且是自己能理解並堅信的，我們才會無論好壞都堅守下去**。後文會再次提到這個觀念，因為它真的很重要。但就目前而言，我們先繼續探索葛林布雷的想法，弄清楚他是如何解開投資之謎。

效率市場、瘋子和炸藥

一九七〇年代末期，葛林布雷在華頓商學院修學士學位的時候，他的教授們堅稱「嘗試擊敗市場」這種想法根本沒有意義。依據「效率市場假說」，股價反映了投資人能獲得的所有訊息。他們認為，理性的買家和賣家之間的互動，使得股價有效地反映了其合理價值，意思就是「尋找超值股」是浪費時間。

這項理論在學術上無懈可擊——證明了群眾的集體智慧。更重要的是，這套理論有個正面效應：它吸引了許多一般投資人購買指數型基金。這套理論是建立在一個令人洩氣卻符合現實的想法上：既然你沒辦法擊敗市場，那就該想辦法用最低成本來取得市場的標準報酬。對大多數的投資人來說，指數化投資是最合理、也最簡單的策略。

但是葛林布雷並不相信教授們說的這一套。「我對他們所說的效率市場有種強烈反應，」他說：「我覺得這套理論並不合理，因為它不符合我在報紙上看到的新聞。」

首先，在每年的五十二個星期裡，他看得出來股價總是起起伏伏。如果一支股票在二月值五十美元，但在十一月漲到九十美元，這兩個極端不同的價格，怎麼可能表示它定價合理？而且這要如何解釋「漂亮五十」指數之類的股票突然變得炙手可熱？舉例來說，寶麗萊在一九七二年的股價是一百五十美元，但在一九七四年是十四美元，這是所謂的「無所不知」的群眾給它定的合理價格？他總覺得可能性很低。

葛林布雷也注意到，整個市場會不穩定地從某個極端傾向另一個極端。一九七二年至一九七四年之間的美好漲勢和可怕崩盤，傳達了他在職業生涯上經常見到的波動性。他指出，標準普爾五百指數在一九九六年至二〇〇〇年之間漲了一倍，在二〇〇〇年至二〇〇二年之間跌了一倍，在二〇〇二年至二〇〇七年之間漲了一倍，在二〇〇七年至二〇〇九年之間跌了一倍，在二〇〇九年至二〇一七年之間漲了三倍。股市高漲、下跌或崩盤的時候，投資人都是合理又有效地決定股價？還是他們的理性程度遠比學術理論家所認為的更低？

一九七九年，葛林布雷以優異成績畢業，進入華頓商學院的企管碩士課程，但他的正規教育沒能解開這些市場謎團。他修了一堂投資管理課，但沒能在「二項式參數規畫」這種深奧科目裡找到啟發。但他確實達成了一個讓他與眾不同的成就：「我成功地在課堂上拿到最低分。」

救了葛林布雷的是《富比士》。在華頓商學院的第三年，他看到一篇簡短的報導，關於葛拉漢如何找出超值股。他因此開始閱讀《證券分析》和《智慧型股票投資人》，他說這兩本書是他「在學校學到的理論的反面論述」。葛林布雷表示，葛拉漢對市場運作的觀點「無比簡單又明確，「這讓我非常興奮」。

最重要的是，葛拉漢教了他一個能改變人生的教訓。葛林布雷表示：「股票是買家擁有一家公司所有權的分量，而你是估計這家公司的價值，然後試著以低於票面的價格買進。」因此，關鍵重點就是找到一家其**價格**和**價值**之間有著龐大差異的公司。這個差異能提供安全邊際，也是葛林布雷（還有葛拉漢和巴菲特）認為投資業中最重要的觀念。

你一旦意識到自己的任務就是估計一家公司的價值，而且用遠低於該價值的價格買下股票，這會讓你感到非常自由。「如果你能這麼簡單地看待它，並謹記這種簡單，它就會非常迷人，幾乎會讓你看到的其他理論都顯得愚昧。」葛林布雷說：「它完全改變了我從其他人身上學到、如何看待這個世界和市場的理論。」

許多投資人很容易被新聞影響，比如對歐洲經濟造成威脅的希臘債務危機。但是葛林布雷說：「我看待這種事件的方法是，如果我在美國中西部擁有連鎖店，會因為希臘出了問題而急著用半價賣掉我的連鎖店嗎？當然不會！可是人們會在新聞上看到這種報導，而且每個人都在意。如果你懂得自問：『這個新聞究竟重不重要？』這會非常有幫助。」

的確，你會開始意識到，投資業裡有許多人投入毫無意義的愚蠢舉動。華爾街經濟學家和市場策略師喜歡武斷地指出當前是宏觀經濟的順風或逆風，但是沒有人能可靠或準確地預測這種局勢。媒體名嘴喜歡分析無意義的短期價格隨機波動的重要性。經紀公司的分析師會浪費時間計算下一季的企業營利究竟是什麼數字。這種荒謬的猜測遊戲對成功的長期投資人來說，毫無意義。

此外，學術家喜歡教授複雜的數學公式，使用一些複雜難懂的詞彙，像是夏普比率、索提諾比率、alpha、beta、M2測度，還有其他一大堆深奧觀念，彷彿能用科學方式精準地測量混亂的市場。投資顧問利用這些浮誇的觀念來說服客戶相信，他們的投資組合需要時常微調。巴菲特說，這些販賣複雜觀念的昂貴小販是「華而不實的幫手」，他們提供的「建議通常是複雜難懂的胡言亂語」。

相較之下，葛拉漢以簡單又清楚的方式描述「市場先生」。他用一個簡單的比喻來描述這個頭腦糊塗的角色，藉此說明何謂投資。在《智慧型股票投資人》一書中，葛拉漢要讀者想像自己擁有一家私人企業的一千張股票。每一天，你的搭檔——親切有禮、但欠缺理性的市場先生，會展示這些股份的估計價值。這位先生說出的價格，會因為他在當天多麼興奮或恐懼而改變：「他說出高得荒唐的價格時，你會樂意把股票賣給他。當他說出很低的價格時，你同樣也很高興地從他手裡買走股票。」至於其他時候，你可以坐下來慢慢等市場先生再次失去理性、向你展示你無法拒絕的另一筆交易。

換言之，市場並不是一個能可靠、一致地訂下合理價格的高效率機器，而是一場充滿錯誤和愚行的鬧劇。「有人既瘋狂又情緒化，」葛林布雷說：「他們買賣東西是出於情緒而非理性的方式，而這就是為什麼我們有投資機會……所以，你如果有一種充滿紀律又理性的辦法來估計一家公司的價值，應該就能利用其他人的情緒。」

這提出了一個不言自明卻重要的問題：**你是否懂得如何估計一家公司的價值？**

不管你的答覆是什麼，都沒什麼好覺得光榮或丟臉的。但是你我需要誠實地回答這個問題，因為在高空跳傘和篩選股票這類的極限運動上，「自欺欺人」是代價高昂的習性。「只有少數人懂得如何估計一家公司的價值，你如果沒有這種能力，就最好別靠自己投資。」葛林布雷說：「你如果沒辦法判斷某家公司的價值，又怎麼有辦法做出智慧型投資？」[7]他補充道：「大多數的人應該選擇指數化投資，因為他們根本不了解自己在做什麼。」

我本身並沒有估計企業價值所需的技術能力、耐性或興致，所以對我來說，理性的決定是把這項差事交給更適合這份工作的專家。這種「自我克制」應該能幫我避開很多痛苦。就像葛林布雷在《打敗大盤的獲利公式》中做出的觀察：「選擇個股，但你根本不知道自己在找什麼，這很像拿著燃燒的火柴跑進炸藥廠。你也許能活下來，但還是個傻子。」

就算明明知道最好別這麼做，但每隔幾年我都會忽視這項警告，去購買個股。我目前擁有

---

[7] 你如果想提高看懂財務報表和損益表的能力，葛林布雷建議以下書籍：葛拉漢的《葛拉漢教你看懂財務報表》、詹姆斯．班德勒（James Bandler）的《如何使用財務報表》（*How to Use Financial Statements*），以及約翰．崔西（John Tracy）的《財務報表這樣看就對了》。

三支股票，其中一支是波克夏．海瑟威，打算長期持有。我喜歡對自己說：「我還算熟悉這個領域，這筆長期投資買得值得」，但有個難以辯解的事實是，我也買了一家礦業與物業公司的少數股票，這是有個著名投資人（我就不公開此人的名字了）推薦我買的。它表現得如何？目前為止，它下跌了八七％。就目前來說，我把它當成一個痛苦的紀念品，讓自己記得別拿著燃燒的火柴衝進炸藥廠。我買的第三支股票是Seritage Growth Properties，這是我向莫赫尼什．帕布萊複製而來的反向投資策略，買進的時間點是商業房地產業在二〇二〇年崩盤的時候。

根據一家公司的本質，葛林布雷會組合使用以下四個標準的估值技巧：

- 方式一：進行「現金流量折現分析」，計算一家公司的預估未來盈餘淨現值。
- 方式二：拿這家公司和類似企業的價格比較，來判斷該公司的「相對價值」。
- 方式三：評估這家公司的「收購價值」，判斷一個理性的買家會願意出多少錢買下。
- 方式四：計算該公司的「清算價值」，分析它如果結束營業，賣掉資產會值多少錢。

這些方式都不精確，而且本身都有局限性。但是葛林布雷依據的原則是，如果一支股票夠便宜，它的上升潛力就會遠高過下行風險。「購買超值股」這項重要觀念本身就是化繁為簡，但是執行過程並不簡單，因為它牽扯到一些複雜觀念，像是（大略地）預測一家公司的未來盈餘和現金流。這讓我想到蒙格有次和霍華．馬克斯共進午餐時，以刻薄口吻說道：「這種投資本來就不容易。只有蠢蛋才會覺得容易。」

葛林布雷堅稱自己的估值能力只能算「一般」。他的優勢主要來自有能力把在市場看到的一切「情境化」，放進一個連貫的架構裡。葛林布雷對這套架構非常有信心，因此他曾向在哥倫比亞大學的學生們承諾：他們如果能夠合理地估計一家公司的價值，用遠低於其內在價值的價格買下該公司的股票，並耐心地等當前價格和估計價值之間的差距縮小，市場就遲早會給他們獎勵。[8]

但重點是，沒人知道價格和價值之間的差異要花多少時間才會縮小。儘管如此，他說：「我深信，在九〇%的案例上，市場會在兩、三年裡看出這個價值。」

這指出了一個基本的真理，也是金融世界裡最可靠的定律之一。從短期來看，市場欠缺理性且經常錯估股價，但從長期來看，市場理性到令人意外。「總有一天，」葛林布雷說：「市場先生會做出正確判斷。」

[8] 巴菲特在寫給波克夏・海瑟威股東們的《股東手冊》中解釋：「內在價值是非常重要的觀念，能讓投資人以合理方式評估一筆投資和一家公司相對來說是否吸引人。內在價值的定義其實很簡單：一家企業還能繼續經營下去的時期，可以拿得出的現金折現價值……時間一久，股價會受到內在價值影響。」

不公平的賭局和醜小鴨

葛林布雷離開華頓商學院後，進了史丹佛法學院，主要是為了避免找一個正職。他在那裡待了一年後休學。和他同齡的人多半都步上一般人會走的路，成為企業律師或投資銀行家。但他不喜歡每星期花一百小時在一個沒有臉孔的龐大公司裡，追尋一般的職業生涯，而是想找到一個有趣的方式能讓他「因為聰明點子而拿到錢，而不是每天上班打卡」。

在那段日子，他在貝爾斯登公司（Bear Stearns）獲得了暑期打工的機會，進入了一個相對全新的領域：選擇權交易。他回想：「我當時做的是無風險的套利交易，每天做的事就是跑進交易樓層，從印表機裡拿出列印文件，然後跑回我的辦公桌，查看列印文件，尋找有沒有我能拿來交易的異常情況。」利用賣權（put）和買權（call），他能獲得毫無虧損風險的「自動利潤」。他說：「這讓我看見了華爾街充滿多少可能性。」

葛林布雷向來對賭博很著迷。他在十五歲的時候發現了某種見不得光的樂子：溜進賽狗場，選隻獵犬，押個兩美元的賭注。他的腦子就是為下注而生。「我喜歡計算機率，」他說：「無論刻意與否，我會計算每一筆投資的勝算。上升潛力有多大？下行風險有多大？」我提到所有頂尖投資人似乎都會計算機率、謹慎評估不同後果的可能性，他答道：「我認為，想當個優秀的投資人，就必須習慣這樣思考。」

接下來的三年，葛林布雷以分析師的身分進了一家新創投資公司，在併購案的公司上進行

「風險套利」的賭博。他很快意識到，這種遊戲的勝算太低。他表示，如果併購案成真，「你能賺點小錢」。但如果併購案突然告吹，「你就會虧大錢」。這和葛拉漢購買超廉價股票的策略「完全相反」，「透過那種投資方式，虧損的是小錢，但賺的是大錢。這才是良好的風險收益率」。

在一九八五年，葛林布雷創立了高譚資本公司，打算應用他從葛拉漢身上學到的原則。葛林布雷一開始的資本有七百萬美元，大多是由外號「垃圾債券之王」的麥可．米爾肯（Michael Milken）提供。這兩人是透過葛林布雷在華頓商學院的一個同學介紹而認識。據說，米爾肯待在德崇證券（Drexel Burnham Lambert）四年間賺了超過十億美元，所以他覺得，在一個充滿潛力、但缺乏實戰經驗的二十七歲青年身上押點賭注，不算多大風險。[9]

葛林布雷表示，他在高譚公司進行的投資策略，「賺錢不是靠冒險，而是進行不公平的賭博」。意思就是，只有機率對自己極為有利的時候，他才會投資。雖然每一筆投資的細節都不太一樣，但他總是尋求「不對稱」的勝算，意思就是他「就算虧也不會虧很多，但如果賺就能賺不少」。他開玩笑地說：「只要不虧錢，那麼其他後果都算不錯。」

[9] 葛林布雷當時不知道的是，米爾肯相當魯莽與不智。一九九〇年，米爾肯對六項證券和稅務罪名認罪，後來在和解與罰鍰金額上付了超過十億美元。他雖然在牢裡待了二十二個月，但保住了財產；根據《富比士》的報導，他現在的身價大約有三十七億美元。在二〇二〇年，米爾肯得到具有爭議性的總統特赦。

不公平的賭局雖然少見，但葛林布雷只需要贏幾次就行。一般來說，他會把八〇%的基金投入六至八筆投資項目，這是高度集中式的投資。「好機會很少見，」他解釋：「我尋找的是所謂的低跨欄比賽，也就是做足功課的人會投資的項目。」

他因為風險套利的經驗，所以專精於一般投資人會忽視的「特殊情況」，包括公司分拆、裁員，以及破產所造成的「孤兒股」。他也購買有「流動性約束」的小盤股，因為大規模的機構投資人很少碰這種股票。他表示：「在冷門的地方，或是一般人不會留意的特殊情況裡，比較容易找到超值股。」

葛林布雷喜歡在這些「冷門之處」尋找投資目標，因為他從不讓自己的資金變得膨脹。他說：「我們原本可以毫無限制地募款，但這樣報酬率就會下降。」一九九四年，高譚公司的資產來到大約三億美元的時候，他歸還了所有的外部資本。也因此，他的基金維持了足夠的靈活度，能投入任何領域。

的確，我問他如何解釋高譚公司的成功，他提到的第一個因素是「我們維持了小規模經營」。第二個因素是，他的投資組合非常集中，所以「我唯一需要做的就是尋找新的點子」。第三個因素是什麼？「我們還挺幸運的。」他解釋，這些年來，高譚公司幾乎沒碰上多少災難，他覺得部分原因是好運。「我也很討厭虧錢，」他補充道：「所以在買進任何投資項目之前，真的都先設定了很高的門檻。」

葛林布雷的「挑三揀四」策略，意思是他總是拒絕「看起來不錯但不到很棒」的股票。同樣的，他如果很難估計某一家公司的價值，就會乾脆放棄。

「我想讓事情維持得簡單，」他說：「也許是因為我比一般人還懶惰一點。或者可以說，我試著尋找低障礙而非高障礙的投資項目。」

但市場偶爾把一個肥美的投資項目擲向他的打擊圈時，他也會毫無猶豫地全力揮棒。其中一個珍貴禮物，是由金融天神在一九九三年賜下，葛林布雷說那是個夢幻般的投資項目，「幾乎應有盡有」。

一九九二年十月有個消息：萬豪國際集團將一分為二。葛林布雷說，該公司因為房地產不景氣而陷入困境，「他們蓋了一大堆旅館，但是賣不掉」。斯蒂芬．博倫巴克（Stephen Bollenbach）是金融業的巫師，才剛讓川普的賭場和酒店王國起死回生，他空降來到萬豪集團，進行另一次企業救援。

萬豪集團有兩門生意，一個是美麗的天鵝，另一個是醜小鴨。美麗的生意是為其他公司管理旅館，這帶來豐厚且可預測的收入。醜陋的生意是建造並擁有旅館，這造成了沉重債務。博倫巴克提議動個大手術：切割這兩門生意。

美麗的部分將成為新的公司：萬豪國際。萬豪國際集團八五%的價值，將被巧妙地重新包裝在這個乾淨、沒有債務的分拆公司中。與此同時，賣不掉的諸多酒店，連同二十五億美元的債務，將被倒進另一家公司：萬豪酒店，這個醜陋的棄兒將充滿沒人想碰的有害垃圾。美麗的天鵝（萬豪國際）能自由地泳向夕陽，任憑醜小鴨（萬豪酒店）慢慢溺水。至少表面看起來是這樣。

葛林布雷知道沒人願意花時間分析萬豪酒店，更別說投資。「它看起來實在很糟，」他說：

「欠了很多債，狀況很差，從頭到腳沒有任何優點。」

此外，就算機構投資人願意忍受惡臭，但它的規模對一般的機構投資人來說也太小。萬豪國際集團現有的股東，會在分拆結束後拿到萬豪酒店的股票。但是葛林布雷確信他們會急著賣掉這些股票。所以他做了什麼？瞄準醜小鴨。

他表示：「想要找到物美價廉的投資項目，就是在其他人不想要的資產裡，尋找隱藏其中的價值。」

萬豪酒店其實沒有看上去這麼糟，其中一個線索是：經營萬豪酒店的人會是博倫巴克（設計出這套邪惡計畫的人）。如果萬豪酒店注定會破產，這個精明的生意人又為何願意接管這個事業？事實證明，有許多獎勵讓他願意試著讓這家企業起死回生。此外，萬豪家族將擁有萬豪酒店二五%的股份，所以一些有見識的內部成員非常想看到它成功。

葛林布雷仔細分析了這家公司，發現它的價值其實很高。沒錯，裡頭還是有許多「很糟的不動產」，包括一些還沒蓋完的酒店，但有些資產很有價值，包括機場餐廳協議和幾筆沒欠債的不動產。

最棒的是，股票便宜到不行，每股大約四美元而已。他的估計是，光是那些無負債資產就值每股六美元，而且負債累累的子公司也可能有價值，只要運氣改變。「這種不對稱關係非常吸引人，」他說：「我只花四美元就能買下價值六美元的無負債資產，還能順便擁有其他資產。就算子公司毫無價值，我還是只花了四美元就買下了價值六美元的東西。」

因此，葛林布雷把自己**將近四成**的資金投入萬豪酒店。這是令人屏息的大膽舉動。他買的可是負債累累、奄奄一息的公司，但是他看到了其他人所忽視的：一場令人難以抗拒的不公平賭博。

就像葛拉漢教過他的，最重要的是安全邊際。如果你買的股票價格遠低於其內在價值，其他投資人遲早會發現這點，價格因此升高。葛林布雷說：「我認為自己在這筆買賣上不可能虧多少錢。」這就是為什麼他下了這麼積極的賭注。「選擇投入多少資金，判斷的方式是看你冒的風險有多大，」他表示：「**我多買進的，並不是最能讓我賺錢的項目，而是不可能讓我虧錢的項目。**」

所以接下來發生了什麼事？在一九九三年秋季，萬豪酒店開始以獨立公司的身分進行股票交易。在短短四個月裡，這隻醜小鴨令人跌破眼鏡，振翅高飛，讓葛林布雷投入的錢賺了三倍回來。葛林布雷沒想到這場賭博這麼快就成功。「這是運氣，」他說：「但我們做好了讓自己好運的準備。」

在我扯太遠之前得先承認，他這場投資的「執行」並不簡單。首先，葛林布雷買的是優先股，這讓他在公司倒閉的情況下能獲得額外保護。他也用了「買權」來建構這場賭局。更重要的是，這麼做需要冷靜的理性腦袋、獨立思維，還有過人的膽量，才敢把這麼多錢押在一家飽受批評的公司上。儘管如此，這背後的原則確實再簡單不過。還記得嗎？**「判斷一個東西有多少價值，然後用遠低於該價值的價格買下它」**。

價廉＋物美＝聖杯

葛林布雷的投資方式持續進化，部分原因是他看到巴菲特如何升級強化葛拉漢的「買進估值過低的股票」策略。葛林布雷解釋：「巴菲特加入了一項簡單的小變化，結果成了世上最有錢的富翁之一。**能買到便宜貨是好事，但能買到便宜的好貨就再好也不過。**」

巴菲特在早期能賺到大錢，是靠買賣廉價的平庸公司，但隨著他的資產增長，他需要一項更具拓展性的策略。在蒙格的影響下，巴菲特開始進行他所謂的「用合理價格買進美好的公司」，而且永久持股。一九八八年，波克夏花了六億五千萬美元投資可口可樂，付出了看似天文數字的價格。⑩但事實證明，這種價格便宜到像是偷來的。為什麼？因為可口可樂公司成長幅度驚人，擁有永續的競爭優勢，而且投入的資本能換來高報酬。十二年後，波克夏投入的資本賺了十倍回來。

葛林布雷研究了巴菲特的投資方式，因此更清楚了解什麼是「美好的公司」。穆迪公司在二〇〇〇年分拆時，就出現一個最好的範例：一家原本屬於鄧白氏公司（Dun & Bradstreet）的信貸評級機構。葛林布雷說：「在當時，穆迪公司的價格看起來不便宜。」但他和高斯登研究巴菲特購買可口可樂股票的方式後，進行了完美的複製，判斷穆迪公司是否也值得他們花錢。他們做出結論：它可能是他們見過最棒的公司。

穆迪公司和另一家企業是一個高利潤利基市場的主要公司，而且進入這個市場的門檻很高。大約二十年間，該公司的營收每年成長一五%。可口可樂的投入資本回報率雖然很高，但是穆迪公司不需要新的資本投入也能繼續穩健地成長，只需要花錢添購幾張辦公桌和幾部電腦就行。葛林布雷保守估計，穆迪能在十年間維持每年一二%的成長。問題在於，該公司的股價是預估本益比的二十一倍。但他思索巴菲特花了多少錢投資可口可樂，意識到穆迪公司的股價「還是相當便宜」。

還有誰也注意到這支超值股？巴菲特。他買進穆迪公司一五%的股份，在二十年後依然持有其中大部分。他花了兩億四千八百萬美元買下的股票，在二〇二〇年價值將近六十億美元。相較之下，葛林布雷把賺到的利潤重新投入更廉價的股票。「我們幾乎每次都是太早賣掉自己買進的股票。」他說：「如果你在買股票這方面不喜歡花大錢，就會很難接受某一支股票漲了兩倍或三倍，就算它還是很值得買進。」

葛林布雷身為教授兼作家，總是要求自己用更明確的方式，說明他釐清的投資之道。他說，這個過程「對我來說非常有幫助，能讓我用很簡單的方式歸納出自己究竟一直試圖做什麼事。而且歸納到後來，答案愈來愈簡單」。他逐漸意識到答案就是：**用低廉價格買進好的公**

⑩ 至一九九四年為止，巴菲特持續買進可口可樂的股票，總共投入了大約十三億美元，他說該公司是「這世界上最棒的大型企業」。

司。這也符合葛拉漢和巴菲特的投資精髓。

葛林布雷的職涯提供了大量的軼事證據，證明了這是贏得投資遊戲的聰明辦法。但他想更明確地證明自己已經破解了致富密碼，因此在二〇〇三年開始了一項研究計畫，後來總共花了他大約三千五百萬美元。他的任務是：證明「物美價廉的公司」能產生龐大報酬。

他雇了一個「電腦阿宅」來處理龐大數據，讓他可以探索這些公司過去的表現。葛林布雷需要一個更便利的方式來測量「價廉」和「物美」，所以選了兩種指標來粗略評估這些基本特質。首先，物美價廉的公司應該擁有高收益率，顯示它雖然股價便宜，但可以產生龐大收益。其次，它的投入資本回報率應該夠高，這樣才能證明它可以有效地把固定資產和營運資金轉換成收益。[11]

接著，電腦阿宅分析了三千五百家美國公司的股票，並依據這兩種指標來排名。綜合分數愈高的公司，應該就是能力中上、股價低於平均值的企業。葛林布雷想知道，如果有個投資人買進其中三十支股票，在一年後賣出，再買進另外三十支這類高排名股票，會有什麼結果。他在該研究中認定這種過程每年都會重複一次，並以系統性的方式投資於物美價廉的公司。[12]

這種歷史回測調查的結果讓葛林布雷感到「相當驚訝」。從一九八八年到二〇〇四年，這種策略的平均年報酬率是三〇・八%，而標準普爾五百指數的平均年報酬率只有一二・四%。按照這種報酬率，十萬美元將成長至超過九百六十萬美元，而標準普爾五百指數大約只有七十三萬美元。這種選股策略只採用兩種指標，卻徹底打敗了大盤。這證明了「化繁為簡」的力量。

葛林布雷把這項研究成果寫成了他的小小傑作：《打敗大盤的獲利公式》。在談笑之間，他說明如何「只用兩個簡單工具就能大勝頂尖投資專家」。他解釋：**「你如果想成為股市大師，該做的就是堅持買進好公司的股票（高資本報酬率的公司），而且只用低廉價格買進這些股票（能讓你獲得高收益率的價格）」**。

他把這種擁有兩種致勝特徵的組合稱為「神奇公式」（magic formula）。

⓫ 葛林布雷在該研究中評估收益率的方式，是計算「息税前利潤」（EBIT）和「企業價值」（股權市場價值＋淨附息債務）的比率，也就是「息税前利潤」除以「企業價值」。他評估資本報酬率的方式，是計算「息税前利潤」和「投入的有形資本」（淨營運資本＋淨固定資產）的比率，也就是「息税前利潤」除以「淨營運資本＋淨固定資產」。為了簡化，他在計算中是使用最近十二個月的收益相關數據。

⓬ 處理數據的這項工作實際上更為複雜。舉例來說，葛林布雷的團隊測量了「神奇公式」投資組合在一九八八年至二〇〇四之間一百九十三個時期的績效，比如一九八八年一月到一九八九年一月，一九八八年二月到一九八九年二月……以此類推。這些測量得到了許多驚人成果，他們發現這套神奇公式投資組合在三年間的一百六十九個時期當中，全都擊敗了大盤。

你相信神奇魔法嗎？

但是有一個問題：大多數的投資人都沒辦法成為股市大師，就算你幫他們解決了所有數學難題，甚至列出了一套神奇公式給他們看。

《打敗大盤的獲利公式》於二〇〇五年出版後，葛林布雷開始意識到，想執行他推薦給讀者的計畫是多麼困難。他和自己的孩子們試著如法炮製，但發現想同時追蹤多筆交易是多麼麻煩。他表示：「好幾百人寫了電子郵件給我，說：『嘿，謝謝你寫了那本書，可是你能不能直接**幫我**做投資？』」他也擔心有些讀者會在投資時傷到自己，因為他們可能使用從網路上找到的不可靠企業數據，或在試著應用他的神奇公式時做了錯誤計算。如果這些錯誤造成他們選錯股票，他反而傷害了自己想幫助的人們？

葛林布雷的解決之道，是架設「www.magicformulainvesting.com」這個使用可靠數據的免費網站，讓大家能更容易地篩選符合他選定的兩種指標的股票。他常常開玩笑說：「華爾街沒多少牙仙。」但他很想保護一般的投資人，所以建立了他所謂的「慈愛仲介公司」，方便顧客只投資於他選定的神奇公式股票。

葛林布雷給了這些客戶兩個選擇。選擇一：他們可以開個「由專人管理的」帳戶，該帳戶會遵循一個已經設定好的程序，系統性地買賣他列出的公司股票。大約九成的客戶會選擇這種「完全由專人代勞」的選項，讓他們不必做任何決策。選擇二：客戶也可以選擇ＤＩＹ方式，從同一份清單裡選出股票（建議選至少二十支），自行決定何時買進或賣出。選擇這種ＤＩＹ的少數勇者大概以為，自己的判斷力能讓神奇公式更為神奇。啊，真是傲慢自大！

葛林布雷研究了數千名顧客帳戶，震驚地發現ＤＩＹ投資人的獲益糟糕許多。投資兩年後，這群人獲得的累積報酬率是五九．四％，而標準普爾五百指數是六二．七％。相較之下，由專人管理的帳戶享有八四．一％的報酬率，比標準普爾五百指數高了二一．四％。不可思議的是，ＤＩＹ投資人因為「自行做決定」而落後了將近二五％。他們的「判斷力」讓一項「能擊敗市場」的策略成了一枚「落後於市場」的啞彈。這成了令人吃驚的「自我催毀」示範。

「他們犯了投資人最常犯的所有錯誤。」葛林布雷說：「市場上漲的時候，他們一窩蜂買進。市場下跌的時候，他們一窩蜂賣出。投資策略表現良好的時候，他們一窩蜂買進。投資策略表現不佳的時候，他們停止投資。」從理論上來說，他們也許相信他所謂的「用低價買進高品質公司」的觀念。但在實務上，他們追逐變貴的股票，拋棄變便宜的股票。

更糟的是，ＤＩＹ投資人不碰神奇公式清單上最醜的股票，因為他們沒有意識到這種股票其實最可能暗藏好東西。從情緒方面來說，這類投資人不願意買進清單上最便宜的公司，因為它們的近期前景看似慘澹，又常常壞消息纏身。因為這種不確定性，投資人沒買進這種低價股票，結果錯過了它們反彈時帶來的獲利。

這些自我挫敗的行為凸顯了每個投資人都面對的一項最大挑戰：**找到一個能提升長遠勝算的聰明策略還不夠，你也需要紀律和韌性，才能將這項策略貫徹始終，尤其在你覺得最不自在的時候。**

葛林布雷表示，「如果你有自己可以堅守的簡單原則……這個簡單原則又合理且無法拋棄時」，這種做法會有莫大的幫助。為何這點至關重要？因為頭腦冷靜的人，才能承受所有的心理壓力、挫折，以及會害人走偏路的各種誘惑。「這一行很難做，而且市場的看法不是永遠和你一樣。」葛林布雷說：「股價的本質就是情緒化，你會常常受到打擊，而且可以在很多文章上看到每一個專家說你做錯了。」

你在虧錢的時候，或好幾年落後於市場，就會更難保持信心。你會開始懷疑自己的策略還有沒有用，是不是有什麼事情已經從本質上改變了。但事實是，**沒有任何策略**是一直奏效的，所以這些金融和心理層面的痛苦，是這個遊戲無法避免的一部分。較為軟弱的玩家遲早會半途退出，而更能堅守原則、更有韌性的玩家就會獲得更多機會。就像葛林布雷表示：「人在落後於市場而感到痛苦的時候，必須明白一個道理，那就是如果這種痛苦不存在，世上每個人就會像我們一樣搞這種投資。」

葛林布雷堅強得能在痛苦時期堅持下去，但我們也看得出來為何一般的投資人很容易動搖。一項針對美國最大的一千家企業進行的回溯測試顯示，神奇公式在一九八八年和二〇〇九年產生的平均年報酬率是一九．七%，而標準普爾五百指數的平均年報酬率只有九．五%。這種領先幅度非常驚人。儘管如此，在這二十二年裡，神奇公式的成績曾經六次落後於標準普爾五百指數，在二〇〇二年下跌了二五．三%，在二〇〇八年虧損了三八．八%。人在大失血的時候很難保持泰然自若，除非你和葛林布雷一樣，堅信神奇公式的可靠邏輯。

這些經驗讓他得出了一個重要的啟示：「對大多數人來說，最好的策略並不是能讓你獲利最多的策略」。而是你就算「在糟糕時期」，也能「堅持下去的好策略」。

最近幾年，這項體悟激勵了葛林布雷發展出一個新的計策——一套長短期通吃的策略，不僅能降低風險，還能提供一個「比較不痛」的過程。他的目標是讓資金能以合理速率複利成長，波動幅度較小，好讓他的投資人更可能「長期獲利」。

他這種演進方式令人驚訝，因為他這個神槍手的集中式投資在二十年間，取得了四〇％的年報酬率。但這也提醒我們，一般的投資人應該選擇能永續發展的可靠獲利，而不是採取大膽作風。「我買進七、八支股票的時候，有時候每隔兩、三年會在幾天內虧損兩、三成。」葛林布雷說：「這種策略很難讓人堅持下去，所以不適合大多數的散戶投資人，但非常適合我。有一支股票跌了兩、三成的時候，我不會驚慌失措，因為我知道自己買了什麼。」

如今，葛林布雷的團隊為四千多家企業估值，並根據它們的便宜程度排名。如果是長期持股，他的資金會買進數百支股票，買價比他估計的合理價值便宜許多。他習慣性地把更多賭注押在最便宜的股票上，而非第二便宜的股票。如果是短期賣空，他會押注數百支溢價交易的股票。再強調一次：他的投資規模取決於一支股票的估值，所以最昂貴的股票就自動成了他最大的空頭部位。「我們的基本原則是買進最便宜的股票，賣空最昂貴的股票，而且我是以非常系統性的方式這麼做，」他說：「不帶情緒。」他知道有些人會賭他判斷錯誤，但他的目標只是「在整體上判斷正確」。

透過一套複雜策略在數百家公司上「做多」和「放空」，這絕非易事。葛林布雷因此打造了一支有二十名金融分析師和技術人員的團隊，協助他做到這點。但他這套策略背後的原則依然非常簡單可靠，值得我們牢記於心：

一、**股票是買家擁有一家公司所有權的分量，必須估計其價值。**

二、**股票的價格低於其價值的時候，你才應該買進。**

三、**從長遠來看，市場是有理性的，而且遲早會（或多或少）反映出公司的公允價值。**

問題在於，沒人知道市場走向公允價值的旅程要花多少星期、幾個月還是幾年。但是葛林布雷願意等候，因為他相信這套經過歲月考驗的原則會證明它是有效的。「既然股票是買家擁有一家公司所有權的分量，而且整體來說，我相當擅長判斷其價值，從長遠來看就一定能獲利。」他說：「經濟學和萬有引力的定律永久有效。」

四個簡約的教訓

我回想從葛林布雷身上學到的一切時，其中四個簡約的教訓最令我印象深刻。**首先，你需要的並不是一條最佳策略，而是合理的策略，足以讓你達成財務目標。**就像普魯士軍事家卡爾·馮·克勞塞維茨（Carl von Clausewitz）說過的：「『好計畫』的最大敵人，是『妄想一個完美的計畫』。」

第二，你的策略應該非常簡單又合乎邏輯，這樣自己才會懂，並打從心底相信它，而且就算碰到它似乎再也無法奏效的困境時期，你也願意堅持下去。策略必須也符合你對痛苦、波動和損失的容忍度。我建議你寫下策略、它背後的原理，還有自己為何期待它能發揮長久效果。你可以把這視為政策宣言，或是自己的財務行為準則。在碰上壓力和困惑的時候，你可以重新審視這篇文字，重建平衡，找回方向感。

第三，必須自問：你是不是真的擁有「打敗大盤」所需的技能和個性。葛林布雷擁有一些與眾不同的個性，這給了他明顯的優勢。他擁有傑出的分析能力可以解構一個複雜的遊戲，並分成幾個最根本的原則：**估計一家公司的價值，用低價買進，然後等待。**他懂得如何估計公司的價值。他不受約定成俗的看法或權威人士所影響，比如華頓商學院那些教授宣稱市場本身充滿效率。相反的，他樂於一再證明那些權威人士是錯的。他也很有耐性，脾氣溫和，自信滿滿，喜歡競爭，腦袋冷靜，而且有紀律。

第四，你必須記得，你就算不試著擊敗市場，也能成為富裕又成功的投資人。幾十年來，約翰．柏格曾看著無數主動式管理基金的經理人徒勞地試圖證明一件事：從長期來看，主動式管理基金比指數型基金優秀。「事實證明，這些明星只是流星，」他告訴我：「它們瞬間在天空一閃，接著燃燒殆盡後，塵埃輕輕飄落到大地上。相信我，這種事幾乎一直在發生。」

柏格經常強調，「最究極的簡約」是買進並持有一支平衡的指數型基金，擁有一定比例的美國和海外股票與債券。**這樣就夠了。**不需要為了擇時進出市場而做出可能造成自我毀滅的嘗試，也別妄想自己能選到下一個炙手可熱的股票或基金。

我在寫這一章的同時，遵循了他的建議，為我太太的退休帳戶選了一支指數型基金，這筆全球基金的八〇%投資於股票，二〇%投資於債券。我確定這不是最佳策略，但假設我太太會長期持有且定期增加投資，應該也算不錯了。這個簡單策略的依據是廣泛的分散投資、風險和獎勵之間合理的平衡、稅務效率、低開銷，以及長遠前景。雖然它不夠大膽也不夠威風，但就像柏格對我說過的：「投資**不需要**取得驚人成果。」

就我個人而言，「指數化投資的數學邏輯」和「擊敗市場的夢想」一直令我兩難。但有件事是我清楚知道的：不管選擇哪條路，「化繁為簡」有利無弊。

第6章

尼克與札克的奇妙冒險

一個與眾不同的投資合夥關係揭露了一個事實：抗拒「及時行樂」的人能拿到最豐厚的獎勵

如果捨棄小小樂，可以獲得更大的樂，那麼智者應捨棄小小樂，追求至善的樂。

——《法句經》

所以，凡聽見我這話就去行的，好比一個聰明人，把房子蓋在磐石上。雨淋、水沖、風吹，撞著那房子，房子總不倒塌，因為根基立在磐石上。凡聽見我這話不去行的，好比一個無知的人，把房子蓋在沙土上。雨淋、水沖、風吹，撞著那房子，房子就倒塌了，並且倒塌得很大。

——《馬太福音》7:24-27

尼克．史利普的夢想是成為景觀設計師。他想像自己設計公園和公共空間，能讓人們暫時逃離混亂的日常生活。因此，他從愛丁堡大學畢業後，就在當地一家造景公司找了一份實習工作。他說：「我原本對這份工作充滿浪漫期待，但是現實令我幻滅，因為我們工作的項目是處理老虎窗和居家停車格。」幾個月後，他被資遣了。「工人的數量從三十人減成二十人……我就是被踢掉的那十人之一。」

身為英國人的史利普想留在愛丁堡，畢竟他和日後的妻子塞芮塔已經在該市的郊區買了一間小公寓。他說：「所以我在愛丁堡各處尋找，看有沒有什麼工作機會。」資訊科技這個職業聽起來是可行的選項，但他也得知，愛丁堡以基金管理聞名。為了弄懂投資業是什麼，他讀了一本晦澀難懂的書，書名是《投資信託入門》（*Investment Trusts Explained*），這本書使得他對這一行感到好奇：「我喜歡投資業帶有知識性探索的感覺。」

史利普在一家小型的蘇格蘭基金公司，找到實習投資分析師的工作。以資歷來說，他並非完全符合這份工作的資格。他在大學原本念地質學，後來轉修地理學——實在很難說這和選股工作有什麼關聯。過往工作經歷也沒有證據顯示，他有生以來就渴望從事金融業。他曾任職於哈洛德百貨公司、一家資訊科技公司，也在風浪板這項運動上找到一家贊助商。他擁有電影明星般的外型和斯文魅力，因此不符合企業員工的形象。

儘管如此，在因緣際會下，史利普進入了一個完全適合他獨特思維的領域。和其他的頂尖投資人一樣，史利普也是從不尋常的角度看待這個世界的人。他猜想這是因為自己曾就讀於維多利亞女王創辦的寄宿學校威靈頓學院。當年，史利普是少數幾個住在家裡的學生，意思就是他在放學後能「自由自在地四處遊蕩」。他甚至週末在一家酒館打工，而他的同學們大多必須待在一百六十公頃大的校園裡。「我很早就習慣了與眾不同，」他說：「脫離人群，我還是能自得其樂。」

史利普在二十歲左右的時候，迷上了羅伯．波西格所著的《禪與摩托車維修的藝術》。這本回憶錄兼指導書曾遭一百二十一家出版社拒絕，它以奇特卻睿智的靜心觀想方式，思索努力過有「質素」（quality）人生的真義。如果會喜歡波西格的作品，就表示你很在乎自己的行為和決策的質素，因此就連做日常瑣事也成了心靈修練——也就是對一些內心特質的觀照，比如耐性、正直、理性，以及平靜。波西格在書中提到，不管你是在修理椅子、縫補衣服或是磨利菜刀，做事情都有「醜陋的方式」和「高質素的美麗方式」。

對波西格來說，「摩托車維修」是很適合的比喻，能闡述如何以超然的方式生活和工作。「你真正在處理的摩托車，就是『自己』，」他在書中寫道：「看似『外在』的機械，以及看似『內在』的那個人，並非兩個獨立個體。他們會一起趨向或遠離質素。」

你大概能想像，華爾街大多數的野心家都沒什麼耐心聆聽關於摩托車的神祕廢話。但是波西格這種充滿靈性、道德和智慧的正直人生觀，深深引發史利普的共鳴，並將他塑造成日後會成為的那種投資人。史利普在一封電子郵件中描述波西格對他造成多大的影響：「你真的會希望帶著質素去做每件事，因為這樣才能獲得滿足和平靜。」

但這在投資方面意味著什麼？二〇〇一年，史利普和朋友蓋斯．「札克」．札卡里亞（Qais "Zak" Zakaria）共同成立了一筆名為「遊牧投資合夥公司」（Nomad Investment Partnership）

的基金，他們把這筆基金視為實驗測試，探索如何以「最高質素」的方式進行投資、思考和行動。史利普在寫給股東們的一封動人又有趣的信件中表示：「對我們來說，遊牧不只是管理基金而已，而是一場理性、玄奧、幾乎屬於靈性的旅程（只是沒有沙漠和駱駝，雖然如果有這兩樣東西會讓札克更開心）。」

然而，這一切之所以重要，是因為他們奇特又高尚的實驗獲得了驚人成果。十三年間，遊牧的投資報酬率高達九二一・一%，而MSCI全球指數只有一一六・九%。[1] 換言之，他們的基金以**八〇〇%**的差距擊敗了標竿指數。再換句話說，你如果投入一百萬美元做指數型投資，十三年後能拿到二一七萬美元，但若那一百萬美元是投資於遊牧，就能飆漲至一〇二一〇萬美元。

在二〇一四年，史利普和札卡里亞歸還了股東們的錢，在四十五歲這種「熟齡」就以基金經理人的身分退休。在那之後，他們管理自己的資金也獲得同樣出色的成果，在退休五年後財富就翻了大約三倍。向來不在乎主流意見的史利普幾乎把所有資金只投入三支股票。有些時候，他和札卡里亞把高達七〇%的資金只投入一支股票。

在投資行家當中，很少人能得到如此高的評價。比爾・米勒說很欣賞遊牧公司的「完全獨立」和「清晰思路」，也把自己的錢投資在這家公司。蓋伊・斯皮爾和史利普是朋友，推崇對方是投資業最重要的思想家之一。徵求莫赫尼什・帕布萊建議我該採訪哪些投資人的時候，他對我說：「尼克・史利普與眾不同。他做的研究非常深入，而且他的注意力非常集中。他投入了很多賭注……採訪他一定會很有意思，但他不會答應你的。他很在意隱私。」

的確，史利普和札卡里亞之所以神祕，其中一個原因是他們總是很低調。他們沒什麼興趣行銷自己的基金，更沒興趣推銷自己，也因此，他們的故事向來不為人知。但在過去幾年，我曾多次採訪史利普。後來，在二〇一八年秋季，我和他、札卡里亞在他們位於倫敦國王路的辦公室度過一個下午，這間辦公室光線明亮、氣氛愉悅，而且非常隨意；札卡里亞甚至沒有辦公桌，而是喜歡坐在一張舒適的皮革扶手椅上工作，這張椅子面向的牆上掛著兩套一模一樣的防蜂衣。他們就是在這個「銀河總部」裡，思索所謂的「資本主義冒險」。

我們這場談話的成果，是一個激勵人心、正義獲勝的道德故事。這個故事也描述，投資人如何透過紀律和耐性，來抗拒「及時行樂」的誘惑，並藉此持續累積龐大優勢。現在這個短期思維支配的高速時代裡，「延遲享樂」的能力是邁向成功的最大功臣之一，不只是市場方面的成功，也包括事業和人生。

---

❶ 這些數字不包括遊牧收取的績效費。該基金在扣除績效費之前的年報酬率是二〇·八%。扣除績效費之後的年報酬率是一八·四%，而MSCI全球指數只有六·五%。

蓋在沙土上的房子

和史利普一樣，札卡里亞原本根本沒想過在華爾街工作。「說真的，我原本很想做別的事情。」他說：「如果父母當年允許，我其實很想當氣象播報員，覺得這種工作非常吸引人。我以前常常研究氣象報告，還寫下自己的天氣預報，但父母覺得我這麼做很蠢。」

他於一九六九年出生在伊拉克一個相對富裕的家庭，父親在伊拉克的中央銀行工作；母親在巴格達大學教授營養學。但那個時期危機四伏，政治危機和暴力無所不在。札卡里亞說：「我們成了被肅清的對象。」他們一家丟下一切，逃離了故鄉。一九七二年，在一個天主教慈善機構的幫助下，他父母以難民身分進入英國，在這裡養育三個孩子。「他們一無所有地來到這裡，」札卡里亞說：「真的什麼也沒有，只有一輛橘色的富豪汽車，是在土耳其的時候有人給他們的。」

他父親四處敲門，直到找到一份初級會計師的工作。他持續晉升，後來自己開了一家成功的公司，出口機械去伊拉克。札卡里亞的父母原本期望他加入這個家族企業，日後接棒，在充滿不確定性的人生中盡量拓展安全網。「金錢對他們來說非常重要。」他說：「我是指累積財富，而不是拿來花。他們在乎的是穩定和地位。」一九八七年，札卡里亞進了劍橋大學，主修數學。一切似乎都走在正軌上。但就在那年，父親破產了。

原來，他父親借了錢在股市搞投機，按照一些股市明牌快報提供的不可靠情報交易熱門股票，而且接受了惡質業務員販賣的金字塔式投資法。札卡里亞說：「有個股票經紀人會按照『先來後到』的金字塔式順序推薦股票。你投入愈多錢，在金字塔裡的位置就愈高。我父親一直爬得不夠高，而且在金字塔崩塌的時候，他失去了一切。」他的家庭陷入債務，出口生意也化為烏有。

對札卡里亞來說，這是他第一次領教到何謂投資業，而且這個經驗令他作嘔。「父親是在他了解的領域上賺到錢，但在自己不明瞭的領域上虧了錢，而且被一些很不道德的人洗劫一空。」因為這段回憶，所以札卡里亞永遠提防推銷員、「迅速致富」的騙局，以及華爾街的「賭場」面。

札卡里亞於一九九〇年從劍橋大學畢業後，算是毫無選擇地進入投資這個遊戲。他再也無法選擇家族事業；又不像其他的手足可以成為醫生，因為他看到血就會昏倒。而當氣象播報員也很蠢。所以他以證券分析師進了香港的怡和富林明（Jardine Fleming）——亞洲最頂尖的資產管理公司之一。事情原本很順利，直到一九九六年，他的主管、一個明星級的基金經理人，被指控把交易所得的利潤轉進自己的帳戶，但那些錢其實應該轉進客戶們的帳戶。這名基金經理人被革了職，而且罰鍰數百萬美元。但怡和富林明的名聲大受影響，必須重整，札卡里亞也因此遭資遣。

「我打了電話給幾個朋友，問他們：『你們有任何工作能介紹給我嗎？我真的**什麼都願意做**。』」他的一個朋友在德意志銀行管理股票經紀的業務，給了他一份工作：擔任專門研究亞洲股市的「賣方分析師」。這是人生最殘酷的玩笑之一，札卡里亞不相信任何推銷員，尤其不相信股票經紀人，卻得向該銀行的機構客戶，推銷股票明牌來餬口飯吃。「我做了這份工作四年，每分鐘都身處地獄，」他說：「我沒辦法推銷東西給任何人，因為自己就討厭推銷員。」

在德意志銀行的那段日子，等於讓札卡里亞上了一堂關於華爾街之道的速成班。他說：「這個工作場所帶給我很大的衝擊。」道德妥協被視為理所當然。「我在那裡的好友兼主管告訴我：『千萬不能勸誡人別去做他們想做的事，就算你認為這件事是錯的。讓他們去做就對了，因為他們永遠不會感激你。』我心想：『這種生活方式太糟了。』這真可怕！我的意思是，如果覺得他們做錯了，就該告訴他們。」札卡里亞表示，當初要不是有主管「罩著」，他在一個月內就會被炒魷魚，因為他實在不適合這份工作。話雖如此，他還是碰上一件值得安慰的事：遇到尼克．史利普。

史利普在愛丁堡做了第一份投資工作三年後，成了加拿大永明金融集團的投資分析師，該集團是擁有數萬名員工的金融服務業巨頭。「我對這份工作簡直厭惡，」他說：「你待過一家活躍的公司後，會很難適應一個乏味又無趣的大公司。」他在幾個月後辭職，在一九九五年進了馬拉松資產管理公司（Marathon Asset Management），一待就超過十年。這是一家位於倫敦的投資公司，生性好鬥，抱有雄心大志，「試圖以小博大」。

史利普在這裡的恩師是傑里米．霍斯金（Jeremy Hosking），他是馬拉松公司的共同創辦人，這個古怪英國人的嗜好包括收藏古董蒸汽機。「他天生就喜歡打破舊習，」史利普說：「就是偏好買大家最看不起的東西……他喜歡爭議，喜歡困難。」一九九七年發生亞洲金融風暴的時候，霍斯金和史利普在東南亞的悶燒股市裡試著尋找便宜的股票。亞洲的金融奇蹟變成災難時，其他每個人似乎都抱頭鼠竄，但是馬拉松公司找到了一個盟友，這個人在亞洲擔任證券經紀人，而且與眾不同：札卡里亞。

史利普和札卡里亞經常討論他們在新加坡、香港和菲律賓之類的地方所發掘的超級潛力股。大多數的證券經紀人，會把眼光放在容易賣掉的熱門股上，但是札卡里亞喜歡的是低價交易、被一般人唾棄的股票。「札克很不適合擔任股票經紀人，因為他喜歡的股票是我們也喜歡，但其他人都不青睞的股票，」史利普說：「所以這種股票沒有商業價值，根本賣不出去。」然而，札卡里亞之所以成了馬拉松公司的大將，就是因為他能發掘被丟棄的寶石。霍斯金告訴他：「你如果有哪支股票賣不掉，打電話給我們。」

在經濟奇蹟期間，投資人看好亞洲市場，因此把賭注押在交易價是其資產「重置成本」（重新購置相同條件的資產所必須付出的成本）三倍的股票上。但在金融風暴期間，這些股票的售價是其資產重置成本的**四分之一**。不到一年後，馬拉松公司在東南亞投資了大約五億美元，在這個地區回彈時海撈了一筆，一部分必須歸功於札卡里亞。「他就是我們在亞洲金融風暴期間需要的分析師。」史利普說：「他當時只是在投資銀行工作的業務員，但做的並不是業務員該做的事，因為他並沒有賣出主管希望他賣出的東西。」札卡里亞這種逆流游泳（而且游得很辛苦）的痛苦感覺，愈來愈強烈。

如果你是諷刺小說家，想寫的題材是揭穿華爾街的黑暗面，那應該要選擇一九九九年末至二〇〇〇年初這段貪婪的黃金時期，科技和網路股的熱潮嚴重扭曲了銀行家、證券經紀人、基金經理人，以及一般投資人的想法。數百萬人滿腦子想著一夕致富，而且心裡唯一的恐懼是

「害怕錯過機會」。

德意志銀行及其競爭對手賺了大錢，方法是以過度膨脹的估值讓不成熟的公司上市，他們不在乎這些公司究竟能否生存下去。原先被認為名聲良好的證券經紀商的研究分析師們，成了不知羞恥的股票業務員。[2]和札卡里亞同行的證券經紀人覺得，必須把這種劣等貨賣給投資人，他們可能什麼也不懂，不然就是夢想著在狂熱消退前趕緊發財。這就是究極的賭場，但是札卡里亞拒絕參加。「那些公司的首次公開募股真的很糟，我也對別人**實話實說**。當然了，這樣就什麼也賣不出去，真的讓我痛苦極了。」

永遠烙印在他心中的一場交易，是一家台灣的科技新創公司，名叫「和信超媒體股份有限公司」。它當時成立不到兩年，獲利只是個遙遠的夢想，但是高盛集團和德意志銀行還是決定在泡沫顛峰期的二〇〇〇年二月，讓該公司在那斯達克上市。札卡里亞說有個同事是「一個典型的完美推銷員」，他打電話對位於巴黎的基金經理人說：「我認為你應該買下這支股票。」這名基金經理人下了價值一億五千萬美元的訂單。但有個問題：他擁有的資金沒這麼多。但似乎沒人在意，畢竟這一切都是遊戲。這名基金經理人賭的是：銀行會給他想要的一部分股份，而且這些股票一定會漲。

說來也妙，在首次公開募股那天，和信超媒體的股價從二十七美元飆升到八十八美元，這條虧錢小魚的身價因此超過了四十億美元。但這一切只是幻覺一場。幾星期後，網路泡沫破裂，和信超媒體失去了九八%的價值。

這一切都讓札卡里亞忍無可忍：市場失去理性，無法永續發展，大家為了發財而不擇手段、不在乎誰可能受到傷害。「我得了焦慮症，很渴望一些比較踏實的事。」他說：「我在德意志銀行的那段日子嚴重傷害了自己的健康，因為股票經紀人這種身分很不務實。你每天早上醒來，根本不知道今天會是怎樣的一天，不知道客戶會喜歡你還是恨死你，也不知道自己會不會被洗劫一空。這一切都太不穩定。」

馬拉松公司救了他。二〇〇〇年四月，諸多網路公司被打成碎片的時候，札卡里亞逃離了德意志銀行，以分析師的身分進入倫敦的馬拉松公司，成了史利普的同事。那年五月，他們一同前往奧馬哈，參加波克夏．海瑟威的年度大會。札卡里亞說：「那真的是很棒的經驗。」巴菲特和蒙格描述他們打算持股數十年的一些公司。他們並沒有在近期一些愚蠢的首次公開募股上隨意下注，或盤算如何把別人的錢騙進自己的口袋。「老天，」札卡里亞表示：「那家公司一點也不像賭場！這才是真正的經商之道！」

史利普一直騷擾主管們，讓他在馬拉松公司裡成立一支集中式基金，以巴菲特為榜樣。他覺得巴菲特就是「質素」的化身，不只是經營思維的深度，也因為巴菲特以正直的方式對待波

❷ 美林證券的研究部門尤其惡劣，把自己定位成冷血的啦啦隊，幫公司吸引口袋很深的投資銀行客戶。亨利．布拉吉（Henry Blodget）是美林證券的明星網路分析師，他建議這些客戶買進一些公司，就算他私底下認為這些公司是「犬輩」「垃圾」「分崩離析」。二〇〇三年，監管機構罰了布拉吉四百萬美元，並將他永久驅逐出證券業。我寫這件事不是只針對他一人，而是讓你感受一下那段失心瘋的時期，並敏銳地意識到我們為什麼必須時刻提防華爾街想大力推銷的任何商品。

克夏的諸多股東，其中之一就是他每年只領十萬美元這種相對微薄的薪水。史利普表示，在某個極端上，「會有巴菲特這樣盡所能保有原則的人」，而在另一個極端，「會有很多行銷導向的公司明明銷售的是投資基金，卻像在賣汽車或洗衣機……他們根本不在乎客戶的死活。」

二〇〇一年，史利普的主管們允許他成立遊牧投資合夥公司，他便邀請札卡里亞擔任該基金的聯合管理人。史利普說：「顯然，我們注定要做些比較特異的事。」的確，他們從一開始就把遊牧公司視為反抗軍，要挺身對抗他所謂的「投資業裡的罪孽和愚行」。「我們想證明，投資有別的方式，處事也有另外的方法。」史利普說：「你不需要學習華爾街那些卵蛋。」

別理那些卵蛋③

史利普和札卡里亞沒興趣打造一個能讓他們賺飽手續費的龐大基金，也不幻想以市場大師的身分上《CNBC》新聞，或成為《富比士》的封面人物。他們沒有購買城堡、飛機或遊艇之類的欲望。他們的雄心壯志很簡單：想獲得極好的長期報酬。

具體來說，他們的目標是讓遊牧公司的資產淨值增加十倍。有三個女兒和一個義子的史利普，用有點古怪的說法為這項任務賦予了一個框架：萬一後代問他：「你在大戰期間做了什麼？」他希望能回答：「我們把一英鎊變成十英鎊。」

任何希望獲得豐厚報酬的人，應該研究一下史利普和札卡里亞如何釐清注意力必須聚焦在什麼地方——同樣重要的是，他們還會忽視哪些東西。史利普引述美國哲學家威廉·詹姆士（William James）說過的話：「智者的藝術，乃是懂得該對哪些事物視而不見。」他和札卡里亞拒絕了許多標準慣例。「我們拋棄了自己不喜歡的一切，」史利普說：「我們成了怪咖小隊的成員。」

首先，他們不理所有會讓投資人分心的短暫情報。史利普表示，情報就和食物一樣，也有所謂的「保存期限」。但有些情報**特別不耐久**，有些「保存期就很長」。保存期限這個概念，成了寶貴的過濾網。

舉例來說，我和史利普、札卡里亞在二〇二〇年五月談話時，金融新聞幾乎都在揣測，新冠肺炎近期會如何衝擊消費者支出、企業獲利、失業率、利率，以及資產價格。《金融時報》的一篇報導甚至討論，美國經濟復甦的線條會像V、U、W、L，還是「Nike商標」的勾勾

---

3 萬一你對這句文雅用語的由來或含意感到好奇，那我來揭曉：它引用了一九七七年的龐克樂專輯《別理鳥事，性手槍來了》。「卵蛋」（bollocks）是英國用語，意思是「睪丸」，這個用法當時被認為太無禮，因此很多商店拒絕販賣這張唱片。但是《牛津英語詞典》說這個字至少從十三世紀就出現了。在這場「髒話審判」中，性手槍樂團獲得勝利，因為有個專家做出指證：早期《聖經》譯本裡，甚至也出現過「卵蛋」這個字眼。這項爭議促使了理查·布蘭森的商業成功，因為這張專輯是由他的維京唱片公司所發行。

形狀。對史利普和札卡里亞來說，這種暫時性的新聞報導都是市場的每日「肥皂劇」，太過膚淺、短暫且不可靠，無法吸引他們的注意力。他們沒辦法預測經濟新聞會如何發展，所以何必把心思浪費在不可知的事物上？

同樣的，他們也不理會來自華爾街大量的短期金融數據和推薦。經紀公司有動機刺激投資人做出行動，因此拚命擠出關於數千家公司下一季每股盈餘的預測。史利普不以為然地表示，這種令人上癮的資訊，在十二個星期內就會變得「毫無價值」。他認為，「短期群眾」總是對「錯誤刺激」（false stimuli）做出反應，像是最新的經濟數據點，或是「某公司超出分析師預期」之類的雞毛蒜皮新聞。「你必須提醒自己：別相信這些狗屁話，聽都別聽。」

他們採用一個務實方式來避開這種垃圾訊息：完全不把華爾街提供的「賣方研究資料」當一回事。「我們把這類資料堆成一疊，」札卡里亞說：「大概每個月才翻閱一次，心想『真無聊』，然後就把整疊文件丟進垃圾桶……這類資料真的都只是八卦新聞和胡言亂語，我們也很慶幸早就對這種東西充耳不聞。」同樣的，史利普和札卡里亞也對股票經紀人說過，打電話向他們推銷東西是浪費時間，因為他們是靠自己的研究來取得沒偏見的結論。

為了擺脫市場每日活動的騷擾，他們也盡量減少使用「彭博終端」（Bloomberg terminal）這種軟體。一般的基金經理人會成天盯著四面螢幕，上頭顯示及時數據和金融新聞。每年租賃費高達兩萬四千美元的彭博終端，在專業投資人當中是地位的象徵，但是史利普和札卡里亞把他們的彭博終端螢幕放在一張低矮的小桌上，而且旁邊沒放椅子。「我們是**故意**這樣安排，」札卡里亞說：「尼克想把它放在矮桌上，因為彎腰操作五分鐘就會覺得『老天，我的背好痛』，然後就會去忙別的事了。」

帕特・多西（Pat Dorsey）是芝加哥的對沖基金經理人，他也表達了類似的觀點。「投資人最該做的一件事，就是別在辦公室裡放電視機和彭博終端，」他對我說過：「很慶幸，我得在走廊上走個十五公尺，才看得到股價或查看我們的投資組合新聞。資訊對人們來說就是充滿誘惑，這很像有些人會著魔似地一直查看有沒有新的電子郵件一樣，因為這種舉動能引發腦部快感。但我們的邏輯和理智都知道，這麼做徒勞無益。」

現代文化高度重視立即取得大量情報，因此這種「刻意離線」（intentional disconnection）可能顯得違反常情，但是史利普和札卡里亞拒絕時時刻刻地蒐集數據、打賭股票在近期會有什麼變化。他們想在平靜狀態下思考，不受史利普所謂的「亂猜心態」影響。

這麼做需要抱持一種不常見的信念：不把「同行認為重要的資訊」當一回事。從他們決定遠離華爾街雜訊的那一刻起，他們就感到無比自由。「這就像你的腦子裡有個聲音一直在喋喋不休。」史利普說：「別聆聽這個聲音，你會沒事的。」那麼，他們是把時間花在哪些事情上？「我們會閱讀年報直到腦袋缺氧，而且盡量拜訪每一家公司直到我們受夠為止。」史利普經常旅行，因此護照裡每一頁都用完了，必須申辦另一本。

史利普和札卡里亞分析諸多公司、訪問了很多執行長後，便開始尋找「保存期限能很久」的精闢見解。他們想回答以下這類問題：**這類生意在十年、二十年後應該達成什麼樣的目標？管理階層今天必須做些什麼，才能提升公司達成目標的可能性？哪些因素可能會讓公司無法達成理想的目標？**他們把這種思考方式稱為「目標分析」。

華爾街常常只著重於短期成果，喜歡提的問題包括：**一家公司在接下來三個月的獲利如何？我們對這支股票在十二個月後的目標價格是什麼？**

相較之下，史利普和札卡里亞著重於「一家公司需要採取哪些行動才能發揮自身潛力」。舉例來說，他們會想知道：**這家公司有沒有為了強化和顧客之間的關係，提供物美價廉的產品和高效率服務？執行長是否以合理的方式分配資本，進而強化了公司的長期價值？這家公司是否付給職員足夠的薪水、善待供應商、維持顧客對他們的信賴，或做出任何短視近利、影響未來發展的行為？**

值得注意的是，「目標分析」同樣適用於人生的其他領域。假設你的目標是在老年依然健康，就該自問現在必須採取哪些行動（比如營養、健身、減壓、健康檢查）來提升達成該目標的成功率。如果希望自己能給親友留下永久的美好回憶，那可以想像他們出席你的喪禮，並自問今天該做出什麼樣的行為好讓他們開心。對「目標」的強調，給史利普和札卡里亞帶來深遠的影響。

「你活到八十歲，回顧一生的時候，」史利普說：「想到的應該是你善待客戶，做好自己的工作，也捐錢給適當的對象，而不是你擁有四棟豪宅和一架私人飛機。」

他們很自然地採取非常規的思考方式，因為兩人是意外闖進投資業的怪咖——一個是沒成為景觀設計師，另一個是夢想沒能成真的氣象播報員。身為「局外人」，他們會質疑一切。最重要的是，他們從不接受一個不成文的信念，那就是：自己的經濟利益高過客戶的金融利益。也因此，遊牧公司收取費用的制度是罕見地公道。一般公司是收取資產的一%或二%，但史利普和札卡里亞只酌收很小的一筆年度管理費，用來支付開銷成本。雖然會收取基金投資收益的二〇％，但前提是他們必須先為客戶取得六％的年報酬率。他們如果表現得不好，就不收取任何費用。

幾年後，他們又做了一件對自己較不利的收費方式：在數年內暫時不收取績效費。如果遊牧公司沒能達成六％的年報酬率，他們會把以前收過的費用**退還**一部分給股東。「真的很喜歡這種不會讓我們發大財的安排，」札卡里亞表示：「我們才不會和別人一樣，做出像土匪般的行徑。」

這兩人相遇不久後，史利普推薦《禪與摩托車維修的藝術》給札卡里亞。這本書影響了他們的心態，更下定決心抗拒任何看似自私或充滿詭詐的低質素行為。

「迅速拒絕一些事，讓人生變得非常簡單明瞭。」札卡里亞說：「一切以質素為重……金錢是其次。我們更在乎是做一份良善、質素高的工作，也做正確的事。我覺得我們的決策動機從來都不是考慮——」

「——怎樣讓**我們的**荷包滿滿。絕對不會這樣想。」史利普幫札卡里亞說完。

「這整件事其實有點挑戰性，」札卡里亞說：「我們能建立一個投資機構是不重金錢的嗎？它的重點要擺在做對每件事。」

你大概也知道，大多數的投資公司擺在第一順位的事，就是將自己的獲利最大化，這會引發一些嚴重的利益衝突。舉例來說，他們賺錢的辦法之一，是販賣表現不佳、但售價太高的產品。他們也成天想著如何增加自己管理的資產，因為這能賺到豐厚報酬，換成優渥的薪水和獎金。也難怪資產擴張的時候，投資報酬通常都會下降。但是資金管理人通常都會抗拒一項合理的解決之道：不再把過度龐大的資金注入額外的投資項目。就像作家厄普頓．辛克萊（Upton Sinclair）說過的：「當一個人的薪水全靠蒙昧無知而來的時候，就很難讓他懂事！」

相較之下，遊牧公司從一開始的構想就被設計成「能將報酬最大化的投資工具」，而不是「資產」。「我們遵循一套不一樣的道德制度。」史利普說：「如果你做的生意是集聚資產，你就會有推銷員、合規官、負責留住客戶的人，還有官僚文化，而且公司會變成一部巨大機器。但如果你的目標是複利成長，取得很好的投資績效，那就不需要和這些麻煩事攪和……我們只專注於挑選好的股票，其他都是次要。」

從一開始，他們就覺得「推銷」和「行銷」都是浪費時間，所以幾乎從不對媒體發言。也不在乎某個潛在客戶規模是大是小，因為他們的優先目標，根本不是建立最能獲利的商務企業。他們也清楚表明，會把錢還給現有的股東，而且如果遊牧公司的規模擴張到會影響表現的程度，也會拒絕新的投資人加入。他們曾多次拒絕新客戶投資該基金，包括他們在二〇〇四年只管理大約一億美元的時候，這種金額以業界標準來說，是很小的錢。他們只有在找到夠吸引人的投資機會、能運用額外資金的時候，才會再次接受投資。

他們也喜歡拒絕看起來不適合或令人惱火的投資人，不管這種人多麼有錢。札卡里亞提到一段回憶時呵呵笑了起來：他們曾經和一個團隊開會，該團隊幫過食品包裝公司利樂（Tetra Pak）的繼承人們管理數十億美元的資產。那場會面的氣氛尷尬到滑稽的程度。這些財務顧問要求先查看遊牧公司申請專利的股票研究資料庫，才願意把客戶的錢投入該公司的基金。札卡里亞說當時的氣氛變得「愈來愈冷」，史利普以雙臂抱胸、蹺二郎腿的姿勢表達不耐煩。十五分鐘後，史利普和札卡里亞把這些來賓送出門外。

潛在投資人也必須在一份文件上簽名，表示知道遊牧公司不適合任何「投資不想超過五年」的投資人。「我想讓這種人明白，這裡的投資心態和他們有過的投資方式完全不同，」史利普說：「我們不是一般那種冷血式的對沖基金，而是用不同的方式來面對投資這個問題。」

的確，對沖基金為了獲得短期績效而採用迅速致富的策略，史利普把這類高刺激的策略稱為「威而鋼式投資」。遊牧公司完全拒絕這種策略，比方說，它從不玩槓桿，不做空股票，不搞選擇權或期貨之類的投機，不下宏觀經濟的賭注，也不針對最新消息立刻做出反應式的投資，以及絕對不碰LYON（雄獅）和PRIDE（豪邁）之類威風名稱的投資工具。相反的，史利普和札卡里亞玩的是他們所謂的「很單純的長線遊戲」，要做的就是買進幾支他們仔細研究過的股票，而且持有多年。

他們這種緩慢、有耐性又慎重的策略非常不同於當今的投資文化，因此聽起來幾乎反常。隨著時代變遷，投資人願意投入的時間縮短了許多。先鋒集團的創辦人約翰·柏格在一九五一年進入投資業的時候，共同基金的平均持股時間是六年。到了二〇〇〇年，這個數字縮短到大概一年，柏格因此警告：「愚昧的短期投機已經取代了明智的長期投資」。二〇〇六年，史利普寫信告訴股東們：遊牧公司的平均持股時間是七年，而其他投資人持有遊牧公司的投資組合裡的美國股票（不包括波克夏·海瑟威）的平均時間，只有五十一天。

史利普和札卡里亞對這種傾向於「短期主義」的文化變遷感到震驚。「我們實在搞不懂，為什麼當今社會喜歡看到公司股東每隔幾個月就換位置。」史利普在信中寫道：「投資人臨時改變心意，撤走一家公司的永久資本，這麼做會破壞社會的基石。」遊牧公司獲得成功的方式，是採取截然相反的作風。「《聖經》建議我們把房子蓋在磐石上，而不是沙土上，」史利普說：「你會希望你建設的東西能永久存在。」[4]

蓋在磐石上的房子

史利普和札卡里亞把合夥建立的基金命名為「遊牧」，是因為他們願意為了尋找價值而走遍天涯海角。他們的目的不是複製某一筆指數績效，也不是取得**相對優秀**的表現。他們追求的是**絕對優秀**的報酬率，而非追隨其他人的做法。這場追尋帶他們來到世界上一些最不受歡迎的角落。

他們的基金是在二〇〇一年九月十日那天開始交易，也就是紐約世貿雙子星大樓遭到襲擊的前一天。投資人面對難以衡量的威脅，包括恐怖襲擊、戰爭，以及經濟紛亂，股市因此遭到重創。雪上加霜的是，許多投資人還沒完全從網路泡沫中恢復過來。史利普和札卡里亞在這個動盪時期大膽投資，盯上一些暫時跌價的公司，大家因為未來看似危機四伏而不敢購買這些公司的股票。

在菲律賓，他們投資了當地最大的水泥製造商「聯盟水泥」（Union Cement），當時這家公司的股價從三十分錢跌至不到兩分錢。出於無所不在的悲觀心態，市場對這家公司的估值只有該公司的資產重置成本的四分之一。在泰國，他們投資了該國的《民意報》（*Matichon*），這家報社的股價從十二美元跌成一美元，股價是每股盈餘的○．七五倍，價值大約是他們買進價格的三倍。在美國，他們投資了朗訊科技（Lucent Technologies）的優先股，這家電信業明星的價值下跌了九八%。這些公司是典型的「菸蒂」：雖然不是最優秀的公司，但股價便宜得不可思議。到了二○○三年尾聲，這些投機賭注獲得回報，遊牧公司的資產淨值翻了一倍。

恐懼心態消退，市場復甦，超值股因此愈來愈少，史利普和札卡里亞於是大膽涉入少數幾個充滿絕望氛圍的市場。二○○四年，他們越過南非的邊界，進入辛巴威。在羅伯．穆加比（Robert Mugabe）的暴政下，辛巴威的經濟因為貪腐、貨幣貶值、許多民營公司被收為國有，以及暴民搶劫而陷入癱瘓。史利普和札卡里亞卻大膽地買下辛巴威四家公司的大量股票，這些股票的價格低得近乎一文不值。在哈拉雷（辛巴威首都）的證券交易所，水泥製造商Zimcem的股價竟然只有其資產重置成本的**十七分之一**。

---

4 史利普秉持的是他所謂的「跨教派的善心」：「我不知道上帝是否存在，但你如果把上帝（God）這個字改成良善（good），那我完全相信良善的存在……良善確實存在，這對我來說就夠了，而且我相信良善的事物會持續茁壯。」

史利普寫信給遊牧公司的投資人，說明這個遭人鄙視的市場暗藏什麼吸引力：「客戶、合規官、顧問、行銷人員都會討厭這個市場。投資機會的規模很小。它不是標竿指數之一……完美極了。」

曾經有一段時間，因為辛巴威證券交易所完全停止交易，經濟依然是一場災難，遊牧公司對這籃廉價股的估值是零。儘管如此，遊牧公司在二〇一三年賣掉最後一批辛巴威股票的時候，股價還是漲了三倍到八倍之間。史利普和札卡里亞給了遊牧公司每一位股東一個紀念品：一張面額為一百兆辛巴威幣的鈔票，辛巴威政府在惡性通貨膨脹的高峰期發行了這種毫無價值的鈔票。

考慮到當時出現什麼樣的機會，遊牧公司「尋找售價超低的合理公司」這種偏好是可以理解的。但是這樣的策略有個缺點：當這種股票回彈、不再這麼便宜的時候，他們就必須賣掉股票，尋找新的廉價股。不過，萬一重新運用這些利潤的時候，市場上沒有任何吸引他們的股票，又該怎麼辦？**解決這種「再投資風險」的一個明顯辦法，是購買並持有品質較高、應該能在許多年間繼續獲得複利的公司股票**。

這條再投資策略是從一個代價高昂的錯誤中學到的教訓。二〇〇二年，遊牧公司做出了創立以來最大的賭注，將資金投入捷達集團（Stagecoach），這家英國巴士業者在海外擴張時投資過度，結果負債累累。該公司的股價從二・八五英鎊跌成十四便士，但是史利普和札卡里亞認為它至少值六十便士。

其中一個原因，是他們打賭該公司的創辦人會讓這家公司起死回生。這位創辦人原本是巴士售票員，曾把這家公司經營得有聲有色，結果成了英國的富豪之一。半退休的他重出江湖，整頓這家公司，而且把目光放在原本忽略的金雞母身上：英國的巴士營運。他的策略成功了。股價漲到九十便士的時候，史利普和札卡里亞賣股兌現，慶祝自己的投資翻了六倍。但是捷達集團的表現比他們預料得更優秀；到了二〇〇七年尾聲，股價漲到三．六八英鎊。「我們覺得自己有點蠢，」史利普說：「因為我們原本認定這支股票只有菸蒂的價值。」

史利普和札卡里亞因此開始尋找其他由擁有遠見的管理者經營的公司，他們相信這些公司會持續累積財富。「如果他們會理性思考，而且在乎長期發展，」史利普說：「你就可以放心地把資本分配的決策交給他們。你不需要買賣這家公司的股票。」他們也開始探討，什麼樣的特性能讓一家公司獲得出奇長久的保存期限。最後的結論蘊含啟示性：有一個商業模式或許比其餘所有模式更強大。他們稱這個模式為**「規模經濟分享」**（scale economies shared）。

讓他們領教到這個商業模式的公司是好市多，這個美國的折扣零售商體現了他們在經營上所尋求的一切。他們在二〇〇二年第一次投資好市多，當時許多人擔心這家公司淨利率很低，股價因此從五十五美元暴跌至三十美元。但是史利普和札卡里亞看出一個被許多人忽視的優點：好市多非常著重於讓顧客獲得價值。在當時，顧客每年繳四十五美元的會費，就能進入倉庫，裡頭擺滿了以最低售價販賣的可靠產品。好市多在每樣商品上的獲利金額不超過成本價的一五%，而一般的超級市場大約是三〇%。會員不需要貨比三家，因為好市多對待他們的方式非常公道。這家公司原本是可以調高售價、提高獲利率，但這麼做會破壞會員對它的信賴。

在華爾街的懷疑者眼裡，這種大方態度顯得柔弱與缺乏競爭力——簡直就像集體主義的企業。但是史利普和札卡里亞看出好市多這種慷慨作風的長期邏輯。滿意的顧客會一再光顧，在店裡花更多錢，商家因此獲得龐大收入。隨著客戶群增加，好市多能和供應商談攏更好的價格，讓出了名的低成本再次降低。之後，好市多持續降價，和顧客分享這種規模經濟。史利普和札卡里亞估計，好市多的顧客每省下五美元，好市多就能賺到一美元。這種自我克制的政策造成了一種良性循環，史利普這樣總結：「收入增加，節省更多，成本降低，售價降低，收入因此再次增加。」

大多數成功的龐大企業遲早會淪為平凡無奇，但是好市多願意和顧客**分享**規模經濟的好處，它的規模因此成了優勢而非累贅，讓這家公司能贏過自誇擁有更高利潤率的競爭對手。成立於一九八三年的好市多**憑著回饋顧客而持續成長**，而不是急著把所有好處塞進自己的口袋。它的低淨利率反映的是耐性，而非柔弱。史利普在寫給遊牧公司的投資人的信上解釋：「這家公司今天降低利潤，是為了延長這個連鎖企業的壽命。華爾街當然熱衷於今天的利潤，但這只是因為華爾街執著於短期成果。」

史利普和札卡里亞愈是尊敬好市多，就把愈多錢投資在這家公司上。二〇〇五年，遊牧公司對好市多的投資占了總資產的六分之一。今天，好市多依然是他們個人投資組合的重要項目之一。他們持有股票的十八年間，它從每股三十美元漲至三百八十美元，而且付出了豐厚的股息。但他們完全沒打算在近期內賣掉，因為好市多應該會繼續往好的方向走下去。

史利普和札卡里亞不用做出行動的好處之一，是有時間閱讀、思考，而且詳加討論學習心得。史利普的思維很敏捷，能在不同領域之間跳來跳去，像是從企業史跳去宗教，從神經科學跳到運動，並找出這些領域之間的共同點和模式。被史利普形容為「超聰明」的札卡里亞雖然在這方面的廣度比較小，但強在深入探究。他們經常談到的話題，是哪個商業模式效果最好，然後把它們列在辦公室的白板上。他們從這些討論中獲得一個堅定的想法：在延續企業壽命這方面，最強大的力量莫過於規模經濟分享。

他們研究了沃爾瑪在一九七〇年代的年度報告，發現該公司與好市多有許多相似處。戴爾電腦、西南航空，以及英國的特易購，也是走類似的路線來獲得穩定性。這些高績效企業壓低成本，把省下來的錢回饋到顧客身上，而顧客報答的方式就是更常光顧。

同樣的，蓋可保險公司和內布拉斯加家具商城（巴菲特最喜歡的兩家公司）在成長的同時繼續壓低成本，讓顧客省下大筆金錢，他們的同行因此愈來愈難和他們競爭。亨利・福特在一百年前做到了類似的成果，把生產線帶來的好處反映在 T 型旅行車的售價上，從一九〇八年的八百五十美元降低成一九二五年的三百美元。「這其實不算是嶄新的商業模式，」史利普說：「但確實值得我們懷著狂熱心態去追尋。」

這類公司的文化，通常是由擁有遠見的創辦人塑造，而不是雇員。他們大多在乎最小的細節，改善顧客體驗，在繁榮時期也努力降低成本，而且就算外界壓力要求立刻拿出漂亮的獲利數字，他們也仍然投資未來。史利普說：「他們必須非常樂於當個打破舊習者。」這些傳奇人物包括沃爾瑪的山姆・沃爾頓（Sam Walton）、好市多的吉姆・辛尼格（Jim Sinegal）、西南航空的赫伯・凱勒赫（Herb Kelleher），以及內布拉斯加家具商城的蘿絲・布魯姆金（Rose Blumkin）。布魯姆金是俄裔美國人，從六歲工作到一百歲，建立了美國最大的家具賣場，做生意是遵循三條簡單的戒律：「便宜賣，說實話，不騙人」。

史利普和札卡里亞了解這種商業模式的神奇力量後，就把它當成投資基金的準則。他們不再關注菸蒂股，而是把注意力放在少數幾家願意與顧客分享規模經濟的公司。他們清楚明白，一般人一輩子能知道的事並不多，但他們**知道**自己發掘了一個重大真理。「這大概是人生當中最棒的想法，」史利普說：「這個想法必須成為最高指導原則，因為這種領悟不是天天都會出現。其他東西的質素都比較低，不是嗎？它們算是曇花一現，造成的影響力不算大。」

史利普和札卡里亞對質素相似的幾家公司進行投資。他們把遊牧公司一五％的資產押在ASOS上，它是英國一家線上時裝零售商，享有優於傳統實體店的成本優勢，結果該公司的股價從每股三英鎊飆漲到七十英鎊。他們也把大量資金投入地板家具企業卡皮萊特（Carpetright），這家連鎖店是由哈里斯男爵（Lord Harris）創立，他是患有重度閱讀障礙的英國創業家，在十五歲繼承了父親的小生意，後來在歐洲各地開了數百家商店。遊牧公司也成了亞洲航空（AirAsia，全世界成本最低的航空公司）最大的外國股東。他們還投資了亞馬遜——規模經濟分享的究極典範。

史利普在一九九七年第一次聽聞亞馬遜的時候，它是準備上市的書商新貴。該公司的創辦人傑夫．貝佐斯曾在倫敦演講，說明這家還沒賺錢的新創公司如何提供無窮無盡的書籍選擇，又怎樣因為避開實體店開銷而獲得成本優勢，以及將現金流重新投入其他事業的方式。史利普急忙回到位於馬拉松公司的辦公室，對主管說：「這真的不可思議，很可能是重大機會。」主管說：『可是，尼克，他們做了其他人做不到的事嗎？』」

史利普和札卡里亞花了好幾年要掌握亞馬遜競爭優勢的本質，最後終於恍然大悟。貝佐斯正在追隨的正是福特、沃爾頓和辛尼格的神聖腳步，而網際網路能讓他大幅度強化他們留下的經典策略。

貝佐斯和他們一樣，在「控制成本」方面是毫不留情的高效。史利普表示，亞馬遜甚至拿掉了辦公室裡所有自動販賣機的燈泡，就為了每年省下兩萬美元。貝佐斯執著於為顧客省下金錢和時間，而且他有耐性地投資未來，埋下他在五到七年內不期望開花結果的新商業種子。他每年都投資數千萬美元，轉換成價格折扣和運費補貼，這是「延遲享樂」的傑出示範。

不令人意外的，華爾街抱怨亞馬遜的帳面利潤不夠漂亮，也完全不明白貝佐斯正在耐心地為日後的驚人成長鋪路。貝佐斯在二〇〇五年寫信給亞馬遜的股東們，解釋：「我們努力透過低廉售價把效率改善和規模經濟的成果回饋給顧客，這形成了一個長期的良性循環，能讓我們獲得更大的自由現金流，Amazon.com 也因此變得更有價值。」史利普和札卡里亞找到了企業靈魂伴侶。

貝佐斯在那一年發起了「Amazon Prime」，這項每年七十九美元的會員制能讓顧客享有免費的「兩日送達」的宅配服務。他後來還加入免費電視電影節目，連同無上限的相片儲存空間，讓會員待遇更有甜頭。從短期來看，給顧客這麼多福利和折扣，會讓公司獲利減少。但從長期來看，這麼做能強化顧客忠誠度，甚至刺激他們做出更多消費。貝佐斯發表 Prime 制度的時候，史利普和札卡里亞立刻明白這其實無異於好市多的會員年費。「老天，我**清楚**知道他們使出什麼計略，」史利普表示：「亞馬遜突然變成吃了大補丸的好市多。」

在二〇〇五年，遊牧公司開始以每股大約三十美元的價格大舉買進亞馬遜股票。二〇〇六年，史利普和札卡里亞辭職離開馬拉松公司，讓遊牧公司成了完全獨立的基金，這樣他們才有更多的自由追隨自己獨特的信念。他們把二〇%的資金押在亞馬遜上，並徵求股東的同意，做出超過這種範圍的投資。四分之一的客戶因此從遊牧公司抽走了資金，因為他們對這種單一股票的高額投資感到恐懼。

針對亞馬遜的懷疑心態持續翻騰。二〇〇八年股市崩盤期間，史利普出席了紐約一場活動，喬治．索羅斯在這個場合談到金融末日恐怕即將到來。世界分崩離析之際，索羅斯這個史上最成功的股票操盤手之一，說出了他只做空一支股票：亞馬遜。

那天共進午餐的時候，史利普見到比爾．米勒。米勒的共同基金是亞馬遜最大的外界投資者，他也比任何人都更早看出亞馬遜的優勢，因此買下了該公司一五%的股份。但他對史利普說，因為投資人紛紛抽離他的基金，為了滿足他們贖回資金的請求，所以他被迫減少持股。史利普當晚打電話給在倫敦的札卡里亞，問道：「你確定我們沒做錯嗎？因為這裡每個人都往反方向逃跑。」他們確信亞馬遜遲早會獲得重大成功，但如果他們誤判了這家公司呢？也許他們遺漏了什麼細節，其他那些懷疑者才是對的？「我們要麼判斷正確，」史利普表示：「要麼就死路一條。」

二〇〇八年，亞馬遜的市場價值跌了將近一半，遊牧公司則損失了四五．三%。史利普和札卡里亞挑了一個很適合的華麗地點（麥當勞）開了緊急會議，討論遊牧公司的未來會不會因為股市持續崩盤而受到威脅。想到以後可能會淪落到跑去華爾街某個破公司當分析師，他們不禁打冷顫。

儘管如此，他們還是沒落荒而逃。其他人驚慌失措的時候，他們趁市場混亂之際強化自己的投資組合，把更多資金投入高質素公司，包括亞馬遜、好市多、ASOS，以及波克夏・海瑟威。市場止跌回升的時候，他們獲得了驚人的龐大獎勵。從二〇〇九年到二〇一三年，遊牧公司的投資報酬率高達四〇四%。

在二〇一四年初，史利普和札卡里亞收掉了遊牧投資合夥公司。當時，公司的資產已增長至三十億美元左右，他們賺到了天文數字。但他們這場大冒險的宗旨向來不是金錢。許多基金「從一開始的目標就是賺大錢，」史利普在一封電子郵件中寫道：「但是讓我們滿足的不是金錢，而是『解決投資問題』的這個過程，我們邊做邊學，而且盡量做出能讓自己滿意的成績，而這些都是內在的個人目標，金錢只是個（令人開心的）副產品。」

札卡里亞尤其擔心這種工作會變成例行公事。「從智力上來說，我們覺得自己已經徹底絞盡了腦汁，」他說：「也從所有角度考慮了如何投資，判斷哪些層面才重要。我覺得我們已經了無遺憾。」他們因此退休，希望能把後半輩子投入慈善事業。史利普寫信給巴菲特，感謝對方在遊牧公司獲得成功這方面扮演的角色。巴菲特回覆：「你和札克做了正確選擇。我猜你會發現人生才剛開始。」

十三年內，遊牧公司的獲利率（扣除費用之前）是令人瞠目結舌的九二一%，離他們「把一英鎊變成十英鎊」的目標只差一點點。從二〇〇五年至今成長了十倍的亞馬遜，在這方面扮演了關鍵角色，還曾一度成長至遊牧基金的四〇%。

退休後，札卡里亞在遊牧公司的投資組合裡保留了他最喜愛的五、六支股票。他投資最多的亞馬遜在二〇二〇年的每股價格超過三千美元，市場價值高達一．五兆美元，貝佐斯因此成了全球首富。札卡里亞在自己的投資組合裡從沒賣過一支亞馬遜股票，而是繼續把七〇%的資金押在這支股票上，其他資金則大多投資於好市多、波克夏．海瑟威，還有一家叫做Boohoo.com的線上零售商。札卡里亞說他偶爾會看看自己的投資組合，自問：「換做尼克會怎麼做？然後我心想，『尼克不會採取**任何**行動』，然後我告訴自己：『好，接下來半年的投資就這樣決定了。』」

另一方面，史利普幾乎把自己所有的錢只投入三支股票：亞馬遜、好市多和波克夏。「沒幾家公司像他們這樣投資未來，」他說：「他們不在乎華爾街，不在乎市場走向和熱潮，而是做好長遠打算。」他不在乎只有三支股票的投資組合會有多大的波動幅度，因為這三家公司應該都會繼續走在正確的道路上。

然而，在二〇一八年，亞馬遜的股價爬到天際，在他的資產裡占據了超過七成。史利普開始擔心。亞馬遜的市場價值真有可能成長至三、四兆美元？還是它也遲早會碰上瓶頸？他不確定答案。所以，在投資亞馬遜的十三年後，他在一天內賣掉其中一半的持股，價格是每股一千五百美元。這麼做的感覺如何？「感覺爛透了，」他說：「我覺得心中充滿矛盾，而且不確定這是好決定。」

有一段時間，史利普只是耐心地坐在數千萬美元的現金上，不確定如何投資這筆因為賣掉亞馬遜股票而獲得的橫財。但我和他們在二〇二〇年談話的時候，他已經把這筆錢投入**第四支**

股票：ＡＳＯＳ，他在遊牧公司時投資過的線上零售商。打從他買回這支股票至今，它的價格已經翻倍。簡單來說，他的人生依然甜美。

五個保存期限持久的教訓

就我看來，在史利普和札卡里亞身上可以學到五個關鍵教訓。**首先，他們提供了一個很有說服力的示範，讓人明白「追求質素」這個指導原則可以怎麼運用在商務、投資和人生，這是《禪與摩托車維修的藝術》所啟發的道德和智性上的使命感**。我們很容易把「質素」當成一個抽象又主觀的概念，但它其實能在許多決策上擔任超級有用的過濾器。舉例來說，史利普和札卡里亞清楚明白，「收取遊牧公司營運開銷所需的低廉年費」是高質素的選擇，好過收取更昂貴、兩人就算表現不佳還是能海撈一筆的費用。

第二，他們專注於保存期限最久的投資標的，不關注曇花一現的東西。這條原則不僅適用於他們最看重的情報，也適用於青睞的永續發展公司。

第三，他們領悟到，「規模經濟分享」這項特別的商業模式能形成良性循環，產生長期可永續的財富。史利普和札卡里亞採用這個偉大的洞見，並透過它獲得豐厚收益，方法就是聚焦於幾家走在類似道路上的高質素企業。矛盾的是，他們也主張「購買少數幾家公司的股票」

（十家左右）會比「購買一百支股票」的風險更小；後者雖然是業界標準策略，但報酬率會低於前者。「我們知道自己並非無所不知，」史利普說：「所以只持有幾支股票是明智之舉，因為這是我們唯一**理解且真正懂**的事。」

因此，當全世界被新冠肺炎搞得天翻地覆的時候，他們最了解也最喜愛的幾家公司（亞馬遜、好市多和波克夏）依然韌性十足，這點並不令他們意外，畢竟這些公司透過規模經濟讓顧客的消費得到了更多價值。「你會發現，亞馬遜和好市多因為疫情而表現得**更為優秀**，」札卡里亞說：「經濟環境愈糟，擁有成本優勢的企業就會獲利更多。」

第四，就算對貪得無厭的資本事業來說，自私行為是家常便飯，但也沒必要為了取得豐碩成果而做出不道德或不擇手段的行為。金融海嘯期間，史利普以文字描述一種文化造成的毀滅，這種文化裡的「玩家就是非贏不可」，而且「不擇手段」。他和札卡里亞希望遊牧公司可以是資本主義比較文明面的化身。

這就是為什麼他們採取的收費制度是有利於股東而不是他們。此外，他們對彼此也很大方。比方說，札卡里亞堅持史利普應該掌握遊牧公司五一%的股份，如此一來，萬一兩人在某件事上意見不合，札卡里亞會全權讓史利普做出最終決策。史利普說他不可能虧待這個合夥人，因為對方「將一把左輪手槍裝了子彈，推過桌面說：『拿去吧，你想對我開槍也行！』」他補充道：「這個合夥關係充滿善意，我覺得這對我們的成功造成了重大作用。」另一個跡象是，兩人收掉了基金後，在接下來的幾年依然共用同一間辦公室。就像史利普說的：「良善行為的保存期限比較久。」

對慈善活動的注重，也是他們秉持「溫柔版」資本主義的特徵。「我們透過遊牧公司取得了想要的成果後，都明白接下來要做的是回饋社會，」史利普說：「這麼做，幫我們降低因為擁有太多金錢而走樣的風險。」此外，「把錢捐出去，能讓人感到喜悅。」

札卡里亞和妻子莫琳支援許多以科學研究和醫療為主的慈善機構，包括倫敦數學實驗室、皇家學會，以及皇家神經失能專科醫院（Royal Hospital for Neuro-disability）。史利普則常常花時間幫助 OnSide Youth Zones，這個慈善機構提供的避風港，讓貧困孩童能共處並學習新技能。他說自己和札卡里亞的優先事項已經改成「長遠地為社會帶來最大貢獻」。

話雖如此，史利普並沒有揚棄所有世俗愉悅。他熱愛賽車，經常駕著一九六五年的謝爾比野馬 GT350 和一九六七年的 Lola T70 參賽。他曾經和女兒潔西參加一場長達三十六天的越野賽，從北京開往巴黎（途徑蒙古和西伯利亞），兩人輪流駕駛他擁有的一九六四年賓士 Pagoda。

第五，在愈來愈傾向於「短期主義」和「及時行樂」的世界中，與此背道而馳的人反而能獲得龐大優勢。這不僅適用於商務和投資，也適合於我們的人際關係、健康、職涯和其他所有重要的事。「延遲享樂」並不容易，尤其考慮到我們所在的環境。在較為富裕的國家，一切都唾手可得：豐足的食物、資訊、讓你追不完的電視節目、各種口味的情色作品，或任何能搔到你癢處的產品或服務。在電子郵件、簡訊、臉書貼文和推特通知的高速轟炸下，我們的注意力變得愈來愈短暫。同樣的，在投資業裡，我們現在只要在手機上按幾個按鈕，就能快速進出市場。我們都以自己的方式努力，適應這場充滿奇蹟和危險的科技和社會革命。身為追尋享樂的生物，我們常常被「當下就讓我們感到愉快」的事物所吸引，就算我們（或其他人）之後恐怕得付出代價。這點不只是在我們的個人生活中顯而易見，也存在於政府負債和過度使用能源之類的問題當中。

「延遲享樂很重要。」史利普說：「當你回顧人生中，無論私生活或公事上犯過的所有錯誤，就會發現幾乎都因為想追求一些短期快感。在股市中，這就是絕大多數人的習性。」

稍微想想破壞投資人報酬率的諸多不受控衝動，例如：交易過於頻繁；依據引發恐慌或危言聳聽的新聞做出情緒化的決策；跟著群眾一窩蜂地購買最熱門（而且定價過高）的資產；放棄落後於市場績效一、兩年的基金；太早賣掉正在獲利的股票，而不是讓它們複利成長幾年。能抗拒這類衝動「是最偉大的超能力之一，」史利普說：「在評估哪些做法有用的時候，你必須特別看重這項能力。」

史利普和札卡里亞根本是「控制衝動」的大師，否則他們怎麼可能持有好市多股票長達十八年，而且亞馬遜股票從每股三十美元漲到三千美元之際，還持有十六年？他們明白一個重大的真理：如果延遲享樂，注重長期成果，就能獲益匪淺。但是光從理智面抓住這條原則還不夠。同樣重要的是，這兩人也建立一個組織內部可貫徹此原則的生態系統，**支持**這種行為。

首先，他們的投資人大多是非營利組織（比如大學捐贈基金），而且願意長期投資。在寫給股東們的信上，史利普大力稱讚他們的「溫柔耐心」，用這種巧妙方式強化他們正確的心態。遊牧公司還投資於想法獨特人士所經營的企業，比如貝佐斯和巴菲特，這些人特別看重長遠的未來。還有一件事也有幫助：史利普和札卡里亞的靜謐辦公室是位於國王路的一家中藥行樓上，遠離大型投資樞紐的繁忙活動。他們也排除了一些具破壞性的影響因素，方法是拒絕雇用賣方分析師和財務顧問（這種人如果每天不觀察基金的表現會很想死）。他們遠離了所有戲劇性事件和刺激，這甚至讓他們覺得自己很像隱士或修道士。

你我如果想獲得長遠的投資成功，就必須以他們為榜樣，學習**有系統地抗拒會讓我們做出衝動行為的外在和內在因素**。懷著這個心態，對於媒體關於即將到來的市場調整和崩盤之類的廢話，我完全忽視，也好幾星期都不查看自己的投資表現得如何。[5] 我的預設行為就是什麼也不做。因此，我大多數的投資組合是靜靜地停留在兩筆指數型基金和一筆價值取向的對沖基金上，我持有了至少二十年。我每次犯下代價最高的錯誤，都是因為失去耐心，或羨慕其他人的獲利，結果偏離原本的道路，把賭注押在一些承諾能更快致富的私人公司或個股上。但弔詭的是，幾乎每件事都證明：比較緩慢的路其實速度更快。

我最欣賞的投資人大多都勇於不作為，不是因為他們懶惰，而是清楚知道耐心的好處。霍華．馬克斯對我說過：「我們的獲利不是取決於買賣什麼股票，而是持有什麼股票。所以我們要做的主要活動是持股，而非買賣股票。我常常在想，如果一家公司說：『我們只在星期四交易股票』，而其餘四天你只能坐下來思考，這也許會增強該公司的能力。」

---

[5] 我在寫下這句話之後，意識到這不全然是事實。在充滿壓力的時期，比如新冠肺炎疫情期間，我常常一天內檢查自己的投資組合好幾次。這種緊張的習慣弊大於利。所幸，這目前還沒驅使我做出任何衝動的投資決定。儘管如此，意識到自己很容易故態復萌，擺脫不掉這種毫無建設性的習慣時，我還是很不安。

體現這種慢行動心態的典範，莫過於托馬斯．魯索（Thomas Russo），他管理的投資公司嘉德納魯索與嘉德納（Gardner Russo & Gardner，位於賓州的蘭開斯特市）三十多年來的報酬率持續打敗大盤。「我把自己當成農夫。」魯索說：「華爾街到處都是尋找大獵物的獵人。他們殺掉獵物，把牠帶回家，大肆慶祝，一切都很美好，接著他們再尋找下一個獵物。但我做的是播種，然後把所有時間拿來培育他們。」他最大的持股包括波克夏．海瑟威、百富門（Brown-Forman）和雀巢，都是從一九八〇年代持股至今。幾年前，他五十九歲的時候，我問他是不是打算一輩子都持有波克夏和雀巢的股票。他毫無遲疑地答覆：「應該是。」

和史利普、札卡里亞一樣，魯索的職涯也是建立於「延遲享樂」的力量。魯索持股的公司都有他所謂的「承受痛苦能耐」這個共同特徵。意思就是，這些公司是做「非常長期」的投資，就算必須忍受好幾年的前期虧損。魯索表示，當我們「為了明天的收穫，在今天犧牲一些事」的時候，往往都能獲利。

對我來說神奇的是，這條永恆的原則不僅適用於商務和投資，也適用於我們人生所有層面，比如健身或改善飲食，為了準備考試而努力念書或熬夜，還有我們為了退休而存錢或投資。在這些案例上，我們接受或忍受在短期內看似毫無吸引力的東西，結果獲得長期的好處。相反的，史利普說：「我認為做了之後會讓人覺得不愉快的事，幾乎都是在『短期內』很吸引人。」他列出許多受人歡迎的陷阱：喝醉、「吃太多蛋糕」、說謊、「光顧色情酒吧」，還有「在街角雜貨店偷糖果」。他說：「這些行為在當下似乎都是好主意，令人興奮，帶來獎勵，讓人覺得有點刺激。但到頭來，它們奪走了你的長期福祉。」

這些都不是什麼新鮮的觀念。在聖經《創世紀》中，對「及時行樂」毫無招架之力的以掃，為了一碗不值錢的紅豆湯，竟然把珍貴的長子名分讓給了弟弟雅各。相較之下，雅各的兒子約瑟是「延遲享樂」的大師，他出於遠見，在「七年豐收」期間存放大量穀物，確保埃及能熬過接下來的「七年飢荒」。數千年後的今日，我們一再面對同樣的抉擇：**選擇當下或未來？**

選擇及時行樂或延遲享樂？

對於你我大多數人來說，這是個充滿挑戰的選擇。但是札卡里亞表示，他喜歡穿上「剛毛襯衣」（hair shirt，由毛髮製成的襯衣，在古代因宗教理由而穿上這種衣服懲罰自己）這種不太舒服的感覺，而且當其他人屈服於誘惑的時候，他「拒絕及時行樂」。這讓我想到佛教用「無悔的喜悅」這句話來描述「抗拒不健康或不明智的行為，能獲得微妙福報」。同樣的，耶胡達・阿什拉格拉比（Rav Yehuda Ashlag）和菲力浦・柏格拉比（Rav Philip Berg）等卡巴拉信徒，也教導我們如果想獲得長久的快樂、滿足和自由，就必須抗拒心中的負面傾向。柏格拉比在所著的重要書籍《卡巴拉思想入門》（*Kabbalah for the Layman*）中寫道：「卡巴拉信徒不選擇最好走的路、權宜之計或及時行樂，而是選擇最多阻力的路。」這揭示了一個重大真理：通往身心滿足的道路常常違反我們的直覺。

史利普表示，有個務實的技巧，就是「在短期內獎勵自己」，辦法是：思索你因為選擇抗拒想及時行樂的欲望，以後所能獲得的所有美好福祉。如此一來，延遲享樂就會跟喜悅產生關聯，「你就更可能願意接受它」。史利普也說：「我其實**滿喜歡**抗拒誘惑，因為知道這麼做會讓我的人生變得更美好。」

第7章

高績效的習慣

頂尖投資人懂得養成能帶來複利成長的好習慣，進而建立龐大的競爭優勢

我們在年輕時養成的習慣會造成非常巨大的影響，甚至可以說這將決定一切。

——亞里斯多德

我認為一般人在年輕的時候都會低估「習慣」的重要性，低估自己在四十五歲或五十歲時想改變習慣會是多麼困難，也低估自己從小就養成正確習慣是多麼重要。

——巴菲特

一九九〇年的時候，湯姆．蓋納（Tom Gayner）的體重已經高達八十六公斤，而且不可能有人會誤以為他是沙灘排球的奧運金牌得主。儘管如此，他說自己當時的體重「還在合理範圍內」。那年的他二十八歲，在馬克爾公司（Markel Corporation）處理投資組合，它是一家位於維吉尼亞州里奇蒙市的保險公司。投資是一種靜態運動，主要的活動是閱讀、思考和處理數字。蓋納非常適合這種運動。他只有八、九歲的時候，令他愉快的週五夜晚消遣，是和奶奶一起坐在電視機前，收看路易斯．魯凱瑟主持的《華爾街週報》。

隨著年歲漸長，蓋納擅長「坐著思考」這種才能，產生了意想不到的後果：他的體重逐漸超過九十公斤。他決定不再沉淪下去，因此向眾多朋友和同事宣布：在接下來的十年內，他每年要減掉半公斤。這種宣言也許聽起來嚴重缺乏雄心壯志，但有些研究指出，一般的美國男性在成年初期和中年之間，每年會增加半公斤到一公斤的體重。蓋納熟知「利滾利、錢滾錢」的道理，明白任何小小的優勢或缺點都會產生重大的長期影響，所以他開始著手改變跟了自己一輩子的不健康習慣。

蓋納表示：「我小時候的飲食習慣，和喜歡在營地偷吃人類食物的浣熊差不多。」比方說，他判斷自己以前每年可吃下大約兩百個甜甜圈。有些減肥人士會宣布徹底戒掉這種有罪惡感的享受，（暫時）投入缺乏樂趣的無甜甜圈生活，結果（幾乎無可避免地）故態復萌。但是蓋納不是這種人。他開心地坦承，現在自己每年大概還是會吃下二十個甜甜圈。但從整體看來，他在「維持健康飲食習慣」上表現優異。這些年來，我和他一起用餐過幾次，包括在紐約一家古典俱樂部共進午餐（他點了凱撒沙拉、鮭魚和無糖冰茶），兩次在他的辦公室一起吃午餐（他也是吃沙拉和魚），還有一次在他位於里奇蒙市郊區的住處共進晚餐（他煮了美味的青醬鮭魚佐小捲心菜，搭配葡萄酒，餐後點心是冰淇淋）。針對營養和人生其他的領域，蓋納的策略都是「方向正確」就好，不求完美。「整體來說，」他表示：「我是懂得滿足的人，不會事事都要求盡善盡美。」

他在健身方面也是採取類似的態度。「我的運動能力向來不是很好，」他說：「在運動方面的顛峰時期，是七年級的時候在教堂打籃球。」他聲稱自己在滿五十歲之前，一輩子跑步的**加總**距離不到八公里。他後來有次坐飛機的時候，在報紙上看到一篇文章，標題是「你討厭跑步嗎？」。他說：「是啊，我確實討厭跑步。」但是這篇文章描述一個為期二十八天、任何人都能上手的跑步計畫，所以他決定試試看。依據該計畫，他在第一週每天都要跑步，但每次不能跑超過五分鐘。然後，他在第二週每天要跑十分鐘，第三週是每天十五分鐘，第四週是每天二十分鐘。他表示，到那時候：「你已經一步一步地養成了某種習慣。」果不其然，在五年後的今天，他依然維持著每週跑五次的習慣。他通常在清晨五點半或六點開始跑，在三十分鐘內跑完大約四．八公里，而一般人這時候還在睡大覺。「別以為我的速度很快，」他說：「其實慢得很。」

馬克爾公司在世界各地都有保險和投資的業務，而在這家控股公司擔任聯合執行長的蓋納應該不會創下百米衝刺的世界紀錄，但他跑步的習慣（他也會做些瑜伽，有時候舉舉壺鈴）能幫助自己應付工作上的體力需求和每日壓力。他的職責是管理價值二一一億美元的股票和債券，連同十九家完全由馬克爾擁有的公司，職員人數高達一萬七千人。「你如果是扛起這類責任的高階主管或資金管理人，就必須一週七天、每天二十四小時投入。你沒有淡季，沒有休假，」他說：「因此，我認為有紀律非常重要，必須關心自己的健康、睡眠和飲食，維持工作和生活之間的平衡，留時間陪伴太太、孩子，還有和教會教友相處。這些行為就算無法產生你想要的成果，也一定會提高讓自己獲得成果的機率。」

蓋納與眾不同之處，是他在維持紀律上總是意志堅定。一般人都是三分鐘熱度，過了幾天就鬥志全消。拿我本人來說，我有壺鈴和跳繩，但用過的次數頂多三次；它們存在的主要目的，就是讓我感到愧疚。蓋納卻能堅持不懈，就算做得並不完美，但總是維持**方向正確**。他表示，關鍵在於自己做每件事都「嚴格要求適度」：「如果我做些極端改變，就一定無法維持下去。可是**循序漸進的適度改變**可以持續下去。」

他也總是避免讓自己沿錯誤方向偏離太遠。他在辦公室附近一面湖的周圍競走一圈後，給我看他戴的 Apple Watch，這個裝置追蹤了他的動作，確保他完成了「每天都必須做的半小時健身」。同樣的，除非出門在外，否則他每天都會量體重，他表示：「如果體重增加不少，我會稍微更努力地運動，或暫時特別注意自己攝取的食物。你如果從不讓體重失控，想維持理想狀況就會容易許多。整體來說，我就是試著用這種方式過日子。」

這種極端適度卻又堅持到底的策略顯然有效。[1] 我在二〇一七年花了一天半的時間訪問蓋納的時候，他當時八十八公斤，與二十七年前的體重相差無幾。在「體重增加」這方面，我的幅度比他大了不少，這闡述了日常行為上的小小差異，會在數十年後累積成多大的差距。[2]

這一切都指向一個適用於投資和人生的重要結論：**成果輝煌的勝利，通常是由循序漸進的**

小小進展日積月累而成。「如果想知道獲得巨大成功的訣竅，答案其實就是讓你每一天都比昨天更進步一點，」蓋納說：「有很多方式能讓你做到這點，但這就是重點。不斷地取得進展是關鍵的環節。」

邊際利得的積累

蓋納也把這一套理念應用於投資。許多投資人會在短期賭局或前景誘人的策略之間換來換去，這就像體重會忽上忽下的減重者一樣，沒有確立且持久的解方之下，嘗試各種流行的飲食

---

1. 我不是說蓋納的飲食和運動方式適合每個人，畢竟基因和代謝之類的因素有很複雜的交互作用，但我確信他的生活方式會比巴菲特的更適合一般人。巴菲特每天會在上班途中去麥當勞吃早餐，而且對紅肉和可口可樂的攝取量高得驚人。巴菲特有次對莫赫尼什．帕布萊的女兒們開玩笑說，如果某種食物是他在五歲前沒碰過的，他現在也不會去碰。
2. 新聞快報！我和蓋納在二〇二〇年再次談話時，他告訴我：「我今早站上磅秤，發現數字是八十六公斤。」蓋納堅持到底的努力成功了，終於回到他三十年前的體重。

法。蓋納是穩步進展的最佳典範，堅持遵循一套由四項原則組成的選股策略，三十年不變。這四項原則為他指引正確方向，避免他「做蠢事……它們就像護欄」。

首先，他尋找「資本回報率不錯，負債不算太多的獲利公司」。第二，該公司的經營團隊「德才兼備」。第三，該公司應該有充足的機會能把利潤用於「再投資」，並享有良好的投資報酬率。第四，該公司的股票售價必須是他覺得「合理的」價格。

蓋納如果找到一家符合這四項考驗的公司，就會打算「長遠投資下去」，讓股票永久複利成長，同時推遲賣掉股票的稅務後果。他第一次為馬克爾公司買進股票，是在一九九〇年購買波克夏．海瑟威的股票，這批股票的價值如雪球般愈滾愈大，如今超過六億美元。巴菲特在一九六五年取得波克夏的控制權，但這其實是錯誤決定，因為這家紡織廠注定走向滅亡；然而，他把該公司的資產投入更有前景的領域，股價因此從每股十五美元飆升至三十三萬美元。蓋納表示：「對你有利的就是，決定再投資的那個人是天才。」蓋納認為，波克夏證明了他的四項原則裡就屬第三項最重要：「再投資的動態」（reinvestment dynamic）。

蓋納投資第二大的公司是車美仕（CarMax），他從一九九〇年末期持股至今。車美仕在當時是家小公司，想出了「用固定價格販賣二手車」這種新奇點子，打破買車必須討價還價和交易不透明的傳統。蓋納是虔誠的美國聖公會教徒，從小過著貴格教派的生活，他說在一八五〇年代開張的梅西百貨公司（Macy's）就是由一名貴格教徒創辦，所有商品都以定價出售，顧客因此再也不用擔心自己是不是被狡猾的推銷員騙了。既然車美仕致力於透明又公道的交易，不就也能享有類似的優勢？更重要的是，車美仕的股票很便宜，而且只要成立新的經銷商就能把利潤重新拿去投資。從他最初投資以來，車美仕的經銷商數量已經從八家拓展到兩百家，而且股價漲了超過六十倍。

蓋納的投資組合裡主要都是可靠的複利成長機器，包括布魯克菲爾德資產管理公司、華特迪士尼公司、帝亞吉歐（Diageo）、Visa，以及家得寶，他相信這些企業都會長久繁榮，不受創造性破壞所威脅。舉例來說，「約翰走路」這個有兩百年歷史的蘇格蘭威士忌，是由帝亞吉歐所擁有，他對此感到安心：「我覺得這看起來很穩健。我就是試著尋找這種投資標的。」他不打算拿這些股票去交易，而是長期持有，讓它們繼續增值：「我的經驗是，最有錢的人是發現好東西就緊抓不放。那些看起來最不開心、最緊張兮兮、最不成功的人，總是在追求下一個熱門事物。」

蓋納總共擁有大約一百支股票，這種投資作風看似過於保守，但他把三分之二的資產投入自己最看好的二十家公司，這種方式其實有些積極。他對亞馬遜、Alphabet和臉書之類的科技股，也是抱持類似的投資態度。他花了「很長的時間」才確認它們擁有永續的競爭優勢，符合他的四項投資標準。儘管如此，這些公司的股票並不便宜，他很難精確地估計它們的價值，所以採用了循序漸進的做法，「穩健地」投入很大（但不是太大）的投資金額，透過「定期定額投資法」來降低「支付過高價格」的風險。如此一來，他就算搞砸了，後果也不會太嚴重。

這種注重「避開災難」的作風，讓我想到傑佛瑞・貢德拉赫擁有的傑出見解，他是雙線資本公司（DoubleLine Capital）的執行長，管理大約一千四百億美元的資金。貢德拉赫是急性子的億萬富翁，外號「債券之王」，他說自己做過的判斷有三〇％是錯的，所以做任何投資決策前，會先提出一個重要問題：「如果我在某件事上判斷錯誤，那麼**後果**是什麼？」接著他試著調整賭注，以確保不管發生什麼事，也不會有毀滅性的後果。**「確保你的錯誤不會造成致命性打擊，」貢德拉赫告訴我：「這是長壽的關鍵。說到底，這一行成功的所在就是：長壽。」**

蓋納的投資組合是為長期存在而建立。他如果投資亞馬遜、Google和臉書，確實能獲利更大，但就和他的飲食、健身方式一樣，他的投資決策並不是追求「最佳化」。相反的，他追求的是堅持、永續的適度投資。這種投資方式三十多年來的累積效果非常驚人，因為他駕馭了長期複利的力量，「我從不策馬狂奔，這樣就能降低重重摔倒的可能性」。

在蓋納投資生涯最糟的兩年中，他的股票投資組合的價值在一九九九年跌了一〇．三％（當時科技股瘋狂飆漲，他犯的錯是試圖賣空），在二〇〇八年跌了三四％（信貸危機揭露了他投資的一些公司其實舉債比他預料得更多）。他的妻子蘇珊是馬克爾公司旗下一家預製屋（manufactured-housing）事業的執行長，她說這兩個時間點「對蓋納的靈魂來說宛如黑夜，讓他充滿自我懷疑和絕望」。蓋納說，金融海嘯的壓力害得他幾乎掉光頭髮。儘管如此，他還是活了下來，投資也終究重新慢慢地往上爬。

其成果斐然。一九九〇年到二〇一九年，蓋納的股票投資組合平均年報酬率是一二．五％，高過標準普爾五百指數的一一．四％。按照這種比例，如果一開始把一百萬美元投入蓋納的投資組合，就能成長至三四二〇萬美元，而標準普爾五百指數則是二五五〇萬美元。這個優秀成果證明了，只要能長期維持優勢，就算幅度不大，也能取得寶貴成績。

「如果你能持續對自己的投資表現感到滿意，並保持理性，這一路上就會超越許多人，而且你會很驚訝自己在百分等級排名的名次竟然會這麼前面。」蓋納說：「我以前在任何事上都不是第一名。我向來只稱得上穩健、稱職，而且有能力。但就像我父親說的，『可靠』就是最優秀的能力。3 你該做的就是堅持到底，這能讓你繼續留在這個競局裡。很不可思議的是，時間一久你真的會變成第一流的人，只因為這個充滿競爭的領域會刷掉很多人。」

馬克爾公司本身也是用類似的態度走過很長一段路。它在一九八六年上市時，是一家默默無名的專業保險公司，市值大約四千萬美元。馬克爾家族在一九三〇年創辦了這家公司，其後人雇用蓋納（他當時以分析師和股票經紀人的身分，在公司待了幾年）幫助他們複製波克夏．海瑟威的商業模式。蓋納把馬克爾公司透過保險業務取得的「保險浮存金」（float，保戶向保險公司交納的保費）拿來買股票，而且從二〇〇五年開始買下幾家公司，這很像巴菲特把透過保險業務取得的資金拿去投資的做法。這是高明的複製，（理所當然地）維持了幾十年。但是蓋納不喜歡「複製」這個詞彙，因為這暗指他只是模仿巴菲特，但他其實是觀察哪些行動有效，並配合自己的狀況，「重新組合」這些行動。

---

3 影響蓋納最大的是他父親，這個幽默且韌性十足的人是在經濟大蕭條期間長大。他家族的玻璃生意因大蕭條破產，全家陷入困頓。年輕時，他是半夜溜出家門，在一個非法酒館裡演奏單簧管賺錢。他曾參與第二次世界大戰，膝蓋中彈，後來取得了會計師資格，買下一間酒類專賣店，而且做了一些小規模的房地產買賣。「父親是我見過最富有的人，」蓋納說：「我的意思並不是他比傑夫．貝佐斯或巴菲特更有錢，而是他擁有足夠的錢。這是心理層面的滿足。」

至於成效如何呢？蓋納拿出馬克爾公司一九八七年的年度報告，讓我明白它當時的總資產是五七三〇萬美元。到了二〇一九年末，它的總資產成長至三**七四億美元**。馬克爾公司的市值成長至一百四十億美元，在二〇二〇年的《財星》世界五百大排名是第三三五名。「這種成長很不錯，」蓋納說：「走的是同一種路，同樣的軌道，這就是複利成長。」

馬克爾公司的股東們有理由慶祝，蓋納也不例外，因為他大半的身價都來自股票。馬克爾公司在首次公開募股那天，每股交易價是八．三三美元。到了二〇一九年末，股價已經爬升至每股一一四三美元，漲幅是一百三十七倍。

蓋納這項紀錄表示，你不需要採取極端措施，也能獲得傑出的長期成果。相反的，他表示：「人就是因為採取極端措施才陷入困境。」歷史上一些最明智的思想家一定會很欣賞他對「走中庸路線」的堅持，像是孔子、亞里斯多德、佛陀，以及邁蒙尼德（Maimonides）。

大約兩千四百年前，古希臘哲學家亞里斯多德認為，能獲得傑出成果和長久快樂是取決於我們能否找到所謂的「黃金分割」——一種「離兩個極端都是等距的中庸之道」。談到食物、飲酒和性愛之類的肉體歡愉時，他教導大家應該在「過度沉溺」和「完全禁欲」之間，尋找一個中間地帶。同樣的，在面對風險的時候，他也建議在「膽小」和「魯莽」之間找出明智之路：「因為逃離或恐懼一切，碰上任何事都無法堅守立場的人，變成懦夫。而天不怕地不怕、碰上任何危險都要正面硬幹的人，成了莽夫。」[4]

蓋納不是懦夫，也不是莽夫。他做的一切都看似合理又平衡，比如他的飲食和健身，還有他建構投資組合的方式，是在分散式和集中式投資之間取得平衡。他在投資和生活上的中庸作風，美妙之處在於這不僅能換來豐厚獎勵，而且你我之類的平凡人也能**複製**。我訪問過的一些著名投資人擁有驚人腦力，他們的操作彷彿又在另一個境界，像是查理・蒙格、愛德・索普，以及比爾・米勒。蓋納的智力非常高，但他真正的優勢是在行為層面，而非智力層面。他把自己和一些最聰明的同儕做比較，他表示：「我的智力不如他們，所以彌補不足的方式，是要求自己更有紀律、更穩健、更堅持到底。」

他雖然這麼說，但我們其實很容易低估蓋納。他性情開朗，喜歡自嘲，而且缺乏我們預期在金融巨頭身上看到的自負與魅力。他開的車是豐田的油電混合車普銳斯。（「我喜歡每一公升汽油能跑二十一公里，因為我很小氣，」他說：「而且如果我們不需要使用石油，我認為這個世界會變得更和平。」）他住在一棟宜人、但不算豪華的聯排別墅裡（「這種房子維護費用低。」）。而且他描述自己「很開心」能和高中女朋友結婚——她是長老會牧師的女兒，他在十五歲時與她開始交往，在十九歲時結婚。他們第一次約會時，他父母開車載他們去新澤西州的塞勒姆小鎮上的一個賣卡士達點心的攤位。他也是在當地一座占地百畝的農場中長大。

簡單來說，蓋納身上沒有任何酷炫華麗的氣息。但你很難在投資業裡找到一個比他更好

---

4 魯・馬瑞諾夫（Lou Marinoff）在所著的啓發性著作《中庸之道》（*The Middle Way: Finding Happiness in a World of Extremes*）中，探討亞里斯多德、佛陀和孔子之間的驚人相似處。和亞里斯多德一樣，佛陀也告誡學生尋求「中庸之道」，避開彼此對立、「讓人無法獲得好處」的兩種極端行為：「沉浸於感官歡愉」和「過度禁欲」。孔子的教導是「君子會遵循中庸之道」，這能帶來心靈上的平衡，也能讓社會秩序和諧。

的榜樣，畢竟他「懂得滿足，而且步步為營」的累積財富方式，是倚賴於常識和精挑細選的習慣，而不是出自於複雜深奧的技能或鋌而走險的行動。當我詢問一般的投資人該怎麼做才能致富的時候，他提出了你都能想像的超平凡建議：「讓生活的花費低於收入，把存下來的錢拿去做有正向報酬率的投資。你如果可以做到這兩點，就不可能失敗。」他補充道：「如果花的錢比賺的少，你現在已經是有錢人了。」

蓋納在「控制成本」這方面無比謹慎。他管理馬克爾公司投資的方式，是讓費用花在刀口上，並將稅收效益最大化。這種成本優勢是我們任何人都能模仿的，方法就是避免頻繁交易，而且避開費用高昂的金融產品。他在生活方面也同樣節儉，他說這種習慣打從小時候過著貴格教派的生活就「根深柢固」了。他沒辦法忍受機場的食物價格，而且在度假時極度不願每天在餐廳吃兩餐，就算他每年賺進數百萬美元。

如果節儉是他獲得財務成功的關鍵要素之一，那麼勤奮也是。他在維吉尼亞大學念學士學位的時候可以蒙混過關，但現在呢？不太行。一般來說，他會在早上七點十五分抵達辦公室，而且上午時段塞滿工作，因為這是他最具生產力的時候，也不允許有人打擾。「我把工作環境安排得很安靜，」他說：「我們現在坐在我的辦公室裡，你有多少次聽見我的手機在響？」

他在電腦螢幕的邊框上貼了一張紙，上頭寫著麥可．喬丹的名言：「我這輩子一次又一次失敗，這也是我成功的原因。」蓋納喜歡提醒自己，喬丹在高二那年沒能進入籃球校隊，但他後來透過「超人般的努力」和「強大毅力」，成了最偉大的籃球員之一。**「你沒辦法控制結果，」蓋納說：「唯一能控制的是努力、竭盡所能，以及百分之百投入你手上的工作。之後有**

何結果，都順其自然。」

我在二〇二〇年再次採訪他的時候，美國陷入暴動和大流行病的苦難中，但是蓋納依然和以前一樣專注於控制自己的行動，繼續進行既定的投資流程，而且為員工樹立榜樣。「繼續一步一步地前進，」他告訴我：「這就是指引了我一輩子的準則，何必現在做出任何改變？」

蓋納的「循序漸進的自我改善」策略，反映了他對「活到老，學到老」的堅持。他熱愛閱讀，涉獵的領域包括描述「習慣養成」的科學書籍、自傳，以及他最喜愛的作家馬克．吐溫的小說。但他也把自己視為「神經網絡裡的一個節點」，與他互相連結的諸多聰明人士能協助他持續擴張知識、改善技能。

知名的資金管理人查克．阿克雷（Chuck Akre，後文就會介紹他）幫助蓋納更了解一個道理：「再投資」其實是促使事業成功的最大力量。天賦異稟的對沖基金經理人喬許．塔拉索夫（Josh Tarasoff），幫助蓋納明白為什麼應該買進亞馬遜的股票。蓋納也和巴菲特一起擔任了華盛頓郵報公司的董事多年。蓋納學到一個永生難忘的教訓是，「毅力和耐力」是形成巴菲特優勢的關鍵要素：「巴菲特擁有的精力和毅力簡直不可思議……他從一大早就蓄勢待發，就像勁量電池那隻招牌兔子，就是停不下來。這是體能方面的壯舉。」

也難怪許多頂尖投資人都非常信賴蓋納。「我擁有的一項優勢，是我這個人脾氣不錯，」他說：「我喜歡試著幫助人，努力做正確的事，結果因此獲得很棒的一群朋友、同事和夥伴，他們**為我加油**，而不是**等著看我失敗**。而且他們喜歡幫助我，總是義不容辭。」我們有時候以為，做人必須心狠手辣才能爬到高處。但是蓋納證明了，當個善良的好人能獲得更為微妙的好處。我覺得這種被忽略的優勢，就是所謂的「好人效應」。藍晶基金的負責人蓋伊・斯皮爾花費許多心思幫助他人，因此他身邊的人們也想幫助他。斯皮爾把這種現象描述成「善意的複利成長」。

如果你的目標是取得**永續的**成功，蓋納深信，行為令人欽佩會更好，其中一個原因是你如果值得信賴，就會有更多人想和你做生意。「有些人是透過吹牛、霸凌、威脅和使詐的方式，取得一段時間的豐功偉業。」他說：「但這絕對會被人拆穿，從無例外，就算不是立刻，但遲早都會真相大白。有些人是年復一年地繼續成功下去，你會發現這樣的人非常正直。」

我試著找出蓋納獲得偉大成就的諸多原因時，想起尼克・史利普對我說過的一個觀念：「邊際利得的積累。」最初提出這句話的人是傳奇教練大衛・布萊斯福爵士（Sir David Brailsford），英國自行車隊就是在他的指導下於北京和倫敦奧運取得驚人的佳績。這些勝利不是來自一次重大創新，而是「諸多小小改善的積累」，最後形成了壓倒性的優勢。舉例來說，布萊斯福的自行車選手在輪胎上擦拭酒精，提高了抓地力；穿著電熱衣運動短褲，肌肉就能維持適當的溫度；研究外科醫師洗手的方式，降低了生病的機率；出國時甚至帶了自己的枕頭，這樣他們就更有可能睡好覺了。

擁有企管碩士學位的布萊斯福深受日本人「改善」（kaizen，意思是「持續的進步」）原則的啟發，這種文化也是讓豐田成為偉大企業的關鍵。布萊斯福在《哈佛商業評論》一篇報導中和艾本・哈雷爾（Eben Harrell）對談，表示：「我突然意識到，人應該從小處思考，而不是大處，人所抱持的理念也是透過積累邊際利得的方式持續進步。別想著完美，而是聚焦於進展，讓進步加乘。」

熱愛騎自行車的史利普表示，最成功的企業都執著於追尋邊際利得。他描述哈里斯男爵（Carpetright 的創辦人）如何堅持重複使用價格標籤，在兩個空白邊寫上新價格，就為了積少成多地省錢。「祕密醬汁不是只有一種，」史利普說：「你只需要在乎所有小事，而且讓它們積累在一起就好。」

你如果想了解蓋納為何成功，他已經說出了答案：沒人比他更在乎所有小事。個別看他每天的習慣，會覺得它們似乎微不足道——就像自行車選手到遠地要帶著自己喜愛的枕頭一樣。他早早起床，很早就到辦公室。他慢跑，練瑜伽。他沙拉吃得很多，甜甜圈吃得很少。他在一間能讓他集中精神的安靜辦公室工作。他堅持遵循四項經過歲月考驗的原則，來篩選每個投資構想。他以充滿稅務效益的方式進行投資。他盡量壓低投資成本，花費又遠低於收入。他大量閱讀。他研究並巧妙複製其他高明投資人的思維。他禱告，上教堂，從對上帝的信仰中，汲取情感力量。他以能喚起信任和善意的方式行事。

這些習慣如果拆開來看，都沒什麼大不了。但別忘了：真正強大的，是邊際利得的積累。另外就是「明智的習慣所產生的少量利益，時日一久就會持續複利增加」。從短期來看，這些循序漸進的小小進展看似微不足道，但是光陰乃「壞習慣之敵，好習慣之友」。你年復一年地努力，幾十年過去後，累加的效果是相當驚人的。事實上，令蓋納與眾不同的，是一個不可或缺的習性：他是毅力之王。

慶幸的是，我們不需要祕密醬汁或極高的智商。**我們必須做的，是選出一些方向正確、能**

永續發展的明智習慣——這些習慣會為我們帶來日益加乘的邊際優勢。蓋納已經指引我們走上正確的道途。接下來，我們來看看頂尖投資人還採用哪些高績效習慣，藉此取得持久的優勢。

拿出最佳表現

我在二〇〇〇年採訪了傑夫．維尼克（Jeff Vinik），這位作風神祕的投資明星在三十三歲那年成了富達「麥哲倫基金」的經理人，這是全球規模最大也最著名的共同基金。威廉．達諾夫後來接替了維尼克，成為富達信託基金的經理人。他表示，在富達公司裡，維尼克是他們那一代「最優秀的基金經理人，投資業的神童」。

維尼克在管理麥哲倫基金的四年間，擊敗了標準普爾五百指數，後來因為在債券上押注的時機錯誤，他悶悶不樂地離開了富達公司。之後，他建立了一筆作風大膽的對沖基金，獲得了令人驚奇的成果。我和他談話的時候，他的維尼克資產管理公司（Vinik Asset Management）正準備把數十億美元還給諸多投資人，這樣他就能專心管理自己的財富，也有更多時間陪伴家人。在這個時候，他已經當了十二年的基金經理人，而且每年的報酬率是驚人的三二%。

我問維尼克為何如此成功，他給了我兩個答案。首先，他說：「我在整個職涯當中，其實都是採用同樣的投資態度，也就是聚焦於獲利前景良好、股價非常合理的個別公司。」舉例來說，他最近透過一些股票賺了一大筆，「這些平凡小餐廳的股票每年報酬率是二〇％，但售價只有每股盈餘的十二倍。這才是良好的投資標的，能讓我賺到錢。」現在回想起來，我覺得這很符合喬爾．葛林布雷說過的概念：把投資的複雜性簡化到只剩精髓，然後一遍又一遍應用最根本的原則。

第二，維尼克說：「我在這十二年也堅持了另一項原則，而且這非常、非常辛苦。你如果能分析愈多公司，閱讀愈多現金流量表，而且每一行都看得很仔細，那你就能獲得更多的好點子，你的投資表現也會愈好。努力，是無法取代的。」

維尼克每天的行程是什麼？「我通常每天早上六點四十五分進辦公室，」維尼克告訴我：「大概下午五點回家，這樣就有充分時間能和家人相處。孩子去睡覺後，我每晚會花兩、三小時閱讀。」他會翻閱大量企業財報、產業刊物，也會試著閱讀「華爾街發表的所有研究報告」。他的強大記性也幫了大忙：「我工作的方式，是在腦子裡追蹤數千家公司的狀態。」如此一來，他能發現其他人忽略的細微變化，比如某個週期性產業即將止跌回升。

達諾夫的投資風格不一樣，他比較看重長期持股，但工作態度也一樣認真。「資金管理這一行，就是掀開更多石頭，尋找更多機會，和更多分析師談話，查看更多的年報。你做得愈多，表現就會愈好，」他說：「這一行真的競爭非常激烈。」達諾夫從一九九〇年開始管理富達逆勢基金（Contrafund）。但他就是異於常人，對於「擊敗市場」和「為股東增加價值」的渴望未曾減退。「說真的，其他基金經理人根本不在乎這份工作，」他說：「許多人只是為了賺服務費或贏得聲望……但是我**更在乎**這份工作。」

達諾夫向我朗讀他在一九九三年收到的一封信，寫信給他的是一對夫妻，為了幫當時只有一歲的兒子準備大學學費而投資他的基金。他念道：「在這封信裡附上我們兒子的相片，想讓你感受到你的客戶是活生生的人，我們是把自己的血汗錢交託給你。」對達諾夫來說，這份責任混雜著「罪惡感」「恐懼」和「想樹立榜樣」的欲望，這是非常強大的動力。他宣稱：「我每天都必須拿出最佳表現。」[5]

無論動機是什麼，我認為頂尖投資人在心理層面都是運動健將。他們時時刻刻都在追尋知識，像是**更多**、**更好**、**更快**的情報，或更敏銳地解讀已經公布給社會大眾的情報。這些努力取得的知識會日益複利增長，並以出乎意料的方式帶來回報。

達諾夫每年會與數百家公司的管理階層會面，他展示了自己在二〇〇四年四月一場會面中寫下的筆記，和他開會的是一家「奄奄一息」的網路公司：Ask Jeeves。該公司的主管們表示，他們被一家名叫「Google」的無敵新創公司打得毫無招架之力。達諾夫表示：「我就是在那天第一次意識到Google是一家很特別的公司。」帶著這個見解，他在二〇〇四年八月和Google的共同創辦人謝爾蓋．布林和執行長艾瑞克．施密特見面，開始了解這家公司的龐大潛力。達諾夫表示，Google的收入每隔幾個月就會翻倍，它宣稱擁有二五%的營運利潤率、大量現金，而且零負債。「它的財務表現非常傑出，與當前許多不賺錢的獨角獸企業相比，更是如此。」Google在那個月下旬上市的時候，一般的基金經理人都不願買進它的股票，但是達諾夫成了它最大的投資人之一。十六年後，這家公司（如今改名為Alphabet）依然是他最大、也最賺錢的投資項目之一。

達諾夫是該公司的明星人物，所掌管的顧客資產高達七．三兆美元，他如果想見到任何人物幾乎都見得到。但令達諾夫與眾不同的是，他透過不斷驅策自己繼續四處尋找投資機會的方式，來運用這一項優勢。他在二〇一〇年去加州的帕羅奧圖市做研究，這時他發現自己繁忙的行程裡竟然有空檔，這令他心煩。「我們為什麼在星期三下午四點半之後沒有任何會面？」他問同事：「也許我們應該去拜訪特斯拉。」達諾夫臨時起意去造訪了當時虧損連連的汽車製造商，在十二月的一個下午抵達現場時，天色開始變暗。幾分鐘後，特斯拉魅力非凡的創辦人伊隆．馬斯克突然出現，描述自己的願景：「做出能讓美國再次引以為榮的優秀車輛。」達諾夫因此對這家公司刮目相看，當時就做出了一筆日後獲利豐厚的投資；在那次吉利之程的十年後，他依然持有這家公司的股票。

不令人意外的，維尼克和達諾夫都是彼得．林區的門徒。林區在管理麥哲倫基金的十三年間總是幹勁十足。二十年前我採訪過林區時，他解釋自己每天研究這麼多股票，其實是出於一個簡單的邏輯。「我總是認為，你如果每天研究十個想法，就可能找到一個好的。」他告訴我：「如果研究二十個，就可能找到兩個。」林區回想自己做過一筆最好的投資：「如果一百個人

---

❺ 我最喜歡的一個關於達諾夫鬥志旺盛的故事，是比爾．米勒告訴我的，他想起三十年前在鳳凰城一場投資大會初次見到對方的情景：「我伸出手對他說：『很高興見到你，威廉。』但他不願意和我握手，只是看著我說：『我會擊敗你，老兄，我會擊敗你。』」

在一九八二年帶著開放的心去拜訪克萊斯勒，其中九十九人就會購買該公司的股票。」

再強調一次：重點是許多微小優勢的累加效果在多年後形成奇蹟：林區願意**多拜訪一家公司**；達諾夫堅持**不能浪費掉一個空檔**；維尼克在孩子睡覺後要求自己**閱讀兩、三個小時**。最能預測成功的指標，往往就是看一個人多麼熱衷於追尋自己的渴望。

比爾．米勒剛進入投資業的時候，曾向林區尋求建議。林區告訴他，投資業能在財務和智力方面帶來豐厚獎勵，所以吸引了一大堆聰明人。「只有一個辦法能擊敗他們，就是比他們更努力，」林區說：「因為沒有哪個人的智商是遠高過其他人。」林區告訴米勒，他自己維持優勢的方式，是在早上六點半坐同事的車前往辦公室的途中閱讀投資研究，在晚餐後和週末工作，而且好幾年沒度過假。米勒問他，投資人會不會因為年老而變得遲鈍，林區答覆：「不會。這個行業只有兩個檔位：最高速檔和停車檔。」米勒同意：「基本上是這樣沒錯。你**必須**非常專心。」

二〇一四年，馬蒂．惠特曼九十歲時，我問他，為什麼在二〇〇八年的市場崩盤期間和之後，他表現得那麼糟——對於他這種精通價值投資的巨頭來說，這樣的失敗很罕見。「隨著年紀和財富增長，我也變得更懶惰。」他告訴我：「我在二〇〇七年其實就察覺到不對勁，但沒採取行動。當時我應該把持有的不動產相關股票全部賣掉……我這種錯誤不符合自己的投資技巧。應該要勤奮又謹慎的，但我在二〇〇八年的時候沒這麼做。」

我很欽佩惠特曼的坦白，但他這番話令我不安。我已經在他的公司投資了多年，對成果很滿意，所以把我母親一大部分的存款也投入他的公司。我沒料到他會變得自滿。惠特曼日後回想起自己在金融海嘯期間的處理不當，表示：「這讓我感到不滿意，但這不是重點，重點是我的孩子們會不會因此少拿到一千萬美元，慈善機構因此少拿到一千萬或兩千萬美元？」我當時不忍心告訴他，他因為欠缺關注和勤奮，對我的母親造成多麼嚴重的影響。

沒幾個人能忍受跟我結婚

想超越這麼多聰明的競爭對手，光是比他們更努力還不夠，你還必須比他們**更聰明**。就連最有經驗的投資人也必須天天學習，因為這個世界時刻都在改變，原本一些知識會被淘汰。就像蒙格常說的，巴菲特最大的優點之一就是，即使到了老年，他依然「是一部不斷學習的機器」。一般來說，巴菲特每天常常把自己關在辦公室裡，閱讀五、六個小時。

「巴菲特是完美的榜樣，示範人能活到老學到老。」朗提斯資產管理有限公司（Lountzis Asset Management）的董事長保羅．朗提斯（Paul Lountzis）表示。朗提斯連續三十年都參加波克夏的年度大會，他對巴菲特能持續進化的能力感到欽佩。巴菲特一開始是投資便宜股票，之後接受更好的企業，然後買下整家公司，後來進入中國和以色列之類的外國市場，還投資了他原本避之唯恐不及的兩個產業：鐵路和科技。這個演進讓巴菲特能在八十五歲之後還能篩選出最賺錢的股票，他對蘋果的投資目前已經讓他獲利超過八百億美元。「他忠於自己的紀律和原則，但也會配合當時的經濟和投資環境而調整，」朗提斯說：「這真的不可思議，很少人有這種本領。」

朗提斯本身也是終生學習的死忠實踐者，他因此能脫離困境，成為名聲良好的資金管理人。一九六〇年，他出生在賓州一個希臘移民家庭裡，家中一共有五個孩子，父母分別是酒保和縫紉機操作員。「我爸會把拿到的小費放在廚房餐桌上，讓我媽拿去買菜，」他說：「我爸媽真的很辛苦……我媽會穿朋友給她的鞋子，她從不給自己買鞋子。」他父母婚後幾年、還只有三個孩子的時候，畢生存款是三十美元。

朗提斯在八歲那年開始靠洗碗賺錢，後來在麥當勞當清潔工，而且每個週末和假期都會在一家醫院做全職工作，賺取在奧布萊特學院念書的學費。他花了八年才畢業。

此外，他也研究投資。「我狂熱地沉浸在這個領域裡。」他說。他在十三歲那年閱讀關於巴菲特的書；十四歲時，葛拉漢的《智慧型股票投資人》令他如癡如醉。後來，他被菲利普．費雪一九五八年的經典之作《非常潛力股》迷住，該作讓他了解如何透過「研究謠言」來獲得情報方面的優勢。「這兩本書真的為我打下根基，」朗提斯說：「我各看了五、六十遍。」

朗提斯個性溫暖、朝氣蓬勃，很喜歡談到他的四個成年子女和太太凱莉，兩人結婚已將近四十年，但他過日子的方式幾乎完全是追求「如何當個更好的投資人」的相關知識。「我試著每天都閱讀五到七個小時，」他說：「我沒有其他嗜好，這輩子從沒打過高爾夫球……這就是我的個性，總是試著變得更聰明、多學習。」

他覺得社交活動讓人分心，實在很麻煩：「我很喜歡人，但如果沒有學習、成長、獲得智力方面的刺激，我就寧可去別的地方。」他太太令他珍惜的一點，是「她沒有對我提出任何要求，這對我來說至關重要……她了解我，而且讓我做自己想做的事。沒幾個人能忍受跟我結婚。」朗提斯絲毫不為自己的極端作風辯解：「你必須擁有狂熱的專注力，才能在任何事情上有所成就。如果有人說，人可以同時擁有所有成就，這是謊話。我的意思是，你如果不打網球，就不可能成為瑞士職業網球選手羅傑．費德勒（Roger Federer）這號人物。想獲得成就，你就是必須投入心血。」

朗提斯瘋狂地學習商業和投資業巨人的思路。他非常喜歡以企業家為主題的書籍，比如 Nike 的共同創辦人菲爾．奈特：「談論他的任何相關文章我都喜歡，非常吸引我。」他有個伺服器，裡頭儲存了關於金融大師的大量影片，他們幫助他更善加思考投資、市場和世界的走向，這些人包括對沖基金經理人，比如莫赫尼什．帕布萊和史丹利．卓肯米勒；創業投資家，比如麥可．莫里茨（Michael Moritz）和吉姆．高茲（Jim Goetz）；私人股權投資大師，比如萊昂．布萊克（Leon Black）和蘇世民（Stephen Schwarzman）。朗提斯說他擁有至少五百支關於巴菲特的影片，還有蒙格罕見出席公眾場合的錄影，連同十幾份年度大會的文字紀錄稿。他說：「巴菲特和蒙格不只是非常聰明而已，他們是天才。」

朗提斯平時會邊踩健身車，邊用 iPhone 看這類影片，晚上躺在床上用 iPad 看影片，在投資建言的催眠下入睡。他會邊聽邊思索同樣的幾個基本問題：「我錯過什麼？有誰做出其他人沒採取的行動？我能如何進步？」他的目標從來不是複製其他投資人的行為。「你沒辦法模仿他們，因為你不是他們，」他說：「你該做的是學習，讓這套方法適合自己的過程。」

朗提斯的學習領域很廣，但他之所以能成為強大的學習機器，是因為一個習慣：強迫性的重複。舉例來說，巴菲特於一九九八年在佛羅里達大學發表的演說，他估計自己看了十五次，該演說的文字紀錄稿也讀了至少五遍。同樣的，波克夏一九九三年的年報，他鑽研到可以依序背誦巴菲特在評估任何股票風險時所考慮的五大要素。因為這種習慣，朗提斯三十年來每年都會去奧馬哈參加波克夏的年度大會。同一本書，他也會讀幾十次。他表示，大量重複的好處，是「許多重要教誨會烙印在我的腦子裡」，這其實很像一些人每天重複同樣的祈禱詞或使命宣言所產生的效應一樣。

我認為一般人嚴重低估了重複的價值。如果同樣的一、兩本書，我們閱讀多遍，讓它們成為自己想法的一部分，一定能獲益匪淺。我幾乎每天都會閱讀卡巴拉教派的《光輝之書》（*Zohar*），另外有些書也是我會重複閱讀的，包括古羅馬帝國皇帝馬可．奧里略所著的《沉思錄》、耶胡達．阿什拉格拉比（Rav Yehuda Ashlag）所著的《真理的智慧》（*The Wisdom of Truth*），以及達賴喇嘛和戴斯蒙．屠圖大主教合著的《最後一次相遇，我們只談喜悅》。

朗提斯把許多經過歲月考驗的投資原則銘記在心，他按照自己特製的流程集結了大約十五支股票，組成一套投資組合。[6] 他把焦點放在傑出企業上，其領袖「有創意，適應性強，擁有遠見，也擁有強大的勇氣」。這些特質在我們這個前所未有的大動盪時代，顯得格外重要，現在就連龍頭企業也面臨著生存威脅。朗提斯表示：「適應力或勇氣之類的『質性』因素，沒辦法透過財務報表這種以『量性』記錄過去的文件來測量。」

他的解決之道，是採取「調查報導者」，而非「會計師」的思維。「企業的變化非常快速，許多公司面臨淘汰，所以你必須做各面向的觀察，洞察數字以外的事。」朗提斯說：「你要到外面考察，去和競爭對手、顧客和前任職員談談，然後拼湊出一幅能和財報數字吻合的大略景象。」這就是為什麼他經常親自訪問許多專家，比如已經退休的執行長，因為他們能提供「獨特又精闢的見解」。

蘿拉．格利茲（Laura Geritz）同樣也是強大的學習機器，但她建立情報優勢的方式，大相逕庭。朗提斯主要是調查美國境內的企業，但格利茲是對海外市場投資最大的美國投資人之一。一般來說，她每年會花六至九個月的時間跑遍天下，尋找最好的投資標的。她今年四十八歲，但已經去過七十五個國家。格利茲在位於猶他州鹽湖城的隆度全球顧問公司（Rondure Global Advisors）擔任投資長，她管理兩筆共同基金，覺得自己要對投資這些基金的股東們擔負重大責任。但她對「填飽自己的荷包」不是這麼感興趣。她表示：「我擁有的已經足夠了。」她把自己視為知識型的冒險家，驅策她的動力是「對學習的熱忱」。

投資業到處都是強勢的男性，其中大多都是被同樣幾所菁英商學院塑造出來。格利茲完全不符合這個行業的刻板印象，她是真正獨特的人。她把自己的「非線性」投資方式比喻成即席

❻ 朗提斯年輕時曾擔任比爾．魯安的分析師，他繼承了魯安的作風，願意把注意力集中於少數幾家股價低廉的優質企業。在二〇二〇年，朗提斯提到他利用了新冠肺炎疫情引發的股市崩盤，提高了對波克夏．海瑟威的投資金額，這支股票現在占據他投資組合的二五％。

作詩。打從一開始，她就不是基金管理這一行的傳統人選。她的親戚大多是農夫和工廠工人，她的父親在一所小型大學擔任文學教授，全家因此搬去格利茲所謂的「位於西堪薩斯州的一座小鎮，那裡看起來就和小說《冷血》的第一個段落一模一樣」。你如果沒看過楚門．卡波提（Truman Capote）這部關於四人遭到謀殺的紀實小說，此處提一下它的開頭：「霍康姆村座落於西堪薩斯州的麥田原野，這個偏遠地區被其他堪薩斯人稱做『荒野』。」格利茲是個身形嬌小的中西部女子，態度溫和，也許看起來不像個戰士，但能從「荒野」來到她今天的地位，需要強大的鬥志和決心。

格利茲在堪薩斯大學主修政治學和歷史，但她也喜歡每天閱讀《華爾街日報》。她在十九歲那年存了一些錢，做了畢生第一次投資，買了由馬蒂．惠特曼管理的基金股票。她曾幻想當個專業投資人，但覺得除非能發展出令自己與眾不同的能力，否則永遠進不了這一行。所以她在碩士班念了東亞語言和文化，在日本住了一年，變得精通日語，也因此在美國世紀投資公司（American Century Investments）找到了工作，擔任雙語客服。兩年後，她贏得了在該公司的基金管理團隊擔任分析師的機會，這份工作吸引了一萬兩千人應徵。後來，她在瓦薩奇顧問公司（Wasatch Advisors）待了十年，大家對她的印象是「精通新興市場和邊境市場，懂得如何擊敗市場的基金經理人」。她在二〇一六年辭職，自立門戶，雇了三名分析師和她一起在一個「非常吵雜」的辦公室工作。

我和格利茲在二〇一七年第一次談話時，她管理的基金才成立了兩星期，但她已經為了研究市場而去過俄國、土耳其、日本和南韓。她每年會做兩次大約六萬九千支的選股，找出一些不熱門的市場，然後她會趁著尋找股價誘人的良好或優秀企業周遊列國的時候，順道造訪這些地區。「我喜歡去其他人不想去的地方。」她說：「你如果想變得與眾不同，希望獲得重大成就，就必須背道而馳。」最令格利茲興奮的市場是土耳其，她在當地見到大約三十家公司的代表人。但我確實看得出來，為什麼一般投資人並不抱持她這種興奮心態。

土耳其的總統是個獨裁者，為了宣揚自己多麼偉大而蓋了一座擁有一千一百多個房間的宮殿，而且他最近才僥倖逃過一場軍事政變。大難不死的他做出報復，把數以千計的士兵、警察和法官送進牢裡、關掉幾家媒體公司，並指控他的政治對手是恐怖分子。一連串的自殺式炸彈攻擊事件（其中一次是針對伊斯坦堡的主要機場）也讓這個國家的名聲蒙上陰影。觀光業瓦解，貨幣貶值，通貨膨脹和債務飆升，外國投資人紛紛撤資。

但是格利茲曾多次造訪土耳其，看出一般人看不見的細節。幾年前，一般人對這個國家的經濟前景看好的時候，她出席了在伊斯坦堡舉辦的投資大會。在當時，舉辦該大會的酒店收費標準是每個房間每晚要價一千兩百美元，因此她拒絕在那裡過夜。「這一次，我是住每晚七十美元的旅館，」格利茲說：「對我來說，這就是極端的悲觀心態。」她在土耳其見到的景象，也完全不像外國新聞描述的這麼恐怖：「我在當地完全沒有害怕的理由。土耳其是世界上最友善的國家之一。」

對格利茲而言，「現實」和「認知」之間的差異產生了對土耳其做長期投資的理想機會，這裡最好的公司有三家：最大的連鎖雜貨店、最大的國防需求供應商，以及最大的糖果製造商。這三家公司都擁有永續的競爭優勢、可靠的現金流、高報酬率，以及強勁的財務報表（這個最重要）。此外，這三家公司的股票實在便宜，她投入的資本幾乎不可能出現永久損失。考慮到發展中市場暗藏的危險，她必須注重降低風險。的確，格利茲投資的公司大多擁有淨現金，這能讓它們熬過投資減少、疲軟事業萎縮的艱苦時期。「我其實是把錢投資在『倖存者』身上，」她說：「我喜歡買進好公司的股票，但更愛的是在所屬國家遇上經濟危機的公司。」

格利茲願意造訪不同國家，這讓她獲得了一種**「累積性的優勢」**，贏過不願投資海外的投資人。「你愈常到世界各地遊走，就愈可能看出模式。」她說。這包括在不同國家上演的成長期和衰退期，原因包括信貸擴張或緊縮，投資心態變得樂觀或悲觀。你如果看得出這種規律，就更可能「避開在新興市場和邊境市場可能碰到的大規模崩盤」。舉例來說，巴西曾經歷一段美好期，外國資本大量湧入，當地政府花費過度，通貨膨脹失控，她因此將當地的股票全數脫手。「放縱」的相關症狀其實顯而易見。「當時的酒店住宿每晚至少要一千美元，」她回想：「在機場，我好像曾經花了三十五美元買一小塊披薩。」

外國人曾經一窩蜂地湧進奈及利亞，確信「這裡是非洲最棒的投資標的」，但她當時也看出警訊。她做出機警的判斷：「我以前見過這種戲碼。這在中國發生過，人人熱愛股市，對股票的估值過高。我也在巴西見過同樣的現象。」

格利茲每次出國前會先做足功課，這樣她才能多了解要拜訪的國家。她說：「針對要去的國家，我會努力閱讀至少三本相關的書。」一般來說，第一本是關於某個國家或地區的經濟或政治，第二本是文學，第三本是比較輕鬆的流行文化，比如懸疑或推理小說：「如果要去烏干達研究市場，我大概會帶一個裝滿衣服的小行李箱，還有裝了大概二十本書的大背包，」她說：「我是開玩笑的。」她出國時也會攜帶一部 Kindle 電子書閱讀器：「但這個裝置曾在我出國時故障過一、兩次，而且我沒書看會活不下去。」

格利茲和隆度公司的團隊每兩週開一次會，討論大家一起閱讀的書籍：「我們最近讀的是《坦伯頓投資法則》，我之前已經看過好幾次。我們也討論過《恆毅力》和《創意大腦》（*The Creative Brain*）。」這十三年來，她每年也會選擇一個（有時候兩個）重要課題，進行深度研究。她開心選出的課題包括非洲、中東、物理、石油，以及「俄國的文學和歷史」。二〇一九年，我和她在壽司店共進午餐的時候，我問她最近研究了什麼課題，她答道：「噢，是個很怪的領域！我最近在看關於探險家的書，先從維京人開始。」

格利茲每星期讀兩、三本書，很少看報紙，也對彭博終端上每分鐘更新的消息視而不見。她表示：「我寧可讀《被科技威脅的未來》，思索十年後的世界會是什麼模樣，也懶得理這個世界在十分鐘前是什麼模樣。」這是一種相當理智的投資方式，完全立基於她的信念：深入閱讀、多旅行，就能獲得更寬闊的視野，進而得到一種重要但無形的優勢。「天天枯坐在辦公室裡看財務數據，會有局限的。」她說：「我不認為我們這種工作有這麼單純。」

格利茲甚至將星期五訂為「我們的創意日」，透過這種方式試著把這種隨心所欲的心態「制度化」，讓同事想怎樣運用這一天都行。她以前常在這天跑去鹽湖城坐在一條溪流旁邊，平靜地閱讀或寫日記，藉此整理她在旅行時獲得的想法。她覺得猶他州很適合自己的公司：「待在這種地方，遠離繁忙的地方，更能讓你思考。」在新冠肺炎疫情期間，一場地震和幾個吵雜工地搞得她的公寓「不適合深層思想」，所以她在愛達荷州的偏僻地區租了「一棟靠近小溪的靜謐房子」，開心地帶著四十五本書在裡頭自我隔離。

但是格利茲也會去更遙遠的地方進行沉思，其中一個地點是澳洲海岸的離島，島上只有八棟屋子：「只需要準備日常用品，他們會開船送你去島上。島上有時候有手機訊號，有時候沒有。島上沒有網路。屋子裡有音樂，你能看見美麗的海景，而且有書本相伴。」

格利茲有時候也會在國外某個地方待上幾星期，讓自己更深入沉浸於當地文化，觀察當地人如何生活、花錢和消費。她會在想研究的市集附近租個便宜的度假屋，把它當成臨時基地，這麼做的部分原因是她出國都是搭乘經濟艙，「當空中飛人真的很累」。這些年她去過很多國家，包括坦尚尼亞、肯亞、英國、法國、荷蘭、杜拜、阿布達比、泰國、新加坡和日本。

幾年前，日本不動產跌價的時候，她把握機會在京都（日本古代天皇的首都）的市中心買下一間公寓，當成造訪亞洲各地企業的基地。公寓裡頭很簡單，有一張床、一張沙發，一張桌子和兩張椅子。這間公寓原本是一家主打河豚料理的餐廳，河豚這種珍饈必須由專人去除毒素，否則吃下去可能致命。公寓的後院被一塊大石頭占據，她沒辦法移除，因為當地人相信石頭擺在那裡是為了紀念「蛇神」。格利茲每年至少會在京都待一個月。我問她覺得美國還是日本比較像她的家，她答道：「說真的，是日本。」

大多數人會想住在一個讓自己覺得有歸屬感的地方，但她對「身為一個徹頭徹尾的外地人」的狀態習以為常。她表示，對投資人來說，「重要的工作就是觀察一個環境。我在日本的時候基本上就是這麼做：當個觀察者。因為你永遠沒辦法深入一個社會，讓自己成為這個社會的一部分」。

為了能在日本這類獨特的國家成功地投資，她必須拋開先入之見，以入境隨俗的方式觀察當地的文化。舉例來說，美國公司通常把股東的利益擺在最高位，但是格利茲（隆度海外基金的三分之一都是投資於日本）表示，日本企業的第一優先是服務客人，其次是照顧員工、企業夥伴和整個社會：「我認為股東的重要性最低。」

來自西方社會的積極投資人，常常徒勞地試圖說服日本執行長更有效地運用現金或舉債投資，以提升短期獲利。但是格利茲表示，日本人更在乎企業能否生存（有時候甚至壽命長達數百年），是否能熬過地震、海嘯、戰爭和全球流行病之類的威脅。她說：「日本文化追尋的不是及時行樂。」她本人傾向於建立能永續存在的財富，所以日本人的保守主義很適合她。

格利茲這份走遍全球的職涯，滿足了她龐大的好奇心，但有個代價。「你沒辦法停下來。」她說：「我如果停頓一段時間，就會失去優勢……我不能停頓下來，因為這會影響到投資人的未來。」就連「一般人」喜歡的簡單消遣，「像是去山上滑雪、和朋友相聚，對我來說都非常困難，」她說：「因為我只想考慮股票和國家之類的事情。」

至於家庭生活？「我沒有孩子，而且我真的很幸運，因為我有個自己深愛的老公，他知道這就是我的工作、我必須付出什麼，他總是大力支持我。」格利茲的丈夫羅柏，是她在高中時認識的美國人，目前在一家運動用品製造商負責國際行銷。老公的工作性質讓他能常常和她一起出差，但各自的工作迫使彼此長期分離。他平時住在京都的家，而她平時住在兩人在猶他州的家。

格利茲從一開始就知道，高壓的投資職涯必須付出極度的專注力，所以她推遲了養育小孩的想法：「一部分的原因是，女性在這個產業和男性競爭，會面對許多挑戰和困境。所以生育小孩可能還不是最優先要做的事。」在那時候，美國世紀投資公司裡幾乎沒有幾個女性前輩，但是格利茲記得，辦公室有個女同事因為有小孩，所以只能從早上八點工作到下午五點：「老闆說她永遠不可能升官，因為她的工作時間實在不符合公司要求的最低時數……其實不必別人說，你只要看看周圍就知道，成功的職員每天從早上六點到晚上十點都待在辦公室，週末也不例外。」

格利茲後來覺得準備好生小孩，但她丈夫有所顧慮。「結果時間就這樣溜走了。」她會不會感到遺憾？「有時候會。」但她說：「我非常熱愛這份工作，所以不覺得做了什麼犧牲。」

減法的藝術

如果本章提到的所有投資人有什麼共同習慣，那應該就是：**他們幾乎只專注在自己的強項和最看重的事物上。他們能獲得成功，是因為堅持把注意力集中於一個相對狹窄的領域，不理會無數可能會干擾他們追求卓越的分心事物。**

我的老友傑森．茲威格，是《華爾街日報》個人理財專欄的作家，擔任過《智慧型股票投資人》修訂版的編輯。他曾寫信告訴我：「想想蒙格、米勒和巴菲特，這些人不會把時間或心思花在執行或思考會讓他們無法進步的事物上……他們的能力就是對自己誠實。對於『真實的自己』『不擅長的事』這類問題，他們從來不會欺騙自己。這種自我誠實，一定就是他們獲得成功的部分祕訣。這麼做很困難，也很痛苦，但非常重要。」

我認為，無論是篩選股票、治療病患，還是寫文章，想要掌握任何難以捉摸的技能時，都能運用這個做法。我崇拜的英雄之一是已故的奧利佛．薩克斯，他是傑出的神經學家和作家，他在家裡豎立了一個很大的黃色告示牌，上頭用粗體字寫著「不！」。在回憶錄中，他解釋自己是用這種辦法「提醒自己對邀約說不，這樣才能把時間拿來寫作」。

道家的老子在數千年前說過，邁向智慧之路是「刪減」一切不必要的活動：「為學日益（若想取得知識，每天增加一點東西），為道日損（若想取得智慧，每天減少一點東西）。」

「減法的藝術」實在太重要了，尤其在這個知識爆炸的時代，人的心思很容易分散。你如果不懂得避開，刺耳的政治新聞、社群媒體通知、自動電話推銷，以及其他雜訊就會讓你震耳欲聾。富蘭克林．福爾在著作《被壟斷的心智》中警告：「一大堆通知和誘餌式標題讓人根本沒辦法思考。對我而言，無法思考就是對人類的生存造成威脅。」

這種攸關存活的威脅也會影響投資上的成就，所以格利茲常常在京都一個山坡地的瀑布旁邊坐下，閱讀、寫作和沉思。已故的比爾．魯安（曾為紅杉基金取得大量投資報酬）曾在他所謂的「隱居地」與我談話，那是紐約市一家旅館的房間，他會在裡頭獨自工作，避開就在附近的辦公室同事。患有注意力不足過動症的蓋伊．斯皮爾，帶全家從曼哈頓搬去蘇黎世一個靜謐社區的租賃房屋，這裡比較能讓他敏銳、但容易被干擾的心智進入「心如止水」的狀態。斯皮爾的辦公室距離住家只有幾分鐘的電車車程，當中有個圖書室，他不允許自己在裡面使用電話或電腦。他刻意把實體環境設計成有益於思考。

馬修．麥克倫南率領的投資團隊管理超過一千億美元的資金，但他拒絕讓自己的時間被會議和電話塞滿。「你是可以讓自己非常忙碌，」他說：「但必須移除缺乏建設性的忙碌……我認為讓自己能夠靜下心來思考是非常重要的。」他避免在上午安排任何行程，並把週五安排得「相對空閒」，而且「非常系統性地」安排時間，這樣才能在平日暫時離開辦公室。他也定期健身，藉此整理思緒，週末還常常去自然環境散步。麥克倫南解釋：「偶爾離開忙碌的環境，這會很有幫助」。

與常常分心的人相比，你如果能減少心靈雜訊、科技干擾和過度刺激，就會取得更大的優勢。但是方法因人而異。魯安是在曼哈頓的中央地帶，找到一個相對平靜的避風港。三十年來擊敗市場的查克．阿克雷（Chuck Akre）則認為維吉尼亞州鄉間比較適合思考，他的阿克雷資本管理公司（Akre Capital Management）所在的小鎮只有一盞紅綠燈，他住的房子看得見藍嶺山脈。「我們看得見鹿、熊、狐狸、土狼，還有野生火雞。」他說：「這裡很美，對心靈有益。」住在這種環境的好處之一，是他覺得能遠離所有的「愚蠢和荒謬事物」，能避免「被市場和世界上的動靜影響情緒……我們能關掉這些雜訊」。

他把心思集中於少數幾家企業上，它們營運良好，擁有吸引人的報酬率，自由現金流的再投資也有很高的回報率。阿克雷也懂得「不要畫蛇添足」。他持有了馬克爾公司的股票二十七年，賺到的錢是本金的一百多倍。他持有了波克夏．海瑟威的股票四十二年。他持股最多的是美國電塔公司，它從二〇〇二年開始每股價格從七十九美分漲到兩百六十美元。阿克雷在一個平靜的地方營造從容不迫的生活，「避開」其他投資人「傑出點子」的影響，而且「把所有心思集中在適合我們的事物上」。基本上，他就像發掘了一個有很多魚的池塘，然後心滿意足地一輩子只在這裡釣魚。阿克雷自己的形容是：「我們沒辦法同時和所有女士共舞。」

這一切可以得出幾個實用的結論，可以幫我們變得**更富有且更快樂**。首先，想獲得成功、覺得滿足，我們必須決定自己最在乎的事，而且對於「自己最擅長的事」要誠實以對。第二，我們必須建立一套「每日習慣」，讓自己在最重要的事情上持續改善，並減少會干擾我們的習慣。我建議你寫下清單，列出一些對自己有益、必須每天採用的習慣。另一個有效的做法，是建立一份「別做這些事」的清單，讓你記得自己有哪些習慣會害你分心或降低表現。正如蓋納的建議，重點不是追尋完美，而是堅守一些能永續實施、方向正確的習慣。

麥克・薩帕塔（Michael Zapata）是對沖基金經理人，以前在海豹六隊（菁英反恐小隊）擔任指揮官，他曾仔細思索集中心思的重要性。「你必須知道自己的優先事項是什麼，」他說：「對我來說，就是上帝、家庭和資金，就是這個順序。」這種清晰思路幫助他決定如何使用時間和心力，這樣他才能「專注於」最在乎的事物。「就連我和你這場談話也不太符合這個準則，因為這不符合我的家庭、基金、上帝的原則，」他說：「但也沒關係。你只是必須確保這種事不會偏離自己的優先事項，也不會影響生活。」

這麼做會不會太極端？也許吧。但是許多人犯的錯，就是把生活搞得太複雜，讓自己的人生充滿膚淺的瑣事。頂尖投資人讓我們明白，想獲得永續的卓越成果，我們就必須去蕪存菁。

第8章

別當笨蛋

運用查理・蒙格的策略系統性地減少常見愚行，改善投資、想法和生活

愚昧人行路，顯出無知，對眾人說他是愚昧人。

——《傳道書》10:3

若想當個智者，就必須研究好與壞的言行舉止，而且必須先從壞的開始。你應該先明白什麼是不聰明、不公正且沒必要的言行舉止。

——托爾斯泰，《智慧日曆》

不可思議的是，我們這種人獲得這麼多長期優勢，是因為天天試著別做蠢事，而不是努力變聰明。

——查理・蒙格

我飛了四千八百多公里，就為了採訪查理．蒙格十分鐘。我提早一小時抵達，興奮地等著能見到他。這天是二〇一七年二月十五日，地點是洛杉磯市中心，他來這裡參加每日期刊公司（Daily Journal Corporation）的年度大會。蒙格是這家不算有名報社的董事長，但一般人對他的印象是：億萬富翁、波克夏的副董事長，和巴菲特合夥了超過四十年。生於一九二四年的他，就是史上最偉大的投資二人組中的一位。

蒙格答應在每日期刊公司的會議開始前先和我私下談談，這就是為什麼我站在這家公司樸素的總部會議室門外，看著大廳裡數百名崇拜他的人，其中許多是頂尖投資人，包括李錄、莫赫尼什．帕布萊、佛朗哥．羅尚、惠特尼．蒂爾森（Whitney Tilson）、克里斯多福．戴維斯，以及法蘭西斯．周。這裡有個笑話：這個地方幾乎沒有任何人在乎每日期刊公司。訪客進入這棟建築後，會在一個冊子裡寫下他們擁有的股票數量，一般人的答案是「零」。他們和我一樣千里迢迢而來，就為了領教這位九十三歲的傳奇人物的刻薄幽默感和智慧。

能採訪蒙格，這讓我感到既興奮又緊張，因為他給世人的印象是個無比聰明的暴躁老頭，一眼就能看穿你的缺點和毛病。巴菲特曾經表示：「查理比任何人都能更快、更精確地分析並評估任何一筆交易。他能在六十秒內發現你身上的任何弱點。」巴菲特也說過，蒙格擁有「這世上最快速也最敏銳的腦袋，能在你把一句話說完之前就看出某件事的重點」。微軟的共同創辦人比爾．蓋茲說過：「蒙格是我所見過最恢弘的思想家。」

蒙格的思想，能讓通常不崇拜任何英雄的人對他大感敬畏。帕布萊說蒙格在智力方面「遠遠超越巴菲特」，他對我說起一件往事時還笑了出來：他有次看蒙格和一名諾貝爾獎得主一起在台上演講：「那個人是個科學家，是加州理工學院最聰明的人，結果和蒙格相比之下，簡直就像個一無所知的笨蛋。那種對比真的顯而易見：一個是白癡，另一個是**真正的聰明人**。」帕布萊補充說，蒙格的天賦讓他「占有領先的優勢」，他又透過每星期鑽研幾本書強化自己的天賦，也如饑似渴地努力涉獵各種領域，再加上他「擁有不可思議的大腦，並積極地吸收資料，讓他看起來彷彿已經活了三百年」。

但在我準備要和蒙格見面的時候，還有另一個原因讓我忐忑不安。因為就連最仰慕蒙格的人也承認，他有時候直白得近乎無禮。周笑著告訴我一件事：有個資金管理人經常去奧馬哈和加州聽蒙格演講。周說，他這個朋友有一次在電梯裡巧遇蒙格，因此興奮地喊道：「查理，您是我的啟蒙老師！我這些年來從您身上學到好多東西！」蒙格只回了他幾個字：「那又怎樣？」說完便邁步離去。

比爾．米勒想起曾在紐約街頭碰到蒙格：「我對他說：『查理！』他看著我，回一聲：『你又是誰？』」米勒自我介紹，跟蒙格說他們曾參加同一場行為財務學大會。「他的反應是：『噢，我想起來了！』然後他對太太說：『妳先回旅館吧，我和比爾一起走走。』我們大概邊走邊聊了一小時，閒話家常。他那個『你又是誰？』的反應真的很好笑。」

但我最喜歡一個關於蒙格「在交際上華麗退場」的故事，是巴菲特在二〇〇八年和帕布萊、蓋伊．斯皮爾共進午餐時說的。裝有一隻義眼的蒙格有次去汽車監理所辦事，一個作風官僚的工作人員問了一個不該問的問題：「所以你還是只有一隻正常的眼睛？」蒙格答道：「不，我已經長出一隻新的眼睛。」

帕布萊向我保證，蒙格比傳言中的更善良與溫和：「查理非常溫柔與貼心。他是刀子嘴，豆腐心。你一旦突破他的表象，就會發現他其實心地很好。」蒙格的女兒茉莉是律師兼慈善家，她說父親已經比以前柔和許多：「他是有點毒舌。我覺得這點在他年輕的時候更明顯。」

儘管如此，我還是為這場簡短的採訪拚命做足準備。我深入研究他幾十年來的演講、文章和其他作品時，逐漸意識到蒙格採用一個做法，值得大家複製：**他不斷努力降低自己做出「愚昧思考」「愚蠢行為」「常見錯誤」，以及「標準愚行」的可能性。**

舉例來說，他在二〇一五年另一場股東大會上，抨擊學術圈裡一個很常見的迷思：市場非常有效率，所以沒人能擊敗市場。「我知道這種想法是鬼扯，」他補充一句：「而且我從不相信伊甸園裡有一條會說話的蛇。我天生就是能看穿屁話。我並沒有一般人缺乏的神奇洞察力，只是比他們更常避開白癡行為。別人都是努力要變得更聰明，但我是努力不當笨蛋。我發現你如果想在人生中獲得成功，要做的就是別當笨蛋，然後活久一點。但是『不當笨蛋』這件事，比一般人想得更困難。」

他是地球上最聰明的人之一，主要關注的事竟然是避開犯蠢，這實在是古怪的矛盾。但後文會看到，這在投資和生活上都是成效極佳的策略。

不白癡的生活指南

會議室的門開了，蒙格以低沉沙啞的嗓音對我打招呼：「很高興見到你。坐吧！」我就座後，發現自己和這位賢者幾乎並肩而坐。幾個人離開會議室時大聲說話，但蒙格完全不受喧囂影響，全神貫注。他一頭白髮，眼神犀利，身上的黑西裝在瘦弱身軀上顯得鬆垮。令我安心的是，他的態度意外地親切。

我們沒時間閒聊，所以我直接切入正題。首先告訴蒙格，我把他視為「減少愚行的宗師」，接著就問他為什麼把大量心思集中於「如何避免常見的錯誤，以及可預料的不理性模式」。他說：「因為這麼做有用。它真的有效。用逆向思考的方式來解決問題，是違反直覺。如果你試著要當聰明人，這很困難。但假如你分析每個災難，自問『是什麼因素造成的？』並盡量避開，最後會發現，這個簡單的方法就能讓你找到投資機會，也避開麻煩。」

蒙格這種「逆向解題」的作風，是受到十九世紀的代數專家雅可比影響，雅可比有句名言是：「反過來想，總是反過來想」。但是蒙格告訴我，他的朋友加勒特．哈丁（Garrett Hardin）也曾幫他磨練這種逆向思考的習慣，哈丁是生態學家，和他一樣注重「愚昧思維」的破壞力。蒙格說：「哈丁的想法是，如果有人問你應該如何**幫助**印度，你只要自問：『我做哪些事真的就會**毀了**印度？』接著就仔細想過所有會毀掉印度的事，然後反過來對自己說『**這些事**，我就不會做』。這聽起來違反直覺，但真的能幫你**扭轉**看待問題的觀點。在思索問題時，這個方法更全面。」

一九八六年，蒙格在洛杉磯一所預備學校發表畢業致詞，他的八名親生子女和繼子女當中有幾人在這裡就讀。他在演講時沒大談「如何獲得成功和幸福人生的祕訣」之類的陳腔濫調，而是以深具啟蒙作用的方式描述如何運用「反過來想」的原則。他提供學生一連串「保證生活過得很悲慘的處方」，建議他們應該當個不可靠的人、避免妥協、心懷怨恨、尋仇、成天嫉妒他人、「吸食毒品」、酗酒、不願「從其他人成功或失敗經驗中廣泛汲取教訓」、頑固地堅持自己既有的想法，而且「當你在人生戰場上第一、第二或者第三次挫折時，就請意志消沉，從此一蹶不振吧」。

我問蒙格如何將這種思維應用在決定一些現實的問題，比如要不要結婚或買某支股票。他建議我：「自問：『這麼做會不會造成災難？』而不是自問：『這會不會讓我的日子變得很美好？』。找出問題所在，然後盡量避開，這種做法不同於找出美好的事並努力得到它。當然，你在人生的路上，這兩個方式都必須採用。但透過這種『尋找麻煩並盡量避開』的逆向思考，你就能避開很多麻煩事……這麼做就像採取預防措施，也像飛機起飛前必須先做的一連串檢查。」

同樣的，如果你打算在一檔管理良好的基金上做深思熟慮的投資，可以先自問：「我能如何盲目地投資一筆遲早會翻船的惡質基金？」這個提問會引導你列出一般投資人會忽略的所有陷阱，比如過高的服務費、股票來自市場最火熱、也最昂貴的產業，以及幾乎絕不可能永續發展的近期豐厚報酬率。

所以，為了避開愚行，我們應該先從蒙格身上學到的第一個心理技巧：想像一個令人畏懼

的後果，接著逆向思考，反問哪些錯誤行為可能導致你碰上這種悲慘命運，然後極力避開這些自毀行為。「當然，」蒙格說：「很多人只關心要得到獎賞，所以根本**沒想過**哪些愚行可能會害他們無法達成目標。」

透過逆向思考，巴菲特和蒙格避開了許多可預測和不可預測的災難。二〇〇九年，巴菲特寫給波克夏股東一封標題為〈我們不做哪些事〉的信，以冗長篇幅描述逆向思考的藝術。比方說，「我和查理會避開我們無法評估其未來的企業，不管該公司的產品多麼令人興奮」，而且他會堅持選擇「未來數十年的利潤前景看起來很好預測的公司」。波克夏也擁有龐大現金，因此在經濟危機期間完全不需要「向任何人求救」。巴菲特還開玩笑地說：「這種逆向思考法在較為普通的層面上也有效果：如果把一首鄉村歌曲倒過來唱，你的車、房子和老婆很快就會回到身邊。」

與巴菲特和蒙格一樣，我見過的所有頂尖投資人**都清楚知道自己不該做哪些事**。喬爾．提靈赫斯特從一九八九年開始擔任富達低價股基金的管理人，每年取得的成績比羅素二〇〇〇指數（Russell 2000 Index）高出三．七%；他被《富達投資人》電子報的編輯吉姆．洛維爾（Jim Lowell）稱為「所屬世代最有才華的選股人」。我曾在波士頓採訪提靈赫斯特，請他說明致勝策略，他的答覆是列出自己想避開的一切。比方說，他會避開還在發展階段的生化科技股，因為知道這類股票很可能會讓他最糟的那一面現形。他會無法有效地預測這些公司的獲利前景，因為它們的「未來混濁不清」。此外，生技股動盪太大，很可能會刺激他的情緒反應。「我如果碰生技股，就一定會發瘋，」他說：「所以我**不碰**生技股。」

提靈赫斯特是個害羞的數學天才，管理的資產超過四百億美元，他發展出一大堆防禦性質的原則和做法，這幫助他取得幾乎能擊敗所有競爭對手的長期佳績。**首先，他說：「別花太多錢。別選擇容易遭淘汰與毀滅的公司。不要投資由騙徒和笨蛋管理的公司。也別投資你不了解的項目。」**

提靈赫斯特還避開容易受週期性影響、負債累累或一時火熱的公司。他把「促銷式管理」和「經過粉飾的會計數字」視為「警訊」。他也避開自己欠缺專業見解或技能的領域，因為「避開自己一無所知的事」乃重中之重。他也會約束自己，不要「過於公開、頻繁地談論自己的持股」，因為這會讓他更難改變心意，不易在犯錯的時候坦承錯誤。而且他會抗拒積極交易股票的衝動，因為這會產生太多交易費用和稅金，進而蝕掉自己的獲利。

提靈赫斯特去除這些令人挫敗的常見因素後，還剩下什麼？他的投資組合裡充滿價值被低估、可以了解、財務穩定、獲利與持續成長，而且是由正直人士管理的公司。他買的股票裡「最神奇的」是「怪物飲料」（Monster Beverage），它已經漲了一千倍。

以提靈赫斯特為學習榜樣，我們都可以從了解「最普遍的失敗方式」中，獲益匪淺。想想大多數投資人為什麼失敗，然後像他一樣，**別做這些事**。「如果你想得到優異成果，這很難，」他說：「可是讓自己**不要做什麼事**會比較容易控制與達成……我沒辦法減掉七公斤的體重，但『對甜甜圈說不』，對我來說就很容易。」

最後，值得注意的是，蒙格的逆向解決問題法也能有效地避免我們給自己的生活造成混亂。馬克爾公司的聯合執行長湯姆・蓋納舉了一個例子：想像你獨自去市中心，沒有太太陪伴。「我娶了一個很好的女人，」他說：「但我獨自進入一間酒吧，在飲酒過量的影響下所產生的一連串誘惑和情境，會不同於適量小酌的狀態。」他建議運用「蒙格的逆向思考」，對自己提出一個簡單的問題：「什麼是糟糕的事？我又該如何避免？」蓋納說，一個合理的答案是：「只喝兩杯酒，而不是十杯」。

無論你的目標是當個出色的選股人或很棒的配偶，你都該先自問「怎樣變成差勁的選股人或配偶」。然後呢？**反過來想，總是反過來想**。

愚行的收藏家

當其他億萬富翁收藏藝術品、古董車和駿馬時，蒙格描述自己是蒐羅「荒謬、愚鈍和淺薄」的收藏家。他的女兒茉莉表示，年輕時常常聽父親說許多「關於人做蠢事」的警世故事，而且這種人「經常忘恩負義，道德判斷力很差」。這些故事的主角，通常是備受寵愛的豪門繼承人，後來對自己的父親心生怨恨。茉莉表示：「這種人在每一個層面都很愚蠢：不懂得感激、自我破壞、不務實，而且以自我為中心。」

這種積極蒐羅其他人愚行例子的習慣，是對治愚行的珍貴良方。事實上，這是我們應該從蒙格身上學到的第二個重要的「反愚行」技巧。他這個怪異的嗜好帶給自己無窮無盡的樂子和洞見，讓他可以將所有「愚昧」行為記在腦海裡，這樣才能斷除這類行為。他告訴我，任何人都能透過這種做法受惠，「但我認為，除非擁有特定的性格，否則你應該不會懂。我做的很多事都與智商無關，而是與性格、態度等其他事情有關。可是我覺得這有一部分來自遺傳，比如靈巧的手眼協調力，或是打網球的能力」。

在收藏投資愚行方面，蒙格的選擇多到不行。舉例來說，他嘲笑人們容易聽信市場預測，也將這種金融預測的愚蠢嘗試，比喻成傳統觀察羊腸預知未來的技藝。人們常犯的另一個錯誤是：「在週期高點買進一家容易被週期性影響的公司股票。很多人常常這麼做，然後想賺佣金的投資銀行家當然會鼓勵他們亂買股票」。這些天真的投資人不明白「週期性一定會回來」，反倒是相信一家公司「會持續上漲，就因為它**最近一直在漲**。這就是標準的愚行」。

蒙格也蒐羅自己幹過的蠢事。我在二〇一七年參加波克夏．海瑟威的年度大會時，他坦言說，自己和巴菲特曾經因為沒做出行動，犯下了兩個代價很高的錯誤。蒙格向四萬名波克夏股東坦承：「我們沒買Google股票，辜負了大家。在沃爾瑪股票超便宜的時候也沒買進，一樣讓大家失望了。」

大多數人都喜歡隱藏自己的過錯，避免外人看見；也不願意對自己坦承錯誤。但是正如蒙格所觀察，當他愈是公開透明地檢視自己的過錯，重蹈覆轍的機率就會減少。他對波克夏的股東們說過：「我喜歡有人坦承自己是徹頭徹尾的蠢蛋。我知道只要揭自己犯錯的創疤，往後的表現就會更好。這是我學到的絕招。」的確，這就是我們必須從蒙格身上學到的第三招，有助於我們減少自己的愚行。

話雖如此，蒙格不會無緣無故就自我懲罰。他承認自己犯錯，記取教訓，然後繼續往前走，絕不會深陷在懊悔中。「我們以前還滿積極的，所以犯了一些令我們印象深刻的錯誤，」他說：「我們也大量借鏡別人犯過的錯，因為這種學習方式便宜多了。但我們也從不愉快的經驗裡學了很多。」波克夏的一些投資錯誤造成了痛苦後果，包括在一九九三年買下德克斯特鞋業公司（Dexter Shoe），該公司被低成本的中國對手殲滅。但從大局來看，這些錯誤稱不上重大災難。

我遇過的投資人當中，就屬弗雷德・馬丁（Fred Martin）最看重「避開災難」這個教訓，他在明尼亞波利斯創辦了「紀律成長投資公司」（Disciplined Growth Investors）。「避開災難」是一條影響他所有人生層面的優先原則，從管理金錢到駕駛他的私人飛機。和蒙格一樣，馬丁也非常注重分析其他人犯過的錯。「你這麼做的時候不需要感到興奮，」他說：「這麼做只是為了學習。」對馬丁來說，這種分析起初是一項求生策略：他曾以美國海軍軍官的身分參與越戰四年，這個痛苦經歷讓他明白「可預防的錯誤」能造成多麼慘痛的後果。

一九六九年六月，馬丁於達特茅斯商學院畢業後加入海軍，就在當月，美國艾凡斯號驅逐艦在中國南海撞上一艘澳洲的航空母艦。事發當時是凌晨三點，驅逐艦的指揮官正在睡覺，由兩名菜鳥上尉代班。驅逐艦轉錯了方向，切入航空母艦的行進路線，結果被撞斷成兩截。驅逐艦的前半截在幾分鐘內沉沒，許多船員被困在裡頭。這起事故一共造成七十四人罹難，四名軍官被送去軍事法庭受審。調查報告做出的結論是：「這起悲劇事件……是由於人為誤判」。

馬丁還記得當時看著那艘船斷裂殘骸的相片時，感到非常驚恐：「那張相片令人震驚，船身簡直就像被焊接工人切成兩半。」但他之所以無法忘懷，是因為為這場災難原本可能發生在他身上。馬丁當時獲得晉升，成為另一艘驅逐艦上的上尉，也是海軍史上最年輕的指揮官之一。當年二十四歲的他，只要艦長在睡覺，就必須為船上的兩百四十條人命負責。他不可能忘掉艾凡斯號驅逐艦上兩個倒楣的上尉，因為「這兩個可憐孩子」犯的錯害整艘船沉沒。

馬丁就算睡眠不足而筋疲力竭，他每晚仍然提高警覺。船上的無線電會突然響起，引擎室會因為碰上各種狀況而通知他，而且船是航行於危機四伏的黑水。他說當時的情勢是「隨時都可能犯下可怕的錯誤。老天啊，我當時真的累壞了……但必須想辦法保護全船的安危」。馬丁養成的一個習慣，是船每次準備轉向的時候，他就會走到艦橋外頭的側翼上，這樣才能親眼確認航線安全。馬丁表示：「『轉彎前必須先看清楚路』是很簡單的規則，卻不是我們訓練內容的一部分，就算它確實應該被列入訓練。」如今七十幾歲的他回想起這件往事，也意識到這種「提高警覺」的態度，在他心中是多麼根深柢固。

馬丁是在一九七三年離開海軍。他回想道：「我退役時，是無比認真的人。」長久以來，他對股市一直很感興趣，十二歲時買了第一支股票，服役期間甚至訂閱了《華爾街日報》，這份報紙偶爾會被送到他的船上。出於這份喜愛，他進了明尼亞波利斯一家銀行，擔任證券分析師。他很快就發現，這個職場裡的大部分成員，都缺乏他在戰爭期間用來保護全船所採取的戒慎恐懼。

馬丁的父親是善於推銷的股票經紀人，但在那年，雇用他的經紀公司破產了，他因此損失了五十萬美元；父親魯莽地把家裡一大部分的財產押在這家公司上，而且完全沒注意到該公司即將瓦解前的種種跡象。

幾年後，他父親買了馬丁推薦的一支股票，因此賺了不少。當他們在電話上談論這件事的時候，馬丁突然意識到父親「是好人，但是個糟糕的投資人——過度積極、衝動，總是在尋找能迅速致富的東西……興奮過了頭。所以，我發現他其實不知道自己在做什麼」。

馬丁進入投資職涯初期，群眾處於興奮狀態，沒幾個人維持理性。在「漂亮五十」指數熱潮的引領下，投資市場在一九七三年陷入瘋狂，這時他發現股票的估值已經脫離現實。他想起自己當時分析一支沒賺錢的明星股，他對主管表示，這支股票感覺沒什麼價值：「主管對我說：『啊，這你不用擔心，弗雷德，這是所謂的**信心股**。』當然，那支股票後來翻了船。」馬丁說，股市在一九七四年崩盤的時候，「所有明星股都成了廢紙」。但他發現股價和股值之間的關係這時盪到另一個極端：「這是最棒的買入時機……只要你有膽量投資。」節儉成性的他有足夠現金買進大量較廉價的股票，其中一支是飛航安全國際公司（FlightSafety International），他說這是第一支讓他獲利十倍的股票。

經歷這些股市蠢劇，強化了馬丁在海上學到的教訓。**最重要的一件事，就是避開可能造成災難性後果的明顯錯誤**。但在之後的十年間，他看見同樣的模式一再上演：忽視風險，進而引發不必要的災難。

舉例來說，在一九九〇年代末期的網際網路和電信熱潮期間，他的一些客戶決定離開，把大部分的畢生積蓄拿去投資詹姆斯・歐斯拉格（James Oelschlager）的基金；鼓吹科技股的歐斯拉格在事業顛峰期吸引了超過三百億美元的資金，他的投資範圍很狹窄，當中充滿諸如思科系統之類價格過高的明星股。網路泡沫在二〇〇〇年破滅的時候，思科系統的市值蒸發了四千億美元。最後正如馬丁所擔憂的，一頭熱的投資人把太多資金投入這種超高風險基金，結果「慘遭痛宰」。

有個客戶打電話問馬丁能不能保證「每年肯定」享有一二%的報酬率。馬丁告訴他，股票反覆無常，沒人能做出這種承諾：「那個人說：『噢！可是紐約有個名叫馬多夫的天才，雖然不讓任何人知道他的訣竅，可是他就是有辦法每年都獲利一二%。』」因此這名客戶把存款託付給伯納·馬多夫，也就是美國史上最大的龐氏騙局主導人。

所以教訓是什麼呢？「如果對方沒辦法透露他是怎麼辦到的，你也不懂對方的做法，」馬丁說：「這可能就是最好不要攪和的選擇。」**他的「風險管理黃金規則」非常簡單：「只買你懂的東西。」**

正如馬丁所見，想避開災難的最佳方式，就是「了解投資的核心原則」，而且堅守一項「基本紀律」，那就是絕不違反這些「金融定律」。最根本的定律，是永遠維持安全邊際，也就是購買價格低於價值的資產。馬丁是《葛拉漢與成長股的威力》（*Benjamin Graham and the Power of Growth Stocks*）的共同作者，他提出警告：「你會犯錯，但問題是，你能復原嗎？」葛拉漢的安全邊際觀念可以讓你「克制」自己的錯誤，「這樣錯誤才不會太嚴重，你也才會因此復原」。

馬丁並不是主張我們要避開風險。相反的，他認為「如果想獲得報酬，就必須冒險」，但你冒的險必須是「經過考量的風險」。馬丁管理六十億美元的資產，而且你得至少投資一千五百萬美元才能請他幫你開一個獨立帳戶，他精通的是一種刺激的利基市場：快速成長的中小企業。但他堅持只以便宜或合理的價格買進股票，依據的是他對一家公司目前和七年內的內在價值估算。他的「信條」就是：一家公司的內在價值和市場價值遲早會合併。他說：「一支股票有兩個報酬來源，一個是內在價值的增長，另一個是股價和一家公司基本業務的『真正價值』之間的差距『校準』。」他不知道校準什麼時候會發生，但他的平均持股時間是十年。

馬丁會買的股票，只有價格便宜到能在未來七年內產生高預期報酬率。如果是中型企業的股票，他要求這支股票的年報酬率至少是一二%。如果是小型企業的股票，因為這種企業比較可能倒閉，所以他要求年報酬率至少是一五%。這點為什麼很重要？因為這些標準化的要求，迫使他「有系統地」只買進足夠吸引人的股票。**正如馬丁在海軍所學到的，「嚴守程序」是不可或缺的保障：「永遠遵守它，因為這能讓你避開麻煩」。**❶**想減少愚行，第四項技巧就是「採納少數幾個標準做法與不可妥協的規則」**。巴菲特和蒙格也許不需要正式約束也能維持自我紀律，但你我又不是他們。

為了避開災禍，馬丁還「虔誠地」遵循另一條規定。他在買進一支股票時，頂多只把總資產的三%投資進去。一般來說，他持有四十五到五十支股票。這麼做是不是太保守？當然。但

---

❶ 馬丁雖然嚴格遵守自己的投資程序，但他也補充一個重要警告：「程序並不是完全不可調整，它是動態的。」他的團隊每年都會花三天時間討論如何改善這套程序。

他這幾十年來還是大幅領先市場指數，而且這種作風**確實**讓他避開了無數麻煩。

你可以想想比爾・艾克曼和鮑伯・高法伯（Bob Goldfarb）的案例，這兩位有天賦的投資人曾在威朗製藥公司（Valeant Pharmaceuticals）上押了龐大賭注。該公司由於「做假帳」和「藥物定價過高」等等醜聞纏身，市值因而蒸發九五%。高法伯當時把紅杉基金超過三〇%的資金投入威朗製藥，結果不光榮地退休，他原本輝煌的紀錄毀於一次犯錯。艾克曼損失了四十億美元。

「他明明是個聰明人，」馬丁說：「但真的犯了外行人的錯……他不需要做這麼極端的投資。」對馬丁來說，研究「實力真正優秀者」犯下的「金融災難」，確實特別具啟發性，因為你會想不斷提醒自己，投資業實在不容易。謙卑在投資中極為重要。你**永遠**、**永遠**都要考慮自己的局限。」

這種「對風險抱持警戒」的態度也適用於投資以外的領域。蒙格常常勸誡人們，避開「好處有限、壞處具毀滅性」的行為，非常重要。他說過：「有三件事會毀掉一個人：毒品、酒精，以及舉債投資。」和這種危險行為沾上邊的活動包括酒駕、搞外遇、逃稅和做假帳。不管你有什麼樣的道德觀，這些行為都是愚蠢的賭注。

無論身分是海軍軍官、資金管理人，還是經驗豐富的飛行員，馬丁能生存下來絕非偶然。他堅守一項基本的最高指導原則：「別讓你的災難毀了自己」。他最近常常駕駛一架二手的灣流私人飛機到處飛，這是在它的售價從一千四百萬美元跌至五百二十五萬美元的時候購買的。「這架飛機真的超棒，」他說：「飛起來就和逃命的狗兒一樣快。」話雖如此，他說自己和公司的機長是「天上兩個最膽小的懦夫」。

多年來，他們是遵守一項「鐵律」，才能遠離麻煩：一旦他或機長在駕機時，心裡「覺得不安，就會說出來，我們不會繼續飛更遠，就打道回府，……不必做任何爭論。」馬丁表示，他有次推遲了去佛羅里達州見一位重要客戶，因為飛機燃料可能不足：「我不願意違反安全邊際……開會遲到是一回事，但墜機喪命完全又是另一回事。」

馬丁也把這條鐵律轉成投資程序的一部分，授權自己信賴的兩個同事，讓他們能在馬丁決定買進之前否決他選定的股票，這套系統性的安全措施能避免他失察出錯與過度自信。

馬丁願意承認自己可能犯錯，這種態度讓他獲益匪淺，不僅讓他免於粗心大意，也讓他能從其他投資人的失敗中獲利。幾年前，一筆管理數十億美元的高收費對沖基金因為表現不佳而關閉，馬丁花了兩萬五千美元，從這家倒閉公司手裡買走了價值五十萬美元的「精美」辦公家具。「永遠別忘了，」他說：「能成為屹立不搖的生存者，是多麼有價值。」[2]

---

[2] 馬丁提高自己的生存率的另一個方式，是把他投資公司的營運成本壓得非常低，比如他每年只付自己十五萬美元的最低薪資，而且他的生活開銷遠低於總收入。「就算我今天犯錯了，明天依然能糾正自己，」他說：「因為我明天還活著。」

提防自己的腦袋

投資人面對最棘手的一個問題，是人類的大腦其實不擅長做出理性決策。人的判斷力經常遭到恐懼、貪婪、嫉妒和不耐煩之類的情緒襲擊；偏見會扭曲人對現實的認知；人容易受到帶著誘惑心機的推銷話術和同儕壓力所影響；人習慣依據有錯誤或不完整的情報做出行動。羅伯特．崔弗斯在著作《愚昧者》中表示，「人類神奇的感知器官」讓人可以獲取資訊，而大腦會系統性地磨損與破壞這些訊息。

一九九〇年代，蒙格在三場關於「人類誤判的心理」演說中，曾討論這個問題。二〇〇五年他寫了新增版內容，收錄於《窮查理的普通常識》這本暢銷著作中。尼克．史利普認為，蒙格的投資議題演說是有史以來最棒的，其內容展現了令人讚嘆的犀利智慧。蒙格從沒修過心理學，但讀過三本心理學教科書，他列出二十五個會導致大腦失靈的「心理傾向」，並為它們取了好記的名稱，像是「自視過高傾向」「廢話傾向」，以及「簡單的、避免痛苦的心理否認」。他甚至大膽批評，諸多教育心理學家根本沒搞懂自己教授的這門學科。

蒙格整理出這些「標準思維錯誤」，為他本人和我們提供了「該避開哪些陷阱」的實用檢查清單。「訣竅在於，你必須先了解它們，然後訓練自己避開，」史利普說：「描述這些事很容易，但把它們牢記在心可不簡單，這需要下苦功。」但這麼做有其必要，因為「最持久的優勢都在心理層面」。

蒙格列舉的第一個傾向非常重要，但一般人都低估它的重要性：在「改變我們的認知和行為上」，「激勵機制」所發揮的作用。他引用了自己崇拜的班傑明．富蘭克林說過的一句話：「如果你想說服別人，誘之以利，而非說之以理。」蒙格寫道：「這句睿智的箴言，引導人們在生活中掌握一個重要而簡單的道理：當你該考慮動用激勵機制時，不必想其他事情。」

激勵機制在人生每個層面都至關重要，不管是激勵員工，還是誘騙最難應付的對手：你的孩子。蒙格表示，蘇聯共產黨對於「『激勵』的超級威力完全無知」，因此許多有建設性的工作都失去讓人想去做的動力。他也警告，業務員因為「激勵機制引起的偏見」，可能會使得「一個道德高尚的人」漸漸走偏，「為了得到他想要的東西，做出不道德行為」。蒙格提出的解方是：「如果顧問提出的專業建議對他本身特別有利時，你就應該更加提防這些建議。」

金融業充斥著利益衝突，我們應該時刻提防任何兜售產品或建議的人，因為他們的想法可能在獎勵的影響下扭曲。舉例來說，打算投資一筆基金或年金時，就該確切知道你的「財務顧問」推薦該商品後會拿到獎勵的方式。同樣的，也該評估基金經理人是不是真的在乎你的最佳利益。

我在一九九八年寫了一篇批評考夫曼基金（Kaufmann Fund）的文章，這個小型基金在小型股上押注，結果中了大獎。豐厚報酬和大量廣告把它改造成了另一種怪物。憑藉著將近六十億美元的資產，它再也不積極地投資小型企業的股票，績效變差。儘管如此，該基金的兩名經理人在三年內收取了一千八百六十億美元的費用，就算該基金的績效比標準普爾五百指數差了超過五〇％。其中一人甚至對我坦承，他根本沒把自己的錢投入該項基金。這就是所謂的錯位（misalignment）。過了這麼多年，我發現這項基金每年依然收取費用比率高達一・九八％的驚人管理費，但不覺得驚訝。把這種費用比率乘以七十五億美元的資產，你能想像基金經理人撈了多少。考慮到「規模經濟」這個概念，經理人收取較少的費用應該比較公平吧？當然。但是誰會獲益？只有股東。

相較之下，馬丁從很久以前就接受一個事實：他如果把大筆資金投入小型股，就一定會損害股東的報酬率。所以在二〇〇六年，他不再接受新的投資人加入自己的小型股投資組合，他公司當時對小型股投入的資產只有四億美元。這種「自我克制」使他少賺了數千萬美元的管理費，但對現有的客戶幫助極大。觀察一個投資人如何架構自己的激勵機制，總是很有啟發性。蒙格是波克夏的副董事長，這家公司的市值超過五千億美元，但他的年薪只有十萬美元。他也是每日期刊公司的董事長，但這份職務不支薪，他是透過績效獲利，不是靠收取管理費。[3]

蒙格經常叮嚀，和正直無私的人合作，至關重要，同時也要避開有「不當誘因」的人。他對於引發二〇〇八、二〇〇九年金融海嘯的貪婪人性，相當驚駭；華爾街最聰明的菁英都忙於剝削，比如把次級房貸重新包裝成擁有一流信用評級的致命債券。人很容易把低等行為合理化，尤其如果這麼做並不違法的時候，而且人人都參與其中。但是蒙格推薦一種更高的道德標準，其中包括說出：「我不屑做這種事。」

蒙格在演講中提到另一個認知危險：「傾向快速消除心中疑惑」，因此急於做出決定——這種習慣經常是由壓力引發的。從進化角度來說，這種「避免懷疑傾向」很合理，畢竟人類的遠祖在面對緊急威脅時必須當機立斷。但是這種思維捷徑會導致投資人做出衝動決定，結果常常引發災難。更糟的是，人也常犯蒙格所謂的「避免不一致傾向」，排斥和自己已下的定論可能互相牴觸的新資訊和見解，無論我們得出這項結論時是多麼匆促。

蒙格給了一個生動的比喻：「當精子進入卵子的時候，卵子就會自動啟動封閉機制，阻止其他精子進入。人類的頭腦也有強烈的類似傾向。」**我們不願意重新檢討自己的觀點或改變想法，這就是理性思考最大的障礙之一。我們不願維持客觀心態，而是有意無意地優先考慮強化的資訊，是自己相信的訊息。**

盲目地執著於既有信念所犯的錯誤，還會因為其他幾種心理傾向而加劇。「自視過高傾向」使人高估自己的才能、意見和決定。「過度樂觀傾向」引誘人做出草率、自以為是的財務決策，尤其當一切順遂、我們覺得自己很聰明的時候。而「簡單的、避免痛苦的心理否認」會導致人在「現實太過痛苦，令人無法承受」時，扭曲事實。這能解釋為什麼許多投資人騙自己相信，就算缺乏必要的技能、性格，或是對成本的控制，他們最後還是能領先指數型基金。蒙格很喜歡引用古希臘演說家狄摩西尼（Demosthenes）的名言：「沒有什麼事比自欺更容易。一

---

❸ 每日期刊公司販賣與法律相關的報紙和法庭系統需要的軟體，以出版社來說表現不俗。但它的市值不到四億美元，對蒙格來說不是主業，而是副業。他之所以成為億萬富翁，是因為投資波克夏。話雖如此，他的財富完全比不上巴菲特，其中一個原因，是他在法律界工作一段時間後才開始投資，而巴菲特是在娘胎裡就開始搞複利成長。

個人想要什麼，就會相信什麼。」

既然人類的大腦如此詭詐，我們該如何做出合理的投資決策？首先，我們必須承認這種陰險詭詐的威脅確實存在。葛拉漢曾提到：「投資人最大的問題——甚至最惡劣的敵人——很可能就是自己。」

我們還必須提防自己獨特的心理傾向，它們可能會使人的判斷力偏移至可預知的方向。擔憂成性的霍華・馬克斯對我說過：「如果你的想法帶有濃厚的一廂情願偏見，那你的概率分配會傾向於自己喜歡的……如果你喜歡恐懼，就會偏好負面的事物……不會有人說：『這是我的預測，它大概是錯的。』但你**必須**說：『這是我的預測，而且必須覺察到它可能受自己的情緒性偏見所影響。』而且你必須**抗拒**這些情緒偏見。對我來說，它就是指在事情變困難的時候不能怯懦。」

蒙格防範不理性的一個方法，是效法科學家的「極端客觀性」，比如達爾文、愛因斯坦和費曼。我問蒙格，該從他們身上學到哪些思考問題的方式時，他說：「他們都對自己非常苛刻……他們**很努力地**減少自己的愚行。他們**在乎**把事情考慮周到，也能長時間集中注意力，而且一再努力地避開愚行。」**蒙格尤其欣賞的是，他們總是致力於尋求可能會推翻他們最看重想法的「否定證據」**。**這種擁有不同形式的心理習慣，就是我們能用來避開愚行的第五道防線**。

舉例來說，達爾文拒絕讓自己的基督教信仰，或其他博物學家的普遍觀點，影響他在進化論方面取得的驚人結論。一八五九年，在著作《物種起源》中，摒棄了《聖經》裡神聖不可侵犯的信念，他表示：「經過深思熟慮的研究，以及盡自己所能的客觀判斷之後，我確信大多數博物學家和自己原先抱持的看法：『每個物種是被獨立創造出來』是錯誤的。」

樂於發現自己的錯誤，這種意願是一個難以估量的優勢。蒙格培養這種意願的方式，是每次成功破壞一個根深柢固的信念時，他就會為自己喝彩，這樣一來，「移除無知」就會變成一種滿足感，而不是羞恥感。他說過：「如果波克夏有一定程度的進展，主要原因就是我和華倫很擅長摧毀自己最喜愛的想法。你只要有任何一年沒破壞自己最喜愛的想法，這一年可能就浪費了。」

有一年令人注目，因為他們摧毀一個原本深愛的想法，迎來了另一個更好的構想，大幅改變了波克夏之後五十年的走向。一九七二年，巴菲特和蒙格有機會以三千萬美元的價格，買下時思糖果公司（See's Candies，位於加州的一家巧克力製造商），這個價格差不多是該公司有形資產淨值的四倍。蒙格覺得這個價格很合理，因為這家公司擁有優質品牌、忠誠的客戶群，而且有能力漲價。但巴菲特是小氣鬼，賺錢的方式是用他幾乎不可能虧錢的低價買進平庸的公司。他是從自己崇拜的導師葛拉漢身上學到這個「菸蒂」策略。那麼，他要怎樣放下這個原則，花大錢買下優質企業？

巴菲特想起波克夏的二〇一四年年度報告，說道：「我錯誤的謹慎可能毀了一樁天大的好買賣。幸好賣家決定接受我們兩千五百萬美元的出價。」蒙格說，如果那個價格高出十萬美元，他和巴菲特就會放棄時思糖果公司：「我們當時就是這麼愚蠢。」從一九七二年計算至今，時思糖果公司的稅前獲利大約是二十億美元，這證明了他們的新想法：花更多錢買下卓越企業是值得的。

這項認知改變了一切，促使他們開始投資可口可樂之類的世界級企業。他們對無形資產的注重（像是品牌忠誠度和優秀管理層）持續進化，因而後來願意花更多錢買下獨特的企業，比如以色列的金屬公司伊斯卡（ISCAR）與航空和國防工業零件製造商精密鑄件（Precision Castparts）。在二〇一四年的年度報告中，巴菲特稱讚蒙格幫他治好了對菸蒂股的癮頭，而建立了「波克夏今日的布局。他給我的藍圖很簡單：放下『用超低價格買進一般公司』這一套認知，改用合理價格買進優質企業」。

如果巴菲特和蒙格不這麼努力挑戰自己的想法，這一切都不可能發生。從投資到政治，蒙格向來討厭「嚴重的意識形態」，他認為這是「扭曲人類認知的最大因素之一」。他原本在法律界工作，後來在巴菲特的說服下轉換跑道，他時刻都訓練自己研究相反的論點，這樣他才能像表達自己觀點一樣清楚陳述這些論點。他也會特別去閱讀一些論點有說服力、但看法與自己分歧的思想家所撰寫的文章，比如《紐約時報》專欄作家保羅．克魯曼。大多數人都比較喜歡接觸呼應自己社會和政治偏見的媒體，但是蒙格的榜樣促使我也採取一個拓展觀點的簡單做法，閱讀《華爾街日報》上和我的偏見不符合的專欄文章。

另一個可以確保我們的薄弱觀點和懶惰偏見能遭到挑戰的實用方法是：找個不怕否認我們看法的聰明對手練習。巴菲特說過：「人類最擅長的，就是詮釋所有的新資訊，這樣才能讓自己原本的論點依然穩固……每個人似乎都精通這項才能。我們又該如何避免犯這種錯？」他的答案是：「找個不會奉承你，而且想法非常合乎邏輯的夥伴……這大概是你能擁有的最佳機制。」蒙格最適合這個角色，因為他曾多次駁斥巴菲特的投資構想，所以巴菲特才會說他是

「愛說不的討厭傢伙」。

蒙格指出，擁有這種可以討論的搭檔，有一個好處就是，會迫使你整理自己的思緒，這樣論據就可以有說服力。帕布萊介紹斯皮爾給蒙格認識的時候，對他說：「查理，這個人（指斯皮爾）總是反駁我提出的所有想法。」斯皮爾開玩笑地說自己太笨，帕布萊對他說話簡直就像對猴子說話。「查理立刻說：『猴子不是好搭檔。』他很認真，就像摩西發表十誡裡的第四條。他說：『猴子無法發揮作用，因為莫赫尼什**知道**牠是猴子。』」

其他頂尖投資人也找到其他辦法，來確保自己能接受相左的意見。著名的比爾・尼格倫（Bill Nygren）在芝加哥的漢瑞斯資產管理（Harris Associates）擔任基金經理人，他說見過對沖基金億萬富翁邁可・史坦哈特（Michael Steinhardt），這個人會「邀請兩名華爾街分析師進自己的辦公室，一個很樂觀，一個很悲觀。然後他們三人會邊吃午餐邊爭論一個想法。他在買一支股票之前，會想知道悲觀的人對這支股票怎麼想；在賣空一支股票之前，會想知道樂觀的人怎麼想這支股票」。

尼格倫受到史坦哈特的啟發，在買進任何股票之前也會進行「唱反調者的意見復審」。他的團隊裡有個分析師提供樂觀者的看法，另一個人負責「提出強而有力的悲觀論點……如果更了解我們押注什麼，就更可能做出正確決定」。

尼格倫知道，他如果買進一支股票，就更難對它抱持客觀看法，一部分原因是「稟賦效應」，這個認知偏見會讓人更在乎自己擁有的東西，而不是沒有的東西，不管是股票或啤酒杯。尼格倫對付這種偏見的辦法，是對他每一個最大持股進行「唱反調者的意見復審」。每年至少一次，有個團隊成員會重新評估一支股票，而且「負責論證它為什麼應該被賣掉」。

另一個心理上的精明策略，是在做出任何重大投資決策前，先進行所謂的「事前驗屍法」。意思是，你試著前瞻未來，對自己提出一個假設性的問題：「這個決策為什麼成了災難？」事前驗屍法是由應用心理學家蓋瑞．克萊恩提出，用途是在事前找出問題，降低過度自信的風險。這對投資人來說是很寶貴的安全措施，因為它迫使我們考慮負面事實和潛在威脅，把這視為決策過程中的正式步驟。

二〇一六年，我在哥倫比亞商學院旁聽了「進階投資研究」課程，教授這堂課已有十年的講師，是我的朋友肯尼斯．舒賓．斯坦因（Ken Shubin Stein），他當時也是史賓瑟資本控股投資公司（Spencer Capital Holdings）的董事長。斯坦因在成為對沖基金經理人之前，已經取得醫師資格，他指導企管碩士學生想像三年後的自己有一筆失敗的投資，要在報紙上寫一篇文章來解釋失敗的原因。另一位傑出投資人告訴這些學生，他會在家中辦公室寫下一份「事前驗屍備忘錄」，當成在進行任何投資前的最後防範措施。這個步驟會揭露許多重大擔憂，促使他放棄原本打算投資的三分之一。

對於「採取防禦措施，來減少認知偏差造成的嚴重後果」，我見過的人當中，就屬舒賓．斯坦因最深思熟慮。他在許多領域都經驗豐富，這很有幫助。他曾擔任基金經理人長達二十年，並創辦一家擁有四百多名員工的控股公司。他也熱衷於科學，曾進行分子遺傳學的相關研究，還受過外科醫師的訓練，而且共同創辦了國際腦震盪協會。對大腦的強烈興趣，促使他在二〇一八年離開投資業，成為神經學家。

斯坦因警告，不管你多麼聰明或自覺，對於認知偏差，「還是無法有效避免」。承認自己會受到認知偏差影響，是一個起點，但就算認清這件事，也無法避免認知偏差在不知不覺當中影響我們的思考。儘管如此，他提出了幾個實用建議，能大幅改善我們做出合理決策的能力，就算人類的大腦天生就具有許多不良傾向。

首先，斯坦因建議我們，花點時間重新寫下蒙格在談到「心理偏見」時提到的認知錯誤。你該做的不是引用蒙格說過的話，而是用自己的文字描述這些陷阱，這樣你才能徹底內化他的見解。另一個有幫助的做法，是將蒙格的檢查清單「個人化」，寫下你犯過的投資錯誤，並強調自己特別容易被哪些傾向影響。「你必須了解自己的大腦如何運作、自己的強項，以及面臨的挑戰。」斯坦因解釋。舉例來說，他很容易被「權威偏見」影響，有時候因此太相信自己欣賞的投資大師所購買的股票。為了抵消這種偏見，他在自己的認知檢查清單中加了兩個疑問：「我有沒有做足功課？我是否獨立驗證過每一個項目？」

和蒙格一樣，斯坦因也提倡用「科學方法」來分析投資。**意思是採取「舉證辨偽的心態」，努力「反駁」自己的假設，然後觀察「假設是否經得起攻擊」。斯坦因最喜歡提出的問題是：「我為什麼可能是錯的」**？他也強調分析「替代的競爭假設」很重要，這是借用理查茲．霍耶爾（Richards Heuer）的方法，霍耶爾是中情局的資深人員，曾寫過一本書名為《情報分析心理學》（*Psychology of Intelligence Analysis*）的經典之作。斯坦因勸戒學生絕不能忘記霍耶爾提出的洞見：「一項證據能支持不只一項假設。」

霍耶爾對中情局的長期貢獻之一，是發展了一套由八個步驟組成的程序，能「同時評估諸多彼此競爭的假設」。很少人有耐心這麼周全地考慮問題，但就像霍耶爾說的，我們如果想克服自己的「認知限制」，就必須採取一套能讓人縝密思考的「系統化分析過程」。**唱反調者的意見復審、事前驗屍法、和一位抱持懷疑態度的搭檔討論，以及列出一份認知檢查清單，提醒自己有什麼重大偏見和過去的錯誤**。這些紀律十足的分析技巧，能幫助我們有系統地放慢腳步，敞開心胸，並思考自己原本可能忽略的風險。

同樣的，斯坦因也指導學生用「牛市／熊市分析法」來分析每一家公司，這個基本程序要求你寫下兩個論點（一個正向樂觀，一個負向悲觀），分別寫在兩頁上。關鍵在於，你必須習慣性地使用這種技巧，才能時刻挑戰自己的假設，考慮正反雙方的說法，並抗拒大腦「為了節省腦力而走捷徑」的傾向。**這種對「採取系統化分析步驟」的重視，就是我們想避開愚行時要採行的第六項策略**。

最後，我們需要一個務實的辦法來避開情緒的影響，因為情緒能嚴重破壞我們「做出理性決策」的能力。蒙格在演講中提到，壓力、憂鬱、恨意和嫉妒之類的情緒會造成「不健全」的思想，讓人的認知偏差變得更嚴重。舉例來說，強烈的壓力和困惑迫使投資人更想隨波逐流，人云亦云，放棄獨立思考，尤其在股市暴跌的時候。這種「在人群裡追尋安全感」的欲望，確實符合進化的意義，但對投資人來說，「從眾行為」常常引發災難，驅使他們在泡沫時期買進，在驚慌期間拋售。蒙格說過：「人類和旅鼠一樣，在某些狀況下都有『集體犯傻』的傾向。這種傾向就能解釋為什麼聰明人也會產生許多愚昧想法，做出不少蠢行為。」

二〇一五年，《心理學年鑑》（*Annual Review of Psychology*）刊登一篇報告，描述三十五年來諸多科學研究探討情緒對決策的影響所做的調查。研究的作者們提到，這所有的研究得出的「一項總結」，就是「情緒會對決策造成強大、可預測和廣泛的影響」。比方說，研究賭博決策的學者們發現：「憂傷情緒會讓人更偏好採取高風險、高報酬的行動；焦慮則會讓人更傾向採取低風險、低報酬的行動。」換言之，我們的情緒傾向和心情經常扭曲自己的觀點，以及承受風險的程度。

根據這類研究，斯坦因養成了一個預防性的習慣：查看自己是否「處於適合做決策的心理和生理狀態」。這種習慣帶來的寶貴價值不僅體現在股市上，對人生的每一個層面也有利，因為我們的決策可能會造成災難性的後果。

科學文獻指出，飢餓（hunger）**、憤怒**（anger）**、寂寞**（longliness）**、疲憊**（tiredness）**、痛苦**（pain）**和壓力**（stress）**是「決策失誤常見的先決條件」。所以斯坦因把這六個因素的字首組成了「HALT-PS」這個縮寫來提醒自己，當這些因素可能會影響判斷力的時候，要停下腳步，延緩所有重要的決定，直到大腦在更可能回到正常運作的狀態。**[4] **這就是我們用來避開愚行的第七個技巧。**

---

[4]《心理學年鑑》也得出同樣的結論：「延緩片刻」是有效策略，因為「強烈情緒很快就會消散」，而且「人的情緒會隨著時間經過而回到原本的基準狀態」。

在二〇〇八、二〇〇九年金融海嘯期間，斯坦因經歷了一項痛苦的考驗。許多投資他基金的投資人在應該買進的時候，卻撤資逃難。他的事業陷入危機，在職涯中第一次面對這種重大挫折，也讓他感到丟臉。而且就在這段期間，兩個摯友的女兒死於船難。這段痛苦時光「催化」了他，促使他建立更健康的生活方式，幫助自己維持情緒平衡，並可以在壓力最大的時候，依然維持思路清晰。

「我們知道有四件事能改善腦部健康和功能，」斯坦因說：「冥想、健身、睡眠、營養。」他決心好好運用每一種工具，因此勤奮健身，這也幫助他睡得更好。他攝取更多魚肉、蔬菜和水果，並揚棄了自己「最糟的一些偏好」，包括大啖撒了巧克力餅乾碎片的香草冰淇淋來紓壓。他也養成規律的冥想習慣——這對許多成功的投資人是不可或缺的。

斯坦因表示，這些「維持高績效的習慣」持續下去時，就會產生「複利效應」。例如：「你冥想的理由，不是因它在特定日子很重要。而是定期練習冥想能幫助你應付重大挫折，讓你能隨時做好準備……你如果養成這種習慣，就能做好充分的準備，這很像打預防針。」我覺得這是大多數人會忽視的重要細節。採納這些健康習慣的最佳時間點，不是在我們已經陷入混亂的時候，而是在**事發之前**。

斯坦因表示，逆境到來時，關鍵是我們必須明白自己的情緒狀態也許會「害我們一蹶不振」。當他感到壓力大、心情不好或不知所措的時候，會試著休息片刻，確保自己獲得足夠的休息和營養，而且給自己一些時間回到「中立」狀態，這樣能「做出更謹慎的決策」。很簡單的一些辦法，像是清空行程、做決策之前先睡個好覺，也非常有幫助。「無論在私人或工作上，事情愈是複雜，我的行動就愈少。」他說：「我會試著放慢，試著簡化人生……查看行事曆，取消很多活動、確保我攝取充足的營養、做過冥想，也安排時間來思考、內省。」

二〇二〇年，斯坦因在一間加護病房裡擔任志工醫師，裡頭滿是接上呼吸器、奄奄一息的新冠肺炎病患。「這種感覺真的就像在打仗，」他說：「雖然這份工作很重要，但我們是冒著被感染的風險，也可能害自己家人因此被感染，這種感覺真的很糟。」幾天後，太太產下他們的第一個孩子。為了避免家人染疫，他暫時住進一間旅館。

在這場噩夢中，斯坦因利用在投資生涯中採用的處理情緒習慣，包括攝取營養均衡的飲食、健身，還有「短時間的冥想」，有時候只是在回到加護病房前先在廁所裡呼吸十秒鐘。最重要的，是他努力清楚察覺自己的「內在狀態」，這樣恐懼、焦慮、哀傷、憤怒和寂寞之類的情緒才不會削弱他照顧病患、和難過家屬溝通的能力。

一個「非常有幫助」的工具，就是他的 HALT-PS 檢查清單。他不斷用它來檢查自己的情緒狀態，以及穿著醫療防護裝備對他造成的強烈生理痛苦。斯坦因表示：「一旦發現自己不是處於最佳狀態，就能有自覺地做出補償措施。」在醫院裡，他就會在決策時格外謹慎，並要求自己「特別同情病患的處境」。

他面對的挑戰非比尋常，但這套方法適用於每個人。當我們的情緒狀態可能影響判斷力和表現時，也需要自覺，並誠實承認，這樣才能更謹慎地繼續做事。

在更廣義的層面上，我們也需要建構一種有利於恢復冷靜的生活方式。舉例來說，蒙格花許多時間進行能讓他覺得氣定神閒的活動，像是在住處的圖書室裡閱讀、與朋友打橋牌、打高爾夫或釣魚。他也避免行事曆塞滿行程，這樣才有充足的時間思考。方法也許不同，但每個人都需要培養讓心靈平靜的習慣和嗜好。

但事實是，蒙格不像大多數人那樣很難控制情緒。我曾問他，是否同意霍華・馬克斯說的「所有頂尖投資人都沒有情緒。」他答道：「沒錯，完全正確。」他是否曾為了自己的投資感到焦躁或害怕？「沒有。」所以他不用**對付**這些情緒，是因為根本沒感受到它們？「沒錯。」

因為沒有極端的情緒雜訊，蒙格能自在地以沉著超然的方式，聚焦於判斷一項投資是否對他有難以抗拒的好處。當銀行股在金融海嘯期間重創的時候，他判斷富國銀行（Wells Fargo）的股票便宜到誇張，是個「四十年出現一次的好機會」。股市在二〇〇九年三月「跌到谷底」的時候，他以每日期刊公司的名義買下富國銀行的股票，他說這就是「理性和明智判斷」的完美案例。很少投資人有他這種與生俱來「缺乏情緒」的優勢。「華倫也是天生如此。」他說：「我們天生的性格很相似。」

蒙格還學會控制一些有害情緒，它們會破壞他的人生樂趣。「狂怒、瞋恨……全部要避開。」他告訴我：「我不讓它們持續下去，也不會讓它們升起。」對待嫉妒心也是如此，他認為這是七宗罪裡最愚蠢的，因為它根本毫無樂趣可言。他也很討厭有人傾向於把自己視為受害者，而且對「抱怨」這種事很不耐煩。我問他是否採取什麼心理程序，來幫助自己平息自我挫敗的情緒，他答道：「我**知道**憤怒很愚蠢，我**知道**怨恨很愚蠢，我**知道**自怨自艾很愚蠢，所以我不與這種情緒攪和……我每天、無時無刻都努力不做蠢事。」

一輩子的教訓

在結束訪談的時候，蒙格拿起拐杖，蹣跚緩慢地穿過每日期刊公司的大廳，走向一個臨時搭建的講台。觀眾一看到他便爆出久久不散的如雷掌聲。他在旁人的攙扶下踏著兩個階梯，走上講台，然後氣喘吁吁地坐下，用僅有的一隻眼睛看著這個擠滿仰慕者的會場。許多人被迫站著，因為所有椅子都坐滿了。他挖苦地說，今年的觀眾特別多，因為「他們認為這是最後一次機會」。

蒙格既是大師也是表演者，陶醉在這個能分享他許多人生教訓的機會。「你們就像邪教成員，」他的語調帶有溫暖的笑意：「咱們今天會在這裡待久一點，因為你們有些人是千里迢迢而來。」接下來的兩小時，他探討了四十多個問題，在關於市場和婚姻的諸多題材上，分享自己的智慧和俏皮話。

被問到有什麼職場建議時，他答道：「你選擇的遊戲，必須配合自己擁有的特殊才能。如果你身高只有一五五公分，就最好別和二五三公分的傢伙在籃球場上鬥牛，因為難度太高。你必須釐清自己在哪個遊戲裡有優勢，而且它必須是你非常感興趣的領域。」

被問到關於中國的話題時，他對中國的經濟轉型表示驚訝，但也感嘆太多中國人「喜歡賭博，而且他們竟然相信運氣這回事，這可就真的很蠢。你要相信的不是運氣，而是機率」。蒙格沒興趣在賭場或賽馬場賭博。「如果機率對我不利，」他說：「我根本不會去玩。」

被問到一九七三、一九七四年的市場崩盤，他的投資夥伴損失了超過五〇%，他說波克夏的股價曾經有三次縮水一半：「如果你就是想長期投入這個遊戲，那在應對減少五〇%時，最好不要大驚小怪。所以，我給你們的教訓是，管理自己的人生，這樣你才能泰然自若、優雅地因應縮水五〇%這種事。別試圖避開。它就是會發生。事實上，如果它沒出現，就表示你的投資方式不夠積極。」

被問到分散投資，他表示，「這對一無所知的人來說是好規則」。但他比較喜歡的策略，是等候「獲利機率遠大過虧錢機率」這種罕見的機會。這種機會出現的時候，他會「魄力十足地」緊抓不放。蒙格坦承，他家族的十位數財產幾乎完全仰賴三項投資：波克夏、好市多，以及李錄挑選的一些中國股票。蒙格說這三筆賭注同時失敗的機率「幾乎是零」。「我的財富是不是很穩固？一點也沒錯。」

被問到指數型基金，他說它們給投資業帶來很多痛苦。從長遠來看，主動式管理基金的經理人大多都無法擊敗大盤，這意味著，其收取的管理費等於獎勵他們「沒有」為客戶帶來額外價值。「誠實、明智的人都知道這些經理人是在販賣拿不出成果的產品，」蒙格說：「大多數人在這件事時，都會拒絕面對。我能理解。我的意思是，我也會拒絕去想自己的死亡。」

這場股東大會進入尾聲，群眾紛紛散去，但是蒙格留在現場。二十幾個忠誠追隨者聚在他身邊，所以他又花了兩小時回答他們的問題。為了補充體力，他打開一盒時思糖果公司的花生糖，開心地送進嘴裡咀嚼，碎屑掉得到處都是，然後他和欣喜的粉絲們分享這盒糖。我站在離他的椅子幾公尺之處，就近觀察他，偶爾也發問。最令我印象深刻的，不只是他思路的範圍和敏捷，也包括他大方的個性。看到這位老態龍鍾的大師對門徒們展現的耐心、關心和善意，我深受感動。

蒙格回顧這輩子的金融冒險時，他最珍惜的顯然不是勝利的規模，而是用什麼樣的態度獲勝。他說，有一次和巴菲特開心地拒絕了「我們這輩子見過最好的交易」。他們當時有機會買下一家鼻煙製造商，但只有一個問題：這家公司之所以賺大錢，是因為在產品裡添加了一種致癌的成癮物質。普立茲克（Pritzker）家族對此並不在意，買下了這顆醜陋的寶石，賺了大約三十億美元的利潤。儘管如此，蒙格並不後悔。「如果知道一個產品會害人，我們寧可不靠它賺錢。」他說：「我們幹麼做這種事？」

對蒙格來說，目標從來不是「不計一切代價的獲勝」。他的女兒茉莉說：「對他來說，金錢非常重要，但是靠欺騙贏得金錢卻輸掉人生這種仗，從來都不是他要的。」巴菲特曾為珍娜．羅渥所著的蒙格傳記《投資哲人查理蒙格傳》寫序：「四十一年來，我從沒見過查理試圖利用任何人。他曾刻意讓我和其他人在一筆交易上得利，而且他總是在事情出錯的時候多扛起一些責難，在事情順利的時候邀比較少的功勞。他是發自內心的慷慨大方。」

蒙格體現的是一種開明形式的資本主義，融合了老派的價值觀。舉例來說，他不贊成一些卑鄙的策略，比如用延遲付款來「殘忍對待」供應商。「我的人生理念是雙贏，」他說：「希望供應商能信賴我，我也能信賴他們。我**不想**狠狠惡整供應商。」但是許多人的財富是建立於比較不光榮的方式，他要怎樣讓自己的光明正大信念適用於這種現實？

蒙格對此的答覆，是提及媒體大亨薩默．雷石東（Sumner Redstone），這位億萬富翁是出了名的狡猾「狠角色」，取得了維亞康姆（Viacom）和CBS的控股權。「幾乎沒人喜歡他，包括他所有的妻子和孩子。」蒙格說：「我和薩默．雷石東都畢業於哈佛法學院，彼此大概相差一屆。他後來賺到的錢比我多，所以你可以說他成功了，但我的看法不一樣。我認為重要的不只是金融遊戲，而是最好反過來……我一輩子都把薩默．雷石東當成借鏡，提醒自己別成為什麼樣的人。」

我問蒙格，在「如何過著快樂的人生」上，該從他和巴菲特身上學到什麼教訓。他提到兩人友誼的品質，以及和值得信賴的好人共事的喜悅：「華倫對我來說，是超棒的搭檔。我對他來說，也是好搭檔……你如果想**擁有**一個好搭檔，自己就該**當個**好搭檔。這套方式很簡單，效果也很好。」同樣的原則也適用於婚姻：「你如果想要一個好配偶，就該讓自己配得上一個好配偶。」

蒙格雖然盡了最大努力，但還是經歷過折磨。他的第一個兒子泰迪在九歲時死於白血病。「那是痛苦又緩慢的死法。到最後，他隱約知道自己來日無多，也知道我一直在欺騙他。這真的是痛苦萬分。」他經歷過的痛苦還有離婚、失去一隻眼睛，還有他的第二任妻子南西和他結縭五十二年後過世。「我覺得將人生視為一連串的逆境，每次都是讓人拿出良好而非差勁表現的機會，這樣的想法非常、非常好。」蒙格說：「我認為，苦難來臨就接納；祝福到來，也接受。你就盡力在解謎的時候，樂在其中就好。」

幽默感也有幫助。這場會面的一個亮點，是蒙格回想起自己八十年前的一次失戀，他當時是就讀於奧馬哈中央高中的瘦小少年。他在高一那年邀請一位「金髮女神」去跳舞，為了在她面前耍帥而假裝抽菸。「她當時穿著網紗連身裙，結果我害她的衣服著火。」他說：「但我急中生智，拿可口可樂灑了她全身，及時滅了火。那次是我最後一次見到那位金髮女神。」

連續演講了五小時後，蒙格告訴大家他必須參加另一場會議。我攙扶他的胳臂，扶他走下講台。他挪步離去的時候，我感覺心中充滿敬畏。這一天，我見到一位偉大的人物。

後記

超越富裕

金錢很重要，但它不是邁向豐盛人生的必要條件

如果你人生唯一成功做的事，就是買幾張小紙而致富，這是失敗的人生。人生不只是精明地累積財富。

——查理·蒙格

有個電視記者問過雷鬼樂教父巴布．馬利：「你是個富人嗎？」馬利謹慎地反問：「你所謂的富人是什麼意思？」記者把提問說清楚：「你有很多財產嗎？銀行裡有沒有很多錢？」馬利再次反問：「財產會讓你變成富人？我沒有那種財富。我的財富是人生，永遠如此。」

這二十五年來，我花了大量時間採訪與觀察這世上許多頂尖的投資人，發現自己不斷自問：怎樣才算富裕？從表面上看，這些投資人就是最大的贏家。他們獲得一般人難以想像的大財富，能買豪宅、遊艇、飛機，而且收藏藝術品和賽車之類的世界級珍寶。但他們的財富究竟為他們做了什麼？財富與他們的心靈滿足究竟有多少關聯？再者，如果他們的金錢財富**不是**豐盛人生的關鍵，什麼才是？

那些玩具和獎品確實可以提供你所期望的一些喜悅，但也不算太多。約翰．坦伯頓爵士曾寫道：「有形資產能提供舒適生活，但是在『讓人感到快樂或覺得自己有用』這方面沒什麼幫助……大多數人其實都有一個錯誤的見解，就是認為快樂是取決於外在的情境和環境。」在很大程度上，他說得一點也沒錯。你不需要當個悟道的禪宗僧侶，也能明白「肉體歡愉」帶來的快樂，是短暫與不可靠的。話雖如此，我也注意到坦伯頓選擇住在豔陽高照的巴哈馬群島上的豪宅裡，鄰居都是超級富豪。他這個選擇說明了一點：外在情境對我們的幸福感，確實有一些影響。

愛德．索普是傳奇賭徒兼投資人，渾身散發「享受生活樂趣」的氣息，他以特有的理性腦袋思索一個問題：如何建構他的人生，才能提高讓自己覺得快樂的可能性。他做出的一項讓人生更為充實的決定，是在加州新港灘市買下一棟海濱別墅，能享受太平洋的日落美景。索普說：「這裡是能讓人享受人生的好地方。我怎麼可能會想住在擁擠又吵雜的大城市裡？烏煙瘴氣、汙染嚴重、天氣很爛、吵雜喧鬧，而且去哪裡都會塞車。我想住在陽光普照、環境宜人的地方，能在戶外運動、享受美景、健行、乘船出海，還能玩潛水。」[1]

索普起先是個收入微薄的數學教授，他確實感謝成功投資帶給自己的奢華享受。我問到是否有哪個財產是他特別喜愛的，他咧嘴笑道：「我真的很喜歡那輛特斯拉。它開起來樂趣十足，真的是最棒的車。」話雖如此，他未曾被一種幻想引誘：只要他能累積**更多**金錢，**更多**房子，**更多**豪車，什麼都**更多**，他就能更快樂。索普說：「人生裡最重要的，大概是決定和誰共度人生。」他在結婚五十五年後成了鰥夫，後來續絃。「成天忙著累積物質財產的人不懂這個道理。到最後，他們身邊有很多東西，但他們一輩子就是在追逐物質生活。」

正如索普所說的，當我們滿腦子只想著追求金錢和財產，就會看不見更重要的事情，人生也因此產生問題。索普在擔任對沖基金經理人的職涯中，原本大可剝削股東，把更多金錢塞進自己的口袋，但他對自己提出一個疑問：如果他是客戶，會覺得怎麼做才算「公平又合理」？因此，他把自己的激勵機制設計成：除非客戶賺到錢，否則他什麼也賺不到。「一個人如果不在乎其他人的死活，而且做出過分的事情、剝削其他人，這種人似乎會獲得優勢，」他說：「但我認為，他們雖然能透過這種優勢得到想要的東西，可以從『人生』的屍骸上挖走更多腐肉，

---

[1] 索普後來為了更接近大海，搬去了六公里外的拉古納海灘市。

但他們其實過得並不好，又沒意識到這一點。人生來到盡頭的時候，他們其實浪費了一輩子。」

這番話讓我們得出一個重要警訊：必須敏銳察覺自己願意或不願意為了金錢而犧牲什麼。這可能包括我們和親友之間的美好關係；我們為了追求財富而擱置的才華和志向；我們不花時間享受一些無法增加財富的活動；我們為了獲利而想違反一些價值觀。我問索普，他這輩子有沒有為任何抉擇感到後悔，他答道：「只要是依據自己的**原則**所做的抉擇，我就不後悔。」這提醒了我們，成功又豐盛的人生的其中一個面向，是對自己引以為榮；這又源自於始終如一地努力（儘管我們有缺陷和失敗）做出良好行為，避免傷害他人。

工作到一〇九歲的自由

二〇一五年，歐文・卡恩以一〇九歲的高齡離世。他經歷過太多世界級事件，像是兩次世界大戰、一九二九年華爾街股災、經濟大蕭條、蘇聯的崛起和解體，以及電腦的出現。葛拉漢曾是他的良師益友，並和他分享智慧型投資的訣竅。卡恩利用這些智慧創立了「卡恩兄弟集團」這家聲譽良好的投資公司，和兒子湯瑪斯、孫子安德魯一起工作。卡恩結婚六十五年，有一大堆的孫輩和曾孫。在前文曾提到，我在卡恩過世的幾個月前準備了一些提問，請安德魯轉交，他花了幾天的時間寫下祖父的答覆。

最重要的是，我想知道「有意義又充實的人生」的關鍵是什麼，而不只是一個特別長壽的人生。「這題很難回答。」卡恩說：「答案見仁見智。但對我來說，家人非常重要。」在回顧一生的時候，是什麼最能讓他感到自豪又喜悅？「擁有家人和健康的孩子，而且看到我們透過公司取得了什麼成就，這些都給了我很大的喜悅。」他說：「也很高興能見到比我聰明的人，他們給了我一些很重要的答案。人生裡有太多謎團，你遲早得問路。」

請你花點時間想想有助於創造豐厚報酬人生的基本要素。**家庭**、**健康**、**具挑戰性且有用處的工作**，這包括他成功幫客戶的存款在幾十年間複利成長。還有**學習**，尤其是投資先知葛拉漢給他的教導。卡恩說：「葛拉漢教我如何分析一家公司，並藉由研究來獲得成功，而不是透過運氣或偶然。」

對卡恩來說，生活中許多的樂趣，來自知識上的發現。他很喜歡研究公司企業，閱讀關於商務、經濟、政治、科技和歷史的文章。他唯一的嗜好，就是購買上千本書籍。他的生活開銷遠低於收入，也從不炫富。和時髦餐廳的毫華料理相比，他更喜歡吃漢堡。他還會開心地描述在一九三〇年代，和妻子在自己最喜歡的一家中國餐廳用餐，每頓飯只花七十五美分。卡恩在滿一百歲後，每星期還是有幾次搭公車上班。我造訪他的辦公室時，沒想到這裡如此不起眼：實用取向的家具顯得老舊，斑駁的牆壁需要重新上漆；最令人矚目的裝飾品是一面布告欄，上頭是幾十幅家庭合照，還有恩師葛拉漢的一幅舊相片。

「我父親是對『想法』感興趣。」如今在這個家族企業擔任董事長的湯瑪斯．卡恩說：「華爾街大部分的人，進這一行是為了錢。他們想要訂做的西裝……他們在棕櫚灘縣買豪宅，買車配司機，還買私人飛機，他們的目標就是花錢。但對歐文來說不是……他進這行從來不是為了追求物質財富。」他最喜歡的是「做出正確判斷和良好決策，並表現得比其他人好，藉此獲得滿足感」。

但在某些方面來說，金錢確實無比重要：它讓卡恩能隨心所欲地生活和工作。就像湯瑪斯．卡恩說的：「累積了資本，就能做任何自己想做的事，因為你已經獲得了財務自由。」對我採訪過的成功投資人來說，能自由自在地過著符合自己的熱忱和特質的人生，大概就是金錢可以買到的最大奢侈品。比爾．艾克曼是以充滿爭議性豪賭出名的億萬富翁，他對我說過：「一開始對我來說最重要的動機，是取得財務自由。我想做到財務自由，想自由地說出自己的想法，想自由地去做自己認為正確的事。」

卡恩也用怪異又低調的方式來忠於自己。對大多數人來說，展望一百歲還通勤去曼哈頓的摩天大樓上班，實在沒什麼吸引力，但是卡恩對「退休」沒興趣，也對造訪畫廊、看舞台劇或旅遊度假意興闌珊。「他很享受自己的工作，」湯瑪斯．卡恩說：「那就是他的嗜好。」

同樣重要的是，卡恩的財富給了他安全感。他的優先目標從來不是將獲利最大化，而是保住資本，並可以永續發展數十年。他也準備了龐大的現金儲備，這雖然減少了投資回報，但他永遠不需要在艱難時期被迫提早賣掉任何投資項目。這個穩固的根基，加上量入為出，讓他能承受任何規模的經濟動盪。「股市崩盤又怎樣？你還是吃得起漢堡，」湯瑪斯．卡恩說：「能說這種話真的很愉快：『沒錯，我是不快樂，但我不像其他人那樣被逼到走投無路。』」

這種根基穩固的安全感是一份寶貴的獎勵。在二〇〇八、二〇〇九年全球金融海嘯期間，媒體業遭到重創，我失去了在一家國際雜誌社擔任編輯的工作，投資獲利也大受衝擊。我有兩個孩子上私立學校，加上在倫敦居住的費用十分高昂，我親身體驗到「可能無法照顧家人」的強烈恐懼感。幸好我早已採取了「避免負債」這個預防措施，所以能度過這場危機，不用賣掉任何投資項目。儘管如此，這次慘痛體驗讓我深信：最重要的事，莫過於可以在艱苦時期生存下來的能力，不只是在財務上，也包括情緒方面。我們很容易在一切平順時忘記這點。

金錢能提供寶貴的安全網兼生命線，是我們抵禦未知和厄運時的重要防線，但光有金錢還不夠，我們也需要鬥志和心理韌性，才能承受這些風雨，在雨過天晴後重建人生。對大多數人來說，生活品質主要不是倚賴財務能力，而是一些內在特質，比如冷靜、接受、希望、信賴、感恩，還有堅定的樂觀心態。就像約翰．米爾頓在失明後請人聽寫所著的《失樂園》中所說的：「人心自為其境，而在此境中，地獄可成天堂，天堂可成地獄。」

有能力承受痛苦

大家常常以為知名投資人是天生好命，活在一個財富與特權的繭中，與逆境絕緣。但我和這種投資人相處過不少時間，見過他們遇到的麻煩和悲愁，像是痛苦的離婚、孩子生病，以及令人不知所措的強大壓力。他們的財富也絕大部分取決於捉摸不定、瞬息萬變的金融市場，它可能毀了他們的夢想，讓他們因為自己的傲慢自大而遭到懲罰，還得任憑世人觀看並取笑他們的錯誤思路。莫赫尼什・帕布萊表示，所有頂尖投資人都有一個不可或缺的特點：「有能力承受痛苦。」

二〇一七年，我來到傑森・卡普（Jason Karp）的時髦辦公室，它位於紐約一棟摩天大樓的三十二樓，窗外的中央公園美景一覽無遺。卡普當時擔任陀飛輪資本合夥公司（Tourbillon Capital Partners）的執行長兼投資長，是投資業的明日之星。他在一九九八年以全校前四名的優異成績畢業於華頓商學院，進了SAC資本顧問公司擔任投資組合經理，表現優秀，後來創立了投資業有史以來最炙手可熱的對沖基金之一。他的公司在前三年內就取得了令人矚目的獲利，並迅速吸引超過四十億美元的資產。卡普英俊、迷人、聰明，而且幹勁十足，似乎注定就是戰無不勝。

但在二〇一六年，他的旗艦基金跌了九・二%，部分原因是他在醜聞纏身的威朗製藥公司上押注失敗，他以為等市場發現這家公司其實**不算太糟**時，它的股價就會回彈。與此同時，標準普爾五百指數回升了一二%。這是卡普十八年職涯中最糟的一年。更糟的是，二〇一七年打從一開始就不順利，他的基金在年尾時虧損了一三・八%。卡普以令人安心的坦率口吻描述第一次失敗對他造成的影響。「去年一整年實在讓我蒙羞，」他說：「我很看重這個遭遇，也被很多人責怪……覺得自己去年一整年都在道歉，這算是滿不尋常的，而且這些經歷讓我對自己充滿懷疑──我的能力是不是退步了？是不是變笨了？是不是沒用了？」

卡普表示，換做以前，他的投資報酬率有時候「高得幾乎令人難以置信。每個人都想知道你用了什麼祕密醬汁。為什麼這麼厲害？這些稱讚真的會影響你。」但現在，他覺得自己彷彿「從最高點掉到最低點。感覺簡直就像他們期望我們是不死之身……結果卻看到我們露出凡人的一面」。

卡普在一九八〇年代長大，當時曾沉迷電玩遊戲，瀕臨「超級不健康」的程度。但他現在認為，這段揮霍掉的青春「相當具啟發性與幫助」，讓他為投資職涯做好了準備。「電玩遊戲在寓意上的一個優點，就是你玩的角色會一直死。」他解釋：「你玩、玩、玩，然後死掉。你玩、玩，然後又掛了。」這種無害的方式讓人學會「接受重複不斷的失敗和挫折。你會變得處變不驚，繼續努力，而這就是投資」。

卡普表示，幫其他人管理金錢的麻煩之一，是「你會天天受到嚴格審查，被拿去和每個人比較」。但你的短期獲利率並不能有效地反映自己的才能、工作態度和長期前景。「每個星期，你都會因為自己無法控制的事情而遭到別人批評」。

這種缺乏控制的感覺很折磨人。卡普遵循一套合理又一致的投資過程，但他開始產生一種「非常、非常不舒服的感覺，過程和結果之間似乎沒有明顯的關聯」。他表示，科學家在實驗中用點心或電擊的方式，誘導動物不斷地拉扯桿子，做出隨機反應，這麼做會使得動物「失去理智」。他在一個變幻無常、缺乏邏輯的市場裡買賣股票，開始同情這些倒楣動物的處境。

「市場裡有太多隨機性，會害你發瘋，」卡普說：「只有具受虐傾向、腦子天生異常的人才有辦法長期做這種工作……這簡直就像讓自己不斷承受酷刑。因為你判斷正確的時候，會覺得很愉快，但你常常會判斷錯誤，而且必須堅持玩下去。」

卡普體認到想在市場和人生取得成功，「韌性」就是先決條件。他是熱愛競爭的運動好手，大學時，曾是全美學術和全常春藤聯盟的壁球比賽選手。但在二十歲出頭的時候得了幾種危及性命的自體免疫疾病，醫生們說他會在三十歲之前失明。令他們意外的是，他徹底改變了營養、睡眠和舒壓方式，結果完全康復。出於對健康和永續發展的熱愛，他在陀飛輪公司的辦公室裡安排了健身房、冥想室，以及備有營養食物的廚房，他甚至禁止辦公室裡販賣汽水。在雇用職員方面，他專門招募一些證明有能力從挫折中恢復過來的人，還找了個前中情局偵訊員來幫他挑選。

但在二〇一八年，卡普決定退出這一行。他覺得自己的「個人優勢消失了」，這個市場愈來愈被指數型基金和電腦交易主導，他並沒有給這個市場帶來明顯價值。他原本是可以繼續做下去，再賺兩年的高昂管理費，但他無法忍受自己的平庸表現。所以收掉了基金，把十五億美元還給所有股東，退出了對沖基金這一行。

我在二〇二〇年再次見到卡普，他告訴我：「我在陀飛輪公司最後那幾年患有憂鬱症，我甚至在事業高峰的時候也罹患憂鬱症。」金錢、讚美和奢華的生活風格並不讓他覺得快樂。「我賺到的錢確實夠讓自己花好幾輩子，」他說：「但對我來說，這總是感覺有點空虛……我覺得自己的靈魂正在敗壞。」他在擔任股票交易員的時候就是穿梭於短期賭局之間，他也察覺到自己的工作成了某種癮頭。他說：「它只是一種哄抬價格取勝的強迫性遊戲。我其實並沒有建造任何實質的東西。」

卡普以前扭轉過自己的人生。他在二十幾歲時恢復健康，是因為接受一種「超乾淨」的生活方式，遠離加工食品、酒精、咖啡因，甚至含有化學成分的洗髮精和體香膏。如今四十幾歲的他又一次自我再造。他決心創造擁有「持久價值」的東西，最近推出最新的事業：一家名叫HumanCo的私人控股公司，將支持並培育「能幫助人們過更健康生活」的公司企業。這是很特殊的利基市場，他相信自己在這個市場裡有優勢。此外，他的公司專注於乾淨生活和永續發展，這也完全符合自己的價值觀。

為了從頭來過，卡普也帶妻小離開了曼哈頓，搬去德州奧斯汀：「這個健康生活的聖地擁有更好的天氣、更多戶外生活，沒有州稅或市稅，而且擁有紐約那些疲憊的金融人員欠缺的正面心態。」事實證明，他最想要的不是金錢，而是平衡又健康的人生，建立一家「使命導向」、幫助世人的公司，而且對自己的命運有更大的控制力。所以他現在覺得如何？卡普坦承：「我已經二十年沒這麼健康快樂了。」

股票和斯多葛主義者

不管多麼謹慎又努力，頂尖投資人都有搞砸或倒楣的時候，畢竟金融市場就像人生的縮影：無比複雜，又完全無法預測。喬爾．葛林布雷在一九八五年成立投資公司，投資的第一筆併購案是跟「佛羅里達柏樹花園」（Florida Cypress Gardens）有關，這是個觀光景點，擁有異國風情的花園、紅鶴，以及主打「聖誕老人滑水」的水上表演。該公司答應被收購，然後葛林布雷做了他所謂的「風險極低」的套利賭博，相信這筆交易會順利完成。後來，有天早上，他打開《華爾街日報》，發現該公司的一座主涼亭掉進地面塌陷的坑洞裡。併購案告吹，他損失慘重，而且當時是他「錙銖必較」的脆弱時期。葛林布雷表示：「要不是我當時嚇壞了，那則新聞還真是挺好笑的。」

簡單來說，我們全都必須受制於哈姆雷特所說的「默然忍受命運的暴虐毒箭」。除非學會如何面對困境，否則我們不可能享有快樂又成功的生活。在困難時期，帕布萊會試著複製馬可・奧里略的心態；他是二世紀的羅馬皇帝，也是斯多葛派的哲學家，他在原本不打算出版的《沉思錄》中收錄了寫給自己的筆記。奧里略認為：「最大的挑戰，就是別被任何變化搞得不知所措。」但這要怎麼做到？

奧里略提到，關鍵在於，「你一輩子都必須把注意力放在這件事上：讓你的心靈處於正確的狀態」。這包括「欣然接受任何變化」「相信一切都是最好的安排」，以及「別因為自私動機而太常擔心其他人的言論、行為或想法」。奧里略認為，煩惱或抱怨任何超出自己掌控範圍的事，都是徒勞無功。相反的，他把心思集中於掌控自己的想法，行為合乎道德，這樣才能履行自己的道德義務。「紛擾只會來自內部——來自我們自己的感知，」他表示：「你如果選擇不受傷害，就不會覺得受傷害。不覺得受傷害，你就不會受到影響。一件事必須先毀了你的人格，才能毀了你的人生，否則它根本無法傷害你。」他追求的是，「成為海浪不停襲擊的磐石。它屹立不搖，怒濤在它周圍變得平靜」。

不難看出，許多頂尖投資人都被斯多葛主義吸引，尤其是比爾．米勒，他曾在約翰霍普金斯大學的研究所修哲學，在二〇一八年宣布他要捐七千五百萬美元給該大學的哲學系。金融海嘯期間，要不是斯多葛主義賜給他的耐力，他碰上的霉運就會讓一個投資人永遠站不起來。

在當時，米勒是他那一個世代最傑出的共同基金經理人。他的主力基金是萊格曼森價值基金（Legg Mason Value Trust），它曾連續十五年擊敗標準普爾五百指數。但市場在二〇〇八年崩盤，他犯了這輩子最嚴重的分析錯誤：他以為美國聯邦儲備銀行會果斷採取行動注入資本、扭轉災難，一大批受創最慘的股票將止跌回升。他因此大量購入一些輻射股，像是貝爾斯登、ＡＩＧ、美林證券、房地美，以及美國國家金融服務公司，但它們持續下跌。二〇〇八年，萊格曼森價值基金損失了五五％。他的一筆較小的基金下跌了六五％。

投資人紛紛撤資逃離，由米勒管理的資產從七七〇億美元驟減至八億美元。隨著事業萎縮，他的團隊裡大約有一百人失去了工作。米勒原本因為近期離婚，身價已蒸發了一半，加上他有「保證金投資」這種無可救藥的習慣，結果市場崩盤使得他剩下的身價蒸發了八〇％。米勒是計程車司機的兒子，他說：「小時候家裡一貧如洗，我其實並不在乎失去自己的錢。」可是一想到自己給其他人造成的所有痛苦，令他難受。「裁掉那些員工，感覺真的很糟……這是最糟的部分：因為我搞砸了，結果害客戶虧錢，害別人失去工作。」

米勒在成為投資人之前，曾在軍事情報單位待過幾年，他形容自己「沒有任何情緒」。當股票下跌的時候，他的預設模式是維持冷靜樂觀，欣然接受「能趁其他投資人情緒混亂之際獲利」的機會。但這種壓力在金融海嘯期間太過龐大，結果他的體重增加了十八公斤。「我是靠吃喝來紓壓，」他坦承：「我不打算每晚吃鮭魚配花椰菜、喝礦泉水……我能承受的痛苦有限，我也劃下了界線。」

米勒在人生每個層面都透過哲學來獲得力量。我在二十年前第一次採訪他的時候，他描述哲學家路德維希・維根斯坦（Ludwig Wittgenstein）和威廉・詹姆士啟發自己如何思考，讓他懂得分辨「認知」和「現實」。如今，他的職涯、財務狀況、名聲和安全感都面臨威脅的時候，他向愛比克泰德（Epictetus）和塞內卡之類的斯多葛派哲學家尋求「情緒穩定」，記得他們是「如何看待厄運」。「基本上，你沒辦法控制自己會遇上什麼事。」米勒說：「但你**可以**控制自己用什麼態度看待它。不管它是好、壞、中立、公平或不公平，你都能選擇用什麼態度對待它。」

米勒也讀過《一名戰機飛行員的哲學思想》（*Thoughts of a Philosophical Fighter Pilot*），這本書描述海軍中將詹姆斯・史托戴爾（Jim Stockdale），在一九六五年的越南上空被擊落、淪為戰俘的經歷。史托戴爾從著火的座機裡彈射逃離，隨著降落傘飄進敵境的時候，對自己輕聲道：「我現在要離開科技的世界，進入愛比克泰德的世界。」他在接下來的七年半過著囚禁生活，其中四年是單獨監禁，還有兩年腿部被纏上鐵鏈。他被拷打過十五次。

生而為奴的愛比克泰德為後人指明一條路：人能在任何情境下獲得心靈自由。他的教誨是，人永遠沒辦法百分之百地控制任何外在因素，包括自己的健康、財富和社會地位，但可以對自己的意圖、情緒和態度負起所有責任。「你的毀滅和解放，」他說：「都在**自己的**心中。」

史托戴爾沒辦法阻止挾持者拷打他、逼他認罪，但他英勇地捍衛了自己的「內在自我」。

挾持者持槍押他去接受逼供時，他對自己重複一句祈禱文：「控制恐懼，控制罪惡感。」他也強調，美軍戰俘絕對不能在公開場合向挾持者低頭，或接受提前獲釋。「對斯多葛派來說，最大的傷害是一個人施加在**自己身上**的，因為他摧毀了自己心中的好人，」他寫道：「只有**自己**能讓你成為『受害者』。這一切都取決於你如何約束自己的思想。」

米勒在面對這輩子最慘烈的職涯挫敗時，把心思放在他能控制的事情上，試著放開其他的東西。報章雜誌公開羞辱他，社群媒體也嘲弄他。他說：「我不喜歡看見人們寫說我多麼愚蠢。」但就像他從斯多葛派那裡學到的，「你沒辦法控制其他人針對你的言論或看法，你只能控制自己的反應。」他的反應是「試著直白又誠實地坦承錯誤」，而且盡力彌補自己造成的問題。「我看重的並不是修補自己的名聲，而是盡力把我害客戶虧損的錢賺回來。」

米勒相信自己「用低於其價值的價格買進股票……這種策略從長期來看一定有效」。他也用二十多年的時間證明自己有辦法「看出便宜貨和高價貨之間的差異」。所以他繼續努力，一開始是萊格曼森價值基金，後來開設了自己的新公司：米勒價值合夥公司（Miller Value Partners）。儘管如此，他還是謙卑地看出一個道理：他必須比之前更分散地投資自己的共同基金。「與以前相比，現在的我對風險和犯錯更為敏感，」他說：「這其實就是承認一件事：我以前沒想到自己有可能犯下滔天大錯。」

金融海嘯退去後，繼續對米勒懷抱信心的投資人們得到了豐厚獲利。之後的十年間，他的旗艦共同基金「米勒機會信託」在所有美國股票基金當中，名列最頂端的一％。與此同時，米勒自己的財富也增長至前所未有的高點。幸好他在金融海嘯期間魄力十足地買進更多股票，所投入的現金一部分來自他賣掉的遊艇（但他**絕對**不會賣掉他的飛機）。

但是米勒最大的獲利來自他對亞馬遜的龐大賭注，這支股票持有了超過二十年。網路泡沫在二〇〇一年破裂之後，他積極加碼投資亞馬遜，之後股市因為金融海嘯而再次崩盤的時候，他投入大量賭注投資選擇權。米勒相信自己是貝佐斯家庭之外擁有最多亞馬遜股票的人。米勒在二〇二〇年告訴我，亞馬遜股票在他的個人投資組合裡的占比，已經提高至八三％。[2]

如今回顧那場金融海嘯，米勒坦承「它造成的痛苦和失望完全沒消退」。但令他欣慰的是，當年裁掉的員工幾乎都立刻找到了新工作，而且自己當時的負債沒有嚴重到「會害我必須離開這場遊戲，毀了我」。他也恢復了勇氣，繼續在最黑暗的時期買進便宜的股票，而不是「在失去那些錢之後當個縮頭烏龜」。

米勒補充道，這場災難在個人方面給他帶來了「洗滌作用」。你如果一直「做出正確的投資決策，人們不停地對你說你很了不起……這會造成影響，讓你很難保持謙卑」。你既然是傑出投資人，人們就會成天邀請你「在任何事情上都武斷地表示意見」。但當你「犯了大錯，在股市中被打擊得站不起來時，就沒人想聽你的意見。你就會被迫反省，面對自己的錯誤，想辦法改善。這對你的人格來說，其實是好事」。

如今暴風雨已過，最近滿七十歲的米勒過著極端簡單的生活。他目前管理二十五億美元的資產，這和他以前的投資金額相比是九牛一毛。但他不想設立一個由大批分析師和成堆資金組成的複雜事業，而是比較想與幾個他信賴的盟友合作，包括他的兒子。米勒身為公司老闆，擁有的自由「遠多過」他擔任萊格曼森價值基金經理人的時候，在萊格曼那種大公司裡「一切都會被嚴格審查」。他不再需要在董事會議上說明自己的決策。他的標準打扮是T恤配牛仔褲。他的行事曆大多空白，這讓他能把精神集中在工作的本質上：「每個月都試著提高客戶的投資價值。」

米勒的財富讓他避開了可能造成分心的許多瑣事，像是開車去加油站加油、搭乘航空公司的班機，或是判斷如何裝潢他在佛羅里達州和馬里蘭州的房子。他說：「我控制自己的時間和內容。」有人邀請他去一個必須穿禮服出席的場合演講，但他拒絕了，他說已經丟掉自己的燕尾服了，而且絕對不會再買一件。對米勒來說，最愉快的莫過於能按照自己的方式過日子、做投資，不受約束，自由獨立，不用聽命於任何人。「噢，沒錯，」他說：「這是最棒的部分。」

對我來說，米勒的故事提供了兩個寶貴教訓。首先，每個人都有受苦的時候。我在面對困難的時候，會想起米勒、卡普、帕布萊，以及我採訪過的每個人都經歷過苦難，不管他們多麼有錢與有名，這讓我感到欣慰。有個據說來自斐洛（Philo of Alexandria）說的古老諺語：「做人要仁慈，因為你遇到的每個人都正在經歷艱苦的戰鬥。」沒有人是輕輕鬆鬆地飛黃騰達，我們遲早都需要來自外界的支援，像是哲學、信仰、家人、朋友，或其他能帶來幫助的來源。你如果夢想著龐大財富，能讓你免於心靈磨難，那你遲早會失望。頂果欽哲仁波切是藏傳佛教的宗師，也曾是達賴喇嘛的上師，他說過：「那些在享樂、財富、榮耀、權力及英雄事蹟中尋求

---

2 米勒目前第二大的投資，是在比特幣上押了巨額賭注。簡單來說，這種投資組合膽小勿試。

快樂的人，就像孩子想攫取彩虹做外套一樣的天真。」

第二，「不屈不撓」這個簡單的美德含有偉大的榮耀。幾年前，我曾寫信給帕布萊，當時是他正面對諸多挑戰的困難時期，其一是他投資最大的「馬頭控股公司」破產了。他在回信中告訴我：「我在這時候崇拜的英雄是馬可．奧里略。人在事發的當下都看不出這個道理，但『面對逆境』其實是一種祝福，這遲早會迎來更好的發展。」帕布萊這種天下無敵的樂觀心態，讓我聯想到《沉思錄》裡一句輝煌台詞：「當一件事威脅到引發你的痛苦時，記住以下原則：這件事本身其實根本不是厄運；承受它，戰勝它，乃天大的福氣。」

我是世上最富裕的傢伙

我在思索何謂成功又豐富的人生時，覺得最符合這點的投資人就是阿諾德．范登伯格（Arnold Van Den Berg）。他不是億萬富翁，也不是天才。他沒有遊艇，也沒有飛機，卻是我在投資業裡最欣賞的人。如果我必須在這二十五年裡採訪過的所有傑出投資人裡挑出一個榜樣，我會選他。上天給了范登伯格一手爛牌，他卻克服了龐大劣勢，獲得了無法以金錢衡量的豐碩人生。

范登伯格於一九三九年出生在一個猶太人家庭，從小在荷蘭阿姆斯特丹長大，他家的那條街上就曾住著《安妮日記》的作者安妮．法蘭克。隔年，德國入侵荷蘭，開始屠殺當地十四萬名猶太人；到了一九四五年，只剩三萬八千名猶太人倖存。范登伯格的父母在漢克與瑪莉．邦特這對「非猶太人」友人的家中躲了將近兩年，邦特夫妻在一堵雙層牆後面建造了一個祕密藏身處，但這麼做是冒著極大風險，因為如果阿諾德或哥哥西格蒙在納粹來此搜查時發出聲音而被發現，就會全都被送去集中營，孩童通常最先遭到處決。所以范登伯格的父母做出絕望的豪賭，安排荷蘭的抵抗組織把持有偽造證件的兩個兒子送出阿姆斯特丹。

這個救援組織裡有三個勇敢的家庭，姓氏分別是查登、格拉斯和克羅姆林，他們冒著生命危險保護這兩個男孩，悄悄地在不同藏身處之間轉移他們。五十年後，名叫奧爾加．克羅姆林（Olga Crommelin）的荷蘭女子寫信描述，她當年透過火車和徒步，把阿諾德送去一個鄉村，他和另外幾個猶太兒童一起躲在一個基督教孤兒院裡。她當年大約十七歲，他才兩歲。克羅姆林回想：「我永遠忘不了那一刻：火車在我們必須下車的車站停靠時，我發現一小群納粹黨衛軍站在月台上，這把我嚇得半死。」這些隸屬希特勒的殺人護衛隊的男子忙著談話，沒注意到一名猶太幼兒，也沒注意到勇於拯救這名孩童的少女。

范登伯格在孤兒院住到六歲為止。多年來，他一直以為自己被送走是因為母親不要他，也因為和哥哥分開而受到精神打擊；他哥哥是被一對沒有孩子的農場夫婦收留。孤兒院的生活環境非常惡劣，食物和飲水不足，范登伯格有時候必須在原野上找植物果腹。「我差點死於營養不良。」他說：「我在六歲的時候幾乎沒辦法走路，大部分的時間得用爬的……說真的，我能活下來，這真的是奇蹟。」

一九四四年的某一天，范登伯格的父母鼓起勇氣，走出藏身處，去拜訪抵抗組織的一名女子，她能讓他們知道阿諾德和西格蒙在鄉下過得如何。但他們走在街上的時候，空襲警報響起，他們因此躲進一間肉鋪。在這裡工作的一名納粹支持者意識到這對夫妻是猶太人，於是通報了警察。范登伯格的父母因此遭到逮捕、審問，後來被送去奧斯威辛集中營。

范登伯格的家族當中有三十九人死於納粹大屠殺，但他的父母都活了下來。[3]戰爭結束後，他們在邦特夫婦的家中團圓，並前往孤兒院接回兒子。「我當時已經不記得他們是我爸媽，我不認識他們，說真的也不在乎他們。我只想離開那裡。」范登伯格說：「爸爸當時說，如果我在那裡再待個幾個月，大概就會死。他很害怕地把我抱起來，因為我渾身皮包骨，他怕弄斷我的骨頭。」

幾年後，這個家庭移民來到東洛杉磯一個又窮又威脅重重的街坊。「我當時是個非常虛弱瘦小的孩子，」范登伯格說：「如果你是弱者，很多人就會欺負你，成了他們的獵物。」開學那天，母親給他穿上整齊的阿爾卑斯山民皮短褲和長襪，害他第一天上學就被打了好幾次。另一個對他造成影響的經歷，是有人把他推向一個小流氓，而對方堅持要在高中的腳踏車停放區和他決鬥。「他們如果是把我推去行刑槍決隊面前，我反而還不會那麼害怕，」范登伯格說：「那傢伙一直揍我，直到他覺得厭煩為止。我真的完全沒反抗。」

他回到家後，洗掉臉上的血，評估傷勢。「我有了領悟。我心想，天啊！我原本真的很害怕這種事，但它其實也沒這麼糟。想想看，如果我還手呢？不可能會糟到哪裡去……我立刻放下所有對打架的恐懼，它就這麼消失了。真是不可思議的變化。」

他決心捍衛自己，因此開始學拳擊，而且很快發現「先下手為強」的好處。他心中有太多怒火，對於納粹、學校裡的霸凌者、在他走路回家時找麻煩的反猶太主義者，還有他的父母，所以他成了令人生畏的幹架王。他最要好的三個朋友是來自暴力家庭的慓悍少年，在無數鬥毆中為彼此兩肋插刀。他的母親會厲聲制止，還拿水管對他們沖水。但隨著年紀增長，這四人的脾氣變得很柔和，到八十幾歲交情還是很好。

范登伯格後來透過攀繩運動來鍛鍊體能，這在當時是奧運項目之一。他每天練兩小時，練了半年後，找了個從沒攀繩過的死對頭比賽，想藉此炫耀自己的新能力。「結果他輕而易舉地就贏了，害我差點當場哭了出來，」范登伯格說：「我丟臉極了……然後有個想法閃過我的腦海：你當初想變得更強壯，也確實正在變得更強壯。那你幹麼放棄？」

他的教練送他去觀察另一所學校的冠軍，此人發展出一套創新的攀繩技巧，看得他如癡如醉。有幾個月的時間，他會在半夜醒來，像得了強迫症一樣在鏡子前模仿那些攀繩動作，直到它們完全烙印在他的大腦和身體裡。他不斷對自己說：「我是攀繩聯盟賽的第一名。」之後的那一年，他把自己改造成運動明星，以「三點五秒內爬完二十呎（六公尺）繩索」的成績打破了學校紀錄，拿了三次攀繩聯盟賽的冠軍，而且在全國大賽中和大學攀繩選手比賽。那是他第一次嘗到勝利，也第一次明白「辛勤努力」和「堅定信念」能帶來什麼樣的成就。

---

3 范登伯格的哥哥西格蒙也保住一命。

但他在學業上依然是個災難。他因為情緒方面不穩定，上課沒辦法專心，也覺得學習很困難。「我大概表現得很像智力有點問題吧，所以我媽雇了一位頂尖心理學家，因為她覺得這可能是戰爭對我造成的影響。」范登伯格不小心聽見這位心理學家做出的猜測：多年的營養不良，可能在他的早期發育的關鍵期中對大腦造成了傷害。

「所以，我一直覺得自己不是很聰明，」范登伯格說：「聽著，我如果拿出高中成績單給你看，你一定會捧腹大笑。我在最後一年拿了兩堂修車課，兩堂體育課，還有一堂自修。要自修什麼？我在自修課上都在鍛鍊靜態肌力。後來我修了一堂無伴奏合唱課，但我實在五音不全，所以老師要我裝裝樣子就好，因為他不希望我影響大家……我在任何事上都沒有與生俱來的才能，完全沒有。我必須比其他人付出更多努力，才能得到所擁有的成就。」

范登伯格的父親是極為正直但嚴厲的人，常常動手修理范登伯格，直到他終於還手的那天。兩個兒子滿十三歲的的時候，父親就要求他們付錢取得自己的食物、衣服和娛樂。范登伯格幫人割草、洗車、送報、在加油站打工、跟著垃圾車收垃圾，後來找到一份工作，放學後在一間木材工廠工作四小時。

他在十六歲那年存錢買車，而且開始賣花，結果生意興隆，進而取得了在最熱鬧的街角叫賣的權利。但在那一天，天空下起滂沱大雨。他渾身濕透，心情惡劣，而且對這種霉運感到震驚，但他還是拒絕停止叫賣。一名開車經過的陌生人買下他所有的花，好讓他能去躲雨，以免感冒。這名女子還開車帶他去她家，給了他乾襯衫，並煮了湯讓他暖暖身子。「我一直忘不了她，」范登伯格說：「這位女士觸動了我的心。一旦有人觸動了你的心，你就會永遠改變。」

范登伯格念完高中都很勉強，所以沒浪費力氣試著上大學。他進了一家印刷廠工作，後來被提拔成主管，再後來進了一間保險公司，挨家挨戶地推銷保險，之後進了一家金融服務公司推銷共同基金。在這段期間，他娶了高中的女友，但她後來為了另一個男人而琵琶別抱。在一段長達幾年的嚴重憂鬱期中，范登伯格開始去看精神科醫師。他知道自己能活下來已經很幸運，因為荷蘭沒幾個猶太孩童熬過第二次世界大戰，但他鑽不出自己的牛角尖。他說：「我就是『憤怒』的化身。」他氣前妻，也被納粹大屠殺的回憶折磨。

多年來，他一直無法理解阿姆斯特丹那名少女為何救他。她為什麼「願意為一個她根本不認識的人冒生命危險」？而且她的父母怎麼會允許她接下這種「自殺任務」？范登伯格的精神科醫師告訴他：「答案很簡單。如果你的生命比自己的原則更重要，你就會犧牲原則。如果你的原則比生命更重要，你就會犧牲自己的生命。」范登伯格說：「這個見解帶給我深遠的影響。」他因此發展出「想把握人生，做些什麼」的強烈欲望，而且遵循對得起那些救命恩人的生活原則。

范登伯格在推銷基金的那些年間，對股市感到非常好奇，開始探討為什麼有些投資人表現得特別好，於是買了葛拉漢的著作，「以超便宜的價格買進資產」這個概念立刻引起他的共鳴。范登伯格的母親是個精明的生意人，能熬過奧斯威辛集中營是靠以物易物、賄賂衛兵，給自己和丈夫弄到更多麵包，她向來強調「只有笨蛋才會用沒打折的定價買下任何東西」。他覺得她這套規矩很適合股市。看到一個不老實的同事榮獲「本月最佳員工」後，范登伯格辭了工作，決定創立自己的投資公司。那年是一九七四年，他三十五歲，沒有大學學位，沒有相關經驗，沒有商業計畫，沒有辦公室，沒有客戶。

但面對這個新職業的方式，就是他在練攀繩時那套「全然投入」方法。他的精神科醫師說，他當年能獲得勝利，是因為採用了職業運動員都採取的心理策略：定下明確的目標，在腦海中看到自己做出完美表現，並不斷地肯定自己，驅逐所有懷疑和恐懼，直到心中只剩下堅定不移的信心。范登伯格開始著迷於這種「駕馭潛意識力量」的技巧，在自己身上進行一場永不停止的實驗。他學會每天自我催眠，藉此集中原本分散的思緒。他把激勵人心的自我肯定灌進腦子裡，逐漸驅逐了「我沒有能力，不夠資格」這種滅自己威風的想法。他狼吞虎嚥地閱讀勵志書籍，比如詹姆斯．艾倫（James Allen）在一九〇一年所著的《從貧窮到力量》（*From Poverty to Power*），這部作品被他視為《聖經》。

艾倫是個深入研究基督教和佛教思想的自由思想家，這本書說服了范登伯格為自己的心靈狀態負責，原諒包括納粹在內曾傷害他的每個人，並藉此把自己從憤怒中解放出來，先改革自己再改造這個世界。「透過自己的想法，你能創造或破壞自己的人生、世界和宇宙，」艾倫教導：「你透過思考的力量構築自己內在時，外在人生和情境也會隨之成形……不純淨、骯髒、自私的靈魂，會被精準地拉向厄運和災難；純淨、不自私、高貴的靈魂，會被同樣精準地拉向幸福和繁榮。」

范登伯格急於改善自己的生活，因此全心全意地改善個性。他開始長期探索許多靈性層面的智慧，發誓跟隨真理，無論會被帶去何方。誠實和正直成了指導原則，而且他把艾倫的主張牢記在心：「富翁如果缺乏美德，等於窮得只剩下錢。」范登伯格再也不允許任何針對他或其他人的負面想法逗留在心中，並榨取他的精力。他心裡原本滿是怨恨和敵意，現在透過不斷對自己說：「我是個充滿愛的人」之類的正面語，從內心再造自己。

他心裡不再抱持著那種受過大學教育、自以為有學識知識分子的懷疑主義或憤世嫉俗。他完全相信，透過有意識地改造自己思維方式，就能開創美好的未來。讓他變得與眾不同的，是他的強韌毅力，以及想成為「更好的人」的強烈渴望。「我想一直努力改善自己，直到死的那天，」他說：「到頭來，我最看重的是以下三件事：永遠別在自己的信念上讓步、永遠別對自己目前的狀態感到滿足，只能滿足於你可以成為什麼樣的人，以及永遠別放棄。」

范登伯格從《巴倫週刊》（*Barron's*）裡剪下的一幅相片上，是一名卓越投資人身穿筆挺的三件式西裝，自信地站在辦公桌旁。他每天都會凝視這幅相片，藉此想像自己是個成功的資金管理人。他當年給自己訂的目標是「平均每年獲利一五％，而且在任何一年的虧損都不能超過一五％」，他在接下來的三十年間真的達成了這個目標。他清空了小公寓裡的雜物，把一張辦公桌放在正中央，周圍擺滿關於投資的書籍。他放棄了深愛的西洋棋，因為這種嗜好會害自己分心。他只打過一次高爾夫球，當時就做出結論：「我不會深入這種遊戲，因為它會綁住我的心靈。」女友曾表示想幫他煮晚飯，但他說自己必須念書，她因此責備他表現得像個僧侶。

范登伯格發展出一套始終如一、結合常識的投資法。他做的其中一件事，是分析數以百計的併購案，記錄傑出的商務人士願意花多少錢買下某種類型的公司，然後歸納出幾個務實的經驗法則，而且奉行到底。舉例來說，一支股票的交易價必須比它的「私有市場價值」至少低了五〇％，他才願意投資。而一支股票的價格漲至私有市場價值的八〇％時，他就堅持賣出。

對股票估值的堅定紀律和專注，促使他走在正確的路上。一九七四年股市崩盤後，大多數的投資人都不願投資股票。但這時候的股票價格極低，他因此毫無猶豫地買進，在進入這一行的十年內就獲得了豐厚報酬。後來，股價在一九八七年泡沫期間大幅上升時，找不到任何廉價股票來取代他必須依據自己的鐵律而賣出的股票。不久後，他持續增加的客戶們有一半的資產都被他賣股兌現，換回現金。他們大多對此感到惱火，但他不為所動，而是告訴自己：「堅持自己的原則，這麼做是正確的……也許客戶都會離開你，但你這麼做是對的，而這種想法立刻讓我感到欣慰。」不久後的某一天，市場下跌了二二．六%。「每個人都驚慌失措，但我就像進了糖果店的小孩子。」

花了超過十年的時間，范登伯格的世紀管理公司（Century Management）才開始穩定獲利，而在那段辛苦的歲月中，他愛上了一個人，再次結了婚。當時的他負債兩萬美元，連養活自己都有困難，更別提照顧新任妻子艾琳，連同她的兩名年幼孩子。沒多久，夫妻倆有了第三個孩子。這一家子擠在洛杉磯一棟約四十二坪的房子裡，把車庫改造成臥室。後來，他們花了大約三十五萬美元在德州奧斯汀買下一間普通的房子，從此在此定居。「我不會賣掉它，」范登伯格說：「我們非常喜愛這棟屋子。」

隨著事業擴張，范登伯格在財富和名聲上的成長都超出了他原本的預期。《世上最偉大的九十九位投資人》一書中就提到他，讚揚他三十八年來平均每年獲利一四．二%是罕見的成就。許多大型的資產管理公司想買下他的公司，他如果答應，應該能拿到一億多美元。但他怎麼確定這些甜言蜜語的追求者在乎的不是他們自己的利益，而是客戶的利益？一家銀行派了四名代表來說服他賣掉公司，但他對他們說：「什麼價格我都不賣，我寧可關了公司也不賣。」

事實上，范登伯格從未渴望變得超級有錢。他一開始的目標是累積二十五萬美元的儲備金，足夠讓自己生活十年。「我並不在乎能不能賺到百萬美元，」他說：「我只想達成財務獨立，不用再聽命於任何人……我想要的奢華享受，就是不用擔心金錢、帳單或財務挫折。」

以范登伯格這種地位的人來說，他的生活方式格外低調。「我向來不渴求任何物質方面的東西。」他說：「我對豪宅之類的完全不感興趣……這種東西讓我反感。」他是滴酒不沾的素食主義者，熱愛瑜伽，喜歡在他堆滿書籍的辦公室裡啜飲甜菜根冰沙，而不是上高級餐廳大快朵頤。「我對衣服實在不感興趣，」他補充道：「我只有三套西裝。」多年來，他的座車是日產的麥克西瑪，因為「它是最超值的車」。他的一個孩子曾問他為什麼不買賓士，他回答說不想透過開豪車來「引人注目」：「我不希望別人把我和有這種想法的人聯想在一塊兒。」幾年前，他太太終於成功說服他和開了十年的一輛Acura說再見，換成一輛凌志。「她超開心能幫我買下那輛車，看她這麼興奮的模樣，我不忍心拒絕她，」他回想：「我一開始開那輛凌志的時候，甚至覺得有點不好意思。」

他對自己的財務未來感到「完全安定」後，賺到再多的錢都令他無感。「我是世上最富裕的傢伙，因為對自己所擁有的感到滿足。」范登伯格說：「我覺得自己比誰都更富裕，並不是因為我的錢比他們多，而是因為我擁有健康、良好的友誼，而且有一個很棒的家庭。真正的富裕必須把以下因素都納入考量：健康、財富、快樂、安心感。這才是富足的人，而不只是有很多錢。光有很多錢根本毫無意義。」他回想起以前一位擁有一千萬美元客戶，「他滿腦子想要更多錢，甚至會打『受話人付費電話』給我」，就為了省下幾毛錢。

「人最需要的是愛——他們擁有的愛愈少，就會愈需要這些物質的東西。」范登伯格說：「他們尋求金錢、某種成就，或某種外在的東西，好讓他們覺得自己有價值。但他們唯一需要做的，就是被愛，而且去愛。其實，我太太根本不知道我們究竟有多少錢。她從不在乎，也從不想著這件事，而是只想著能怎樣把錢用在某人身上。」

他們最喜愛的一個慈善事業，是一家「住宿治療中心」，這個機構專門照顧受虐、缺乏關愛的孩子。范登伯格和太太為這個族群數以百計的兒童買了書本和玩具，而且她二十年來密切地幫助他們。他也低調幫助過許多碰上財務困難的人，通常都是以簡單、但重要的方式提供協助，像是出錢讓他們上課學習工作技能，或支付他們孩子生病的醫藥費。范登伯格表示，能夠幫助他人，是「金錢給我的最大祝福」。

我曾在幾年間觀察他如何和其他人互動，最令我印象深刻的是，他在試著引導、支持或激勵他們的時候，是多麼地開心。他很喜歡給人進行催眠（其中一個人是我），他們處於極度放鬆狀態、躺在他的辦公室地板上的時候，他會在他們的潛意識裡植入正面的暗示。他興奮難耐地描述催眠術帶給自己的一些精采冒險，比如兒子史考特接受了他的催眠，贏得了推鉛球錦標賽，就算比賽時有一隻腳踝因扭傷而被打上石膏。范登伯格很喜歡對來自弱勢族群的孩子、大學生和監獄受刑人訴說，他從納粹大屠殺和自己的困境中學到的教訓。他也常常將一路走來對自己有助益的書籍贈送別人，包括他出資再版的《從貧窮到力量》特別版。「我覺得自己能給任何人的最棒禮物就是，無論他們貧窮還是富有，都有一本能改變他們人生的書。」他說：「所以，我的嗜好就是送書。」

范登伯格常常會想，他為什麼得以從納粹大屠殺中倖存下來。「難道純屬好運？」他自問：「你可以說，沒錯，因為我只是統計數字之一。但也不知道為什麼，我總是覺得自己能保住一命，是因為我的人生有個使命。所以，我想改變人們的人生，不是把它們變得和我的想法一樣，而是讓它們變得更好。」

他的辦公室的文件櫃裡，收藏著對他來說應該是最重要的財產：大量的感人信件，來自他幫助過的許多人，包括朋友、客戶、巧遇的陌生人，還有他的孩子。「你因為知道自己給別人的人生帶來了貢獻而感到喜悅，這是任何人都沒辦法奪走的。」他說：「我就算失去所有的金錢，也能拿出這些文件，對自己說：『沒關係，反正我的人生沒有虛度。看看這些人的人生因我而改變。』」范登伯格指向這堆寶庫般的信件：「這就是我的銀行戶頭。」

致謝

這本書之所以能存在，要感謝許多頂尖投資人與我分享他們的見解和經驗，他們懷有無比的耐心、慷慨，以及敞開的心胸。有些時候，我和他們連續共處了好幾天。另一些人則是在多年間和我談過無數次。令我開心的，是他們邀請我進入他們的住家和辦公室，允許我和他們一起旅行，他們坦率地說起自己面對過的挫折和挑戰，而且（在一個令我永生難忘的案例上）甚至對我進行催眠，試圖重新設定我的潛意識心靈。我由衷感謝這些投資人跟我分享他們學過最重要的教訓，關於如何智慧地投資、合理地思考、克服萬難，而且提升可以享有幸福又充實人生的機率。

我列出了很長一份名單，這些見解精闢的傑出投資人的思考方式，大大地豐富了我這本書的內容。我尤其要感謝查理・蒙格、愛德・索普、霍華・馬克斯、喬爾・葛林布雷、比爾・米勒、莫赫尼什・帕布萊、湯姆・蓋納、蓋伊・斯皮爾、弗雷德・馬丁、肯尼斯・舒賓・斯坦因、馬修・麥克倫南、傑佛瑞・貢德拉赫、法蘭西斯・周、賽拉・澤豪森、托馬斯・魯索、查克・阿克雷、李錄、彼得・林區、帕特・多西、邁克爾・普萊斯、梅森・霍金斯、比爾・艾克曼、傑夫・維尼克、馬里歐・嘉百利、蘿拉・格利茲、布萊恩・麥克馬洪、亨利・艾倫柏根、唐納・亞克曼、比爾・尼格倫、保羅・朗提斯、傑森・卡普、威廉・達諾夫、佛朗哥・羅尚、約翰・史貝爾、喬爾・提靈赫斯特、蓋斯・札卡里亞、尼克・史利普、保羅・以撒克、麥克・札帕塔、保羅・亞伯隆、惠特尼・蒂爾森、法蘭索瑪利・沃奇、莎拉・凱特爾、克里斯多福・戴維斯、拉姆迪歐・阿加拉沃爾、阿諾德・范登伯格、馬里科・戈登，以及尚馬利・艾維拉德。也感謝已經離開人世的五位巨人：約翰・坦伯頓爵士、歐文・卡恩、比爾・魯安、馬蒂・惠特曼，以及約翰・柏格。

我萬分感激我的作家經紀人吉姆・萊文，你提供了寶貴的明智建議、無限的熱忱與善意，你是世上最棒的搭檔。我也由衷感謝 Scribner 出版社的執行編輯瑞克・霍根，你的敏銳智慧、細心編輯和完美主義都幫了我大忙。有趣的是，瑞克最喜愛的書就是《禪與摩托車維修的藝術》，該作探討了「質素」這個概念是什麼樣的指導原則。也大大感謝 Scribner 出版社的南・格雷厄姆、蘿茲・李伯，以及科林・哈里森對我這本書的支持。也感謝 Scribner 出版社的優秀團隊為這本書提供的協助：史蒂夫・伯特、丹・考迪、貝克特・魯達，以及賈雅・米瑟利。本作能透過 Scribner 出版社發行，真的是至高無上的榮耀。我喜愛的許多作家作品，都是透過這家神聖的出版社問世的。

許多朋友和盟友為我提供了協助、引導和支援，我再怎麼感謝都無法充分表達我的謝意。容我先特別感謝蓋伊・斯皮爾，他是我多年來的摯友和支持者。蓋伊喜歡幫助他人，讓善意愈滾愈大，我也因此獲益匪淺，其中之一就是我透過他而認識了莫赫尼什・帕布萊、肯尼斯・舒賓・斯坦因，以及尼克・史利普。也特別感謝喬恩・葛特納，這位傑出作家不僅給了我精神上的支持，還讓我看了他的《世界盡頭的冰》的初期大綱，這促使我寫下我這本書的初期大綱。

感謝以下人士給我的款待、照顧、支持和友誼：麥克・伯格、馬克思・維斯頓、艾坦・雅德尼、亞維・納米亞斯、傑森・茨威格、阿拉文德・阿迪加、東尼・羅賓斯、邁克爾・歐布賴恩、塞西莉亞・王、DJ・史托特、吉蓮・佐伊・西格爾、尼娜・蒙克、彼得・索里亞諾、弗萊明・米克斯、理查德・布拉德利、蘿莉・哈丁、艾美・史東、蘿芮・斯皮爾、索拉伯・馬丹、尼克希爾・哈特希辛、克里斯・史東、拉敏・巴赫拉尼、瑪莉・塔萊、比佛利・古德曼、韋德・薩維特、南希・丹尼諾、帕波・泰爾達特、馬修・文奇、潔米・德魯、克萊格・克拉文茲、霍華・唐納利、克里斯汀・摩爾克、高坦・貝德、夏伊・達達希提、薩姆爾・福瑞德曼、丹尼斯・多摩波羅斯、理查德・沃泰摩爾、大衛・沃斯、瑪麗亞・柏伊德、湯姆・伊斯頓、查理・卡特萊奇、伊本・哈瑞爾、亞蘭・達莫拉南、夏隆・卡拉漢、海倫與吉姆・紐柏格、凱瑟琳・辛奇、安瑟拉・納斯塔西、瓊安・卡普林、喬許・塔拉索夫、艾利略・崔克斯勒、拉夫・塔山德、史迪格・博德森、普瑞斯頓・皮許、肯尼斯・佛克、海達・納德勒、丹尼爾・羅斯、馬克・查普曼、歐利・辛迪、卡比爾・塞歌、夏隆姆・夏拉比、潔利沙・卡司卓代爾、藍迪・史坦柏瑞、約翰・米哈耶維奇、威廉・薩姆迪、麥克・夏柏、大衛・麥克納、凱瑟琳・布魯斯、史考特・威爾森、露西・威爾森・考明思、黛比・米萊肯、雅各・泰勒、理查・克魯普、安比・卡瓦諾、凱倫・柏格，以及柏格拉比。

也感謝我在Aligned Center的朋友，這個地方不只是個適合寫作的幽靜美地。其創辦人麥特・魯德莫在許多方面都是榜樣，我也在投資、冥想和許多事情上尋求他的看法。我很高興能在Aligned Center和許多人相處，包括萊特希亞・瑞斯詹姆斯、卡洛琳・霍塔林、法林・桑德、雅克波・蘇瑞奇歐、大衛・詹斯、艾利森・吉伯特、安迪・蘭多夫、克莉絲汀・凱伊、葛雯・麥爾金、丹尼爾・戈爾曼、迪魯恩・米歇爾，以及丹・福瑞德。

我獲得的一項恩賜，是出生在一個擁有許多神奇人物的家庭裡。特別感謝我的大哥安德魯・格林，以及他美麗的妻子珍妮佛・赫希爾。也感謝我的可愛姻親們：麥文・庫柏、喬安娜・庫柏、南希・庫柏，以及布魯斯・麥澤。

最後，我想把這本書獻給做出重大貢獻的五位家庭成員。我的母親瑪麗蓮・格林，妳打從第一天就提供了龐大的力量和支持，而且總是第一個閱讀我寫好的每個章節。我已故的父親巴瑞・格林，感謝你激發了我對語言和投資的熱忱。我的兒子亨利・格林，你從頭到尾都是不可或缺、天賦異稟的文學搭檔，你給了我難以估計的協助，像是幫我取得背景資料，幫忙謄寫訪問內容，確認事實，而且讓我知道自己的文章是否需要再多加調整。我的女兒麥德琳・格林，謝謝妳以無比的耐心和我討論這本書中的諸多角色和想法。妳為我提供了情緒支持，在我覺得沮喪時鼓勵我，為我打氣；有些時候，我覺得妳反而比我更像家長。最後，我要感謝我的妻子蘿倫・庫柏，這世上最善良溫柔的人。我第一次遇見蘿倫的那天，才二十二歲，而我人生最好的一切都來自那一刻的美好邂逅。我打從心底感謝你們每一位。

Eurasian Publishing Group
圓神出版事業機構
用心與你對話・視野無限寬廣
先覺出版社
Prophet Press

www.booklife.com.tw reader@mail.eurasian.com.tw

商戰 213

更富有、更睿智、更快樂：投資大師奉行的致富金律

作　　者／威廉・格林（William Green）
譯　　者／甘鎮隴
發 行 人／簡志忠
出 版 者／先覺出版股份有限公司
地　　址／臺北市南京東路四段50號6樓之1
電　　話／（02）2579-6600・2579-8800・2570-3939
傳　　真／（02）2579-0338・2577-3220・2570-3636
總 編 輯／陳秋月
資深主編／李宛蓁
責任編輯／林淑鈴
校　　對／林亞萱・林淑鈴
美術編輯／林雅錚
行銷企畫／黃惟儂・陳禹伶
印務統籌／劉鳳剛・高榮祥
監　　印／高榮祥
排　　版／陳采淇
經 銷 商／叩應股份有限公司
郵撥帳號／18707239
法律顧問／圓神出版事業機構法律顧問　蕭雄淋律師
印　　刷／祥峰印刷廠
2021年8月　初版
2023年5月　6刷

定價 460 元　ISBN 978-986-134-392-1

無論在市場還是人生上，目標並不是擁抱或避開風險，而是明智地承受它，而且永遠記得：結局可能令我們不滿。

——更富有、更睿智、更快樂：投資大師奉行的致富金律

國家圖書館出版品預行編目資料

更富有、更睿智、更快樂：投資大師奉行的致富金律／
威廉・格林（William Green）著；甘鎮隴 譯.
-- 初版. --臺北市：先覺, 2021.08
352 面；14.8 × 20.8公分（商戰系列：213）
譯自：Richer, Wiser, Happier: How the World's Greatest Investors Win in Markets and Life
ISBN 978-986-134-392-1（平裝）
1.投資 2.財富 3.成功法

563 110010135